W0354281

UNIKUM

Gerhard Pilgram | Wilhelm Berger
Werner Koroschitz | Annemarie Pilgram-Ribitsch

DIE LETZTEN TÄLER

Wandern und Einkehren in Friaul

Herausgeber: Universitätskulturzentrum UNIKUM

DRAVA

DIE LETZTEN TÄLER ist ein Projekt des Universitätskulturzentrums
UNIKUM Klagenfurt/Celovec im Rahmen des Programmzyklus
OFFENE ORTE | LUOGHI APERTI | ODPRTI PROSTORI 2008

Projektkoordination: Emil Krištof, Gerhard Pilgram

Für die finanzielle Unterstützung dankt das UNIKUM:
dem Bundesministerium für Unterricht, Kunst und Kultur
der Kulturabteilung der Stadt Klagenfurt/Celovec,
der Alpen-Adria-Universität Klagenfurt/Celovec

Kontakt:
Universitätskulturzentrum UNIKUM
Universitätsstraße 65–67 | A-9020 Klagenfurt/Celovec
+43/463/2700-9712, 9713
unikum@uni-klu.ac.at | www.unikum.ac.at

Titelfoto: Getreidemühle in Clabuzzaro (Valli del Natisone)

Die italienische Übersetzung ist 2010 unter dem Titel
LE ULITIME VALLI – Camminate di confine in Friuli Venezia Giulia
im FORUM-Verlag Udine erschienen.
Übersetzerin: Antonietta Spizzo

3. aktualisierte Auflage 2010

Drava Verlag Klagenfurt/Celovec
Druck: Tiskarna/Druckerei Drava, Klagenfurt/Celovec
ISBN 978-3-85435-638-7

Auf dem Weg nach Topolò

INHALT

VORWORT UND GEBRAUCHSANWEISUNG

Viele Reisende nehmen Friaul nur als Transitland oder zersiedelte Ebene auf dem Weg zur Adria wahr. Wer aber haltmacht und sich näher umsieht, wird bald seinen kulturellen Reichtum, seine landschaftliche Schönheit und das üppige kulinarische Angebot zu schätzen wissen. Den typischen Friaul-Besuchern ist allerdings das reizvolle Hinterland der kulturellen Attraktionen weitgehend unbekannt.

DIE LETZTEN TÄLER widmet sich diesem Aspekt der Region und gleichzeitig ihren Vorzügen als Wandergebiet. Schwerpunkt sind die Nebentäler der größeren Flussläufe und das einsame Hinterland Friauls, das vielfältige Kulturlandschaften mit zahlreichen Dörfern von malerischem Reiz hervorgebracht hat. Es sind Gebiete, die stark von Abwanderung geprägt sind und an denen der wirtschaftliche Aufschwung der letzten Jahrzehnte fast spurlos vorübergegangen zu sein scheint. Charakteristisch ist der fließende Übergang von alpinen zu mediterranen Erscheinungen, der sich sowohl naturräumlich als auch in den Ortsbildern niederschlägt. Dazu kommt die Durchmischung von nicht weniger als vier Sprachen, nämlich der italienischen mit der slowenischen, friulanischen und deutschen, woraus sich ein bemerkenswertes Konglomerat der Kulturen ergibt. Eine weitere Attraktion sind die Naturreservate Friauls – kleine Paradiese, die manchmal in unmittelbarer Nähe zum Siedlungsgebiet oder zu den Hauptverkehrsadern erhalten geblieben sind.

Das Buch beschreibt 24 Wanderungen, bei denen sich dem Reisenden nach und nach die unterschiedlichen Landschaften Friauls erschließen und sich ihm interessante Einblicke in die Geschichte des Landes bieten. Die meisten Routen führen durch altes Kulturland an den Ausläufern der alpinen

Mersino alto unter dem Matajur (Valli del Natisone)

Erhebungen. Es handelt sich also um keine Bergtouren, sondern fast ausschließlich um Kamm- und Talwanderungen, die auch von Ungeübten bewältigt werden können. Dazu kommen kürzere Rundgänge in der Umgebung kulturgeschichtlich bedeutsamer Ortschaften sowie Expeditionen ins Flachland und zur Küste. Eine grenzüberschreitende Wanderung schlägt die Brücke zu Slowenien und stellt die Verbindung zu den bisher erschienenen Wander-Reise-Lesebüchern des UNIKUM her*.

Da Friaul kein engmaschiges Eisenbahnnetz besitzt und die Busverbindungen an den Wochenenden rar sind, ist man bei der Anfahrt zu den vorgeschlagenen Routen größtenteils auf den PKW angewiesen; infolgedessen sind die meisten Touren als Rundwanderungen konzipiert. Trotzdem kommen auch Weitwanderer auf ihre Rechnung, vor allem bei einer wunderschönen mehrtägigen Wanderung in den Valli del Natisone, die den Lesern hiermit besonders an Herz gelegt wird. In Summe folgen die Wanderungen einem Nord-Süd-Gefälle, also nähert man sich – wenn auch mit Unterbrechungen – allmählich dem Meer.

*

Wer DIE LETZTEN TÄLER nicht nur als Lesebuch, sondern auch als Wander- und Reiseführer nützt, möge zum besseren Verständnis folgendes beachten:

› Die Ortsbeschreibungen versuchen ihrem Gegenstand gerecht zu werden, erheben aber keinen Anspruch auf Objektivität. Gelegentliche Unschärfen ergeben sich aus dem künstlerischen Zugang. Ähnliches gilt für die gastronomischen Tipps, die weniger unter kulinarischen als unter alltagskulturellen Gesichtspunkten zusammengestellt wurden.

› Die Schreibweise der Ortsnamen orientiert sich an verschiedenen und zum Teil widersprüchlichen Quellen, weshalb sie nicht immer mit den Bezeichnungen in den topografischen Karten übereinstimmt. Bei mehrsprachigen Namen ist die Reihenfolge italienisch | slowenisch | furlan | deutsch.

› Wer sich an die detaillierten (und mehrfach getesteten) Wegbeschreibungen hält, wird auch ohne Wanderkarte ans Ziel finden. Zur Sicherheit und besseren Orientierung empfiehlt sich aber die Mitnahme der entsprechenden Tabacco-Karten. Allerdings sind in diesen nicht alle beschriebenen Wege verzeichnet.

› Die angegebenen Gehzeiten entsprechen einem durchschnittlichen Schritttempo. Nicht eingerechnet sind Rastpausen und Besichtigungen, wofür bei längeren Wanderungen wenigstens ein bis zwei Stunden aufgeschlagen werden sollten. Die Entfernungsangaben sind grobe Schätzungen.

› Bei einigen Wanderungen bewegt man sich auf alten Kulturwegen, die zum Teil kaum begangen sind und daher stark verwachsen sein können. Festes Schuhwerk und reißfeste Hosen sind daher unerlässlich. Am klügsten ist es, sich mit einer kleinen Gartenschere auszurüsten, um nötigenfalls die Dornen zurückschneiden zu können und damit nachfolgenden Wanderern das Leben zu erleichtern.

› Die vorgeschlagenen Wanderungen können bis auf wenige Ausnahmen zu jeder Jahreszeit unternommen werden. Lediglich im Norden Friauls sowie in höheren Lagen muss man im Winter mit Schnee rechnen.

› Unter www.unikum.ac.at finden sich ergänzende Texte und zusätzliche Wandervorschläge sowie Aktualisierungen und Berichte von Leserinnen und Lesern. Über Bahn- und Busverbindungen informieren www.ferroviedellostato.it bzw. www.saf.ud.it.

Auf Leserreaktionen freut sich

das Autorenteam
(unikum@uni-klu.ac.at)

*KÄRNTEN. UNTEN DURCH, Klagenfurt 1998; SLOWENIEN ENTGEGEN – ZU FUSS VON KLAGENFURT NACH LJUBLJANA, Klagenfurt 2004; DAS WEITE SUCHEN – ZU FUSS VON KÄRNTEN NACH TRIEST, Klagenfurt 2006

I. WELTREISE
Wanderung zu den Laghi di Fusine

Unweit des Dreiländerecks von Kärnten, Slowenien und Friaul findet sich mit dem *Parco naturale di Fusine* eine wunderbare Berg- und Seenlandschaft. Um von Tarvis zu Fuß dorthin zu gelangen, muss eine knapp einstündige Durststrecke in Kauf genommen werden, wofür man aber durch die Schönheit und Kurzweiligkeit der weiteren Wanderung reich entschädigt wird.

Der Auftakt ist spektakulär. Erst überschreitet man in schwindelnder Höhe die Slizza-Schlucht, um diese dann auf gewundenen Stegen zu durchqueren. Gelegenheit zur Kontemplation besteht auf dem Weg nach Fusine, der entlang einer stillgelegten Bahntrasse verläuft und kaum Abwechslung bietet. Sobald man diese aber verlässt, wirkt die Landschaft wie verzaubert. Zwischen Blockgestein und uralten Bäumen wandert man zu den dunklen Laghi piccoli. Und wie von Caspar David Friedrich gemalt, liegen die beiden größeren Seen unter der Felswand des Mangart. Ein Uferpfad verbindet das Strandcafé mit türkisgrünen Buchten. Lang sitzt man am Wasser, dann drängt die Zeit zum Aufbruch. Man folgt der *Alta Via Alpi Tarvisiane* nach Aclete am Rio Nero und weiter nach Ortigara in Valromana, beides bäuerlich geprägte Weiler mit typisch kärntnerischem Einschlag. Geduckte Gehöfte, die von Streuobstwiesen umgeben sind, haben die Jahrhunderte überdauert. Auch Rutte piccolo, die letzte Station des Tages, hat viel von seinem ursprünglichen Ortsbild bewahrt. Ebenso schön ist das Panorama, das im Süden von den Zinnen des Breitkofel begrenzt wird und im Westen den Blick auf ein scheinbar unversehrtes Kanaltal lenkt.

Alte Eisenbahnbrücke bei Tarvis

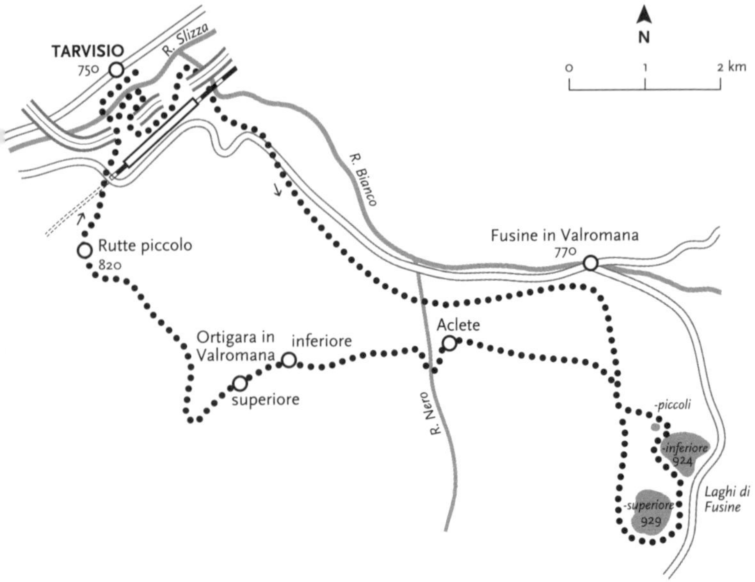

HINWEISE ZUR WANDERUNG

LÄNGE: 24 km [14 km]

ANSTIEGE: 500 m [430 m]

GEHZEIT: 6:45 Std. [4:30 Std.]

ANFORDERUNGEN: Ausdauer

KARTE: Tabacco-Wanderkarte 019, Alpi Giulie Occidentali Tarvisiano, 1:25.000

EINKEHRMÖGLICHKEITEN: Laghi di Fusine

ANFAHRT: Von der Piazza Unita im Zentrum von Tarvis auf der SS 13 (Via Principe di Piemonte) 2 km Richtung Kärnten bis zum alten Bahnhof am nordöstlichen Ortsrand.

ANMERKUNGEN: Wer die lange Wanderung auf zwei Tage aufteilen möchte, hat die Möglichkeit, im Parco naturale di Fusine zu übernachten (siehe »Am Wege«).

Eine Abkürzungsmöglichkeit besteht, indem man mit dem SAF-Bus vom Bahnhof Tarvisio Boscoverde bis zur Bar alla Posta in Fusine fährt und von dort zu den Laghi di Fusine aufsteigt (siehe Wegvariante). Fahrplanauskunft: www.saf.ud.it.

WEGBESCHREIBUNG

Ausgangspunkt der Wanderung ist der **alte Bahnhof von Tarvis** an der SS 13. Man steigt von der Straße links des Hauptgebäudes zum neu angelegten **Radweg** am ehemaligen Gleiskörper ab und wendet sich auf diesem nach rechts. Nach etwa 300 m, kurz vor einer alten Fußgängerbrücke, biegt man scharf nach links und überquert kurz darauf auf einer alten **Eisenbahnbrücke** die Slizza-Schlucht. Nach der Brücke biegt man nach rechts und steigt in mehreren Serpentinen zum Fluss ab. Man durchquert die **Schlucht** auf gesicherten Stegen und steigt an ihrem Ausgang in etlichen Serpentinen zum **Franzosendenkmal** auf (0:45 Std.).

Vom Hügel auf breitem Weg bergab bis zu einer Querstraße; auf dieser nach links. Kurz darauf wandert man am Gelände des neuen **Bahnhofs** vorbei und wendet sich an dessen Ende, unterhalb einer Stromleitung, nach links in einen steil abfallenden Schotterweg. Gleich darauf eine Gabelung; man hält sich links. Der Weg vereinigt sich mit einem von links kommenden; weiter bergab. Man unterquert erst die **Autobahn**, dann die hohe **Bogenbrücke** der Eisenbahn, um erneut zur Straße anzusteigen; auf dieser nach links. Nach 100 m wendet man sich halb links in ein asphaltiertes Sträßchen (die ehemalige **Bahntrasse** Richtung Jesenice).

30 Min. geradeaus bis zu einer weiteren alten **Eisenbahnbrücke**, auf der man den Rio Bianco überquert. Nach 5 Min. eine Kreuzung; geradeaus weiter auf dem asphaltierten Radweg. Nach 25 Min., unmittelbar vor dem **Kilometerstein Nr. 6**, biegt man nach rechts in einen ansteigenden Waldweg. Nach wenigen Schritten eine Wegkreuzung; man geht geradeaus. Kurz darauf wird eine Abzweigung nach rechts ignoriert. Steter Anstieg im Wald. Nach 20 Min. eine Gabelung; man hält sich links und trifft kurz darauf auf einen breiteren Waldweg, der sich nach 70 m mit einem von rechts kommenden **markierten Weg** vereinigt. Man geht geradeaus und nimmt bald darauf eine Abzweigung nach links (Wegweiser »Lago inferiore«). Schöner Weg zwischen Blockgestein, umgestürzten Bäumen und vorbei an drei Tümpeln bis zum Terrassencafé Belvedere am Ufer des **Lago di Fusine inferiore** (3:00 Std.).

Am Uferweg nach rechts. Man umgeht den See bis zu seinem südlichsten Punkt, wo man sich nach einem **Holzbrücklein** scharf nach rechts wendet. Der Weg gabelt sich sofort; man hält sich links (keinesfall den oberhalb des Ufers ansteigenden Weg nehmen!). Nach wenigen Metern eine weitere Gabelung, man hält sich links und steigt in einem Geländeeinschnitt zwischen Blockgestein zum **Lago di Fusine superiore** an (3:45 Std.). Man umgeht den See im Uhrzeigersinn, passiert dabei eine »Aussichtsinsel« mit Holzsteg und trifft auf der großen Wiese an der **Südseite** auf einen Querweg; auf diesem nach rechts. Man gelangt in den Wald, stößt nach 5 Min. auf einen breiten Forstweg und geht auf diesem nach rechts. Nach 15 Min. passiert man die bereits bekannte Abzweigung zum Lago di Fusine inferiore und geht, nun wieder der Markierung folgend, bei der darauffolgenden Gabelung links. Schöner Waldweg bis zu den ersten Häusern von **Aclete** (4:30 Std.).

Beim ersten Haus ein Querweg; man geht links und wendet sich in der Mitte des Weilers, unmittelbar vor dem Haus Nr. 4, scharf nach links (Wegweiser »Ortigara«). Steiler Abstieg auf markiertem Pfad bis zu einem **Wildbach**, welchen man durchschreitet. Auf einem Forstweg nach rechts. 200 m talauswärts, dann scharf nach links in einen ansteigenden Weg (Markierung). Man folgt der stellenweise etwas unübersichtlichen Markierung durch den Wald bis **Ortigara inferiore** (5:10 Std.).

Auf einer Asphaltstraße nach links bis **Ortigara superiore** (5:15 Std.) und weiter bis zur **Brücke** über den Rio Bianco. Von dort 1 km talauswärts bis zu einem **Rastplatz**. Man wendet sich nach rechts (Wegweiser »Anello di Rutte«), passiert den Rastplatz und biegt sofort nach links. Schöner Weg bis **Rutte piccolo** (6:00 Std.).

Man durchschreitet die erste Häusergruppe, folgt einem schmalen Fahrweg bergab bis zum **unteren Ortsteil**. Man überquert einen Bach und wendet sich auf einer Querstraße nach rechts. Kurz darauf biegt der Hauptfahrweg nach rechts; man geht geradeaus in ein Sträßchen. Eine Abzweigung nach links wird ignoriert. Die Pflasterung endet am Ortsrand; weiter auf einem Karrenweg. Wenige Schritte nach dem letzten Haus eine Gabelung; man hält sich rechts (zuvor empfiehlt sich ein kurzer Abstecher nach links zu Hügelkuppe mit schöner Aussicht). Man gelangt zum Waldrand und steigt erst rechts eines verwachsenen Hohlweges, dann auf deutlichem Weg bergab. Man gelangt zu einem Asphaltsträßchen, geht rechts

Bei Rutte piccolo

und wendet sich auf einer breiten Querstraße nach links. Nach 70 m scharf nach rechts in die **Via Bamberga**, der man, einige hässliche Häuser passierend, bis zur Abzweigung zur **Eisenbahnbrücke** über die Slizza-Schlucht folgt. Man geht links und kehrt zum Ausgangspunkt der Wanderung zurück (6:45 Std.).

[**VARIANTE** ab Fusine: Man geht von der **Bar alla Posta** auf der SS 54 einige Schritte über eine Brücke und wendet sich nach links (Wegweiser »Laghi di Fusine«). 10 Min. auf asphaltierter Straße bergauf. Man gelangt zu einem **Parkplatz**, wendet sich nach links und geht auf die Weissenfels-Fabrik zu. Rechts am Eingang vorbei. Man durchschreitet eine **Siedlung** und gelangt an deren oberen Ende erneut zur Straße, welche man überquert. Auf breitem Schotterweg geradeaus weiter. Gleich darauf tangiert man einen asphaltierten **Radweg**; man wendet sich auf diesem scharf nach links und biegt nach 20 m nach rechts in einen ansteigenden Waldweg. Auf dem Hauptweg ca. 15 Min. bergauf bis zu einer Kreuzung; auf dieser nach links. Weiter bergauf, bis sich der

Weg mit einem von rechts kommenden **markierten Weg** vereint. Man geht geradeaus und nimmt kurz darauf eine Abzweigung nach links (Wegweiser »Lago inferiore«). Schöner Weg zwischen Blockgestein, umgestürzten Bäumen und vorbei an drei Tümpeln bis zum **Lago di Fusine inferiore** (0:45 Std.). Weiter zum Lago di Fusine superiore wie beschrieben.]

AM WEGE

Orrido dello Slizza | Soteska Ziljice | Fossôr da la Slize | Gailitz-Schlucht

Nur eine Zuglänge ist es vom verwaisten alten Bahnhof von Tarvis zu diesem Kleinod der Natur. Fast 70 m hat sich hier die Slizza, slow. Ziljica, in den Kalkstein gegraben, gerade so, als hätte der Fluss einen Schleichweg gesucht, um der hässlichen Peripherie von Tarvis auszuweichen. Schon 1874 wurde die Schlucht mittels Leitern, Stegen und Tunnels für Besucher erschlossen; bis zum Ersten Weltkrieg zählte sie zu den beliebtesten Ausflugszielen im damals noch zu Österreich gehörenden Kanaltal. Ein Kärnten-Reiseführer dieser Zeit rühmt die »vom schäumenden Wildbach durchbrauste Talenge, die prächtigen Felsen und kühnen Überbrückungen« und hebt botanische Kostbarkeiten wie »Alpenrosen, Alpenveilchen und die seltene Schopfige Rapunzel [die sonst nur im Hochgebirge vorkommen, Anm.] am Eingange der Klamm« hervor.

Wer sich heute über die jüngst in Stand gesetzten Treppenwege in den Talgrund begibt, wird kaum einer Menschenseele begegnen und kann das Naturschauspiel völlig ungestört genießen. Am schönsten ist die Durchquerung der Schlucht am frühen Nachmittag, wenn das Streiflicht der Sonne durch die dichte Vegetation fällt und das Türkis des Wassers zum Leuchten bringt. Für farblichen Kontrast sorgen erzhaltige rote Steine, die im weißen Bachbett liegen. Es sind Mitbringsel der Slizza aus der Umgebung von Cave del Predil, die auf ihren Weitertransport nach Kärnten warten, wo der Fluss als Gailitz der Gail entgegenfließt. Bis Ende des 20.

Orrido dello Slizza

Jahrhunderts war die Slizza durch die Flotationsabwässer des Zink-Blei-Bergwerks in Cave del Predil fast vollständig verödet. Erst Jahre nach Einstellung des Bergbaues 1991 ließen sich wieder die ersten Bachforellen blicken.

Kein Interesse für die Fische zeigt der gusseiserne Krieger, der sich hoch über dem Fluss auf seinen Vorderlader stützt. Es handelt sich um das sogenannte Franzosendenkmal, das an den Abwehrkampf der Österreicher im Kanaltal im Jahr 1809 erinnert. 300 Österreicher sollen hier vier Tage lang einer Übermacht von 150.000 Franzosen standgehalten haben. 60 Jahre später wurde die Eisenbahnbrücke errichtet, die nebenan die Schlucht überspannt. Sie misst 63 Meter und dient seit 1969, als die Bahnstrecke Tarvis–Jesenice stillgelegt wurde, als Fußgängerübergang.

Fusine in Valromana | Bela peč | Fusinis | Weißenfels

Was vor mehr als 600 Jahren als einfache Schmiede begann, verkörpert heute den letzten größeren Industriebetrieb der Region. Er nennt sich *Weissenfels S. p. A.*, ist Teil eines interna-

Arbeiterwohnhaus in Fusine in Valromana

tionalen Konzerns und hat sich auf die Produktion von Schneeketten spezialisiert. Das ist ein krisenanfälliges Geschäft, denn jeder schneearme Winter verschlechtert die Auftragslage und bringt Arbeitsplätze in Gefahr. So sehen die Einheimischen der Klimaerwärmung mit besonderer Sorge entgegen.

Seinen italienischen Namen trägt der Ort in Anlehnung an *fužine*, das slowenische Wort für Eisenverarbeitung; der Zusatz *in Valromana* ist irreführend, da sich das betreffende Tal weiter westlich befindet (und seinen Namen auch nicht den Römern, sondern einer Verballhornung des altbayrischen Wortes *Remmer*, Raben, verdankt). Die deutsche Bezeichnung verweist auf eine Festung, die im 15. Jahrhundert über dem Rio Bianco/Weißenbach errichtet wurde und längst verfallen ist. Die Burg geriet bald in den Besitz der Habsburger, deren Vasallen den Zuzug deutschsprachiger Gewerken und in der Folge die Assimilation der ursprünglich slowenischen Mehrheitsbevölkerung förderten. So galt Weißenfels jahrhundertelang als »deutscher Ort«. Noch 1921 gaben fast 50 Prozent der 866 Einwohner Deutsch als Muttersprache an.

Die Industriegeschichte des Ortes spiegelt sich in einer Reihe historischer Bauten, wovon das Sgraffiti-verzierte *Castelletto* aus dem Jahr 1716 das auffälligste ist. Besitzer war ein Geschlecht niedrigen Adels, dessen drei unrentable Eisenhämmer 1862 in bürgerliche Hände übergingen. Damit begann eine Epoche der Modernisierung und des Aufschwungs. Erzeugt wurden Stahlketten ohne Schweißstellen – eine technische Neuerung, für die der Betrieb, nach eigener Darstellung, Weltruhm erlangte. 1918 wurde die Fabrik italianisiert, um nach dem Zweiten Weltkrieg (der in Fusine kaum Spuren hinterlassen hatte) zum Großbetrieb heranzuwachsen. In den 1970er Jahren fanden rund 600 Einheimische Arbeit; heute liegt der Mitarbeiterstand bei 240.

Prägend für das Ortsbild sind neben den Fabriksanlagen die Unterkünfte der Arbeiter. Es sind Häuserblocks und Wohnsiedlungen von zumeist geringem Komfort, jedoch großer architektonischer Vielfalt. Neben schmucklosen Zweckbauten der realsozialistischen Art finden sich Häuser mit Fachwerkelementen oder hölzernen Laubengängen. Sehenswert sind vor allem die proletarischen Behausungen an der SS 54, die sich allerdings in einem jämmerlichen Zustand befinden. Besonders ärmlich sind die Bauten im Bereich der aufgelassenen »Birreria-Bar«, wo man sich an frühkapitalistische Elendsviertel erinnert fühlt. Freundlicher ist das Ensemble an der Straße zu den Laghi di Fusine, wo man die schäbigen Fassaden mit üppigem Blumenschmuck zu kaschieren trachtet und die winzigen Vorgärten mit allerlei Basteleien vollgestellt hat. Ein schönes Beispiel von Industriekultur aus dem 19. Jahrhundert ist das kleine Umspannwerk mit kaisergelbem Anstrich und villenähnlicher Gliederung.

EINKEHR:

Trattoria Al Sole, Via Cavour 69, 0039/0428/61017, passable Übernachtungsmöglichkeit.

Am Lago di Fusine inferiore

Laghi di Fusine | Belopeška jezera | i Lâcs di Fusinis | Weißenfelser Seen

Ist von den Laghi di Fusine die Rede, sind meist nur der Lago inferiore und der Lago superiore gemeint. Zwei weitere Seen, die Laghi di Fusine piccoli, werden häufig übersehen, denn sie liegen gut versteckt im Blockwald nördlich der großen Seen. Fast schwarz und kaum größer als Tümpel, sind sie von einer geheimnisvollen Aura umgeben. Das Spiegelbild des Waldes ist mit dem Geäst toter Bäume unterlegt, die unter der Wasseroberfläche schweben, als wären sie aus den Tiefen der Unterwelt emporgestiegen. Nur ein Wildentenpaar, das den Ort Jahr für Jahr heimsucht, kennt den Zugang und unternimmt lange Tauchgänge.

Märchenhaft ist auch die Unterwasserlandschaft des türkisfarbenen, rund 13 ha großen und 12 m tiefen Lago inferiore. Er gilt als Geheimtipp für Taucher, zeichnet er sich doch durch außergewöhnlichen Fischreichtum aus und beträgt die Sichtweite unter Wasser gut 25 m. Die Fische lassen sich aber auch vom Ruderboot aus beobachten oder von der Terrasse des »Belvedere« am Nordufer. Die kleine Jausenstation verdient ihren Namen wegen des Panoramablicks auf die überwältigende Bergkulisse des Sees. Über 1.600 m und fast senkrecht türmen sich hier die Felswände des Mangart (2.677 m) auf. In den 1930er Jahren übte in ihnen Heinrich Harrer für die Erstbesteigung der Eiger-Nordwand. Noch näher ist man dem schroffen Berg am Oberen See. Er ist das Herzstück des ersten (1972 gegründeten) Naturparks Friauls und besitzt eine felsige Halbinsel mit einem schönen Aussichtsplatz. Das sumpfige Ufer – der See wird ausschließlich vom Grundwasser gespeist und ändert daher ständig seine Ausdehnung – ist als Vogelschutzgebiet ausgewiesen.

Die Wildheit des Talschlusses wird von der Bergsturz- und Moränenlandschaft, die die beiden Seen umgibt, noch unterstrichen. Allenthalben liegen riesige, von verkrüppelten Bäumen besiedelte Felsblöcke, die von den Bergen gekollert sind oder von eiszeitlichen Gletschern (die auch die Mulden der beiden Seen formten) herbeigeschafft wurden. Diese Findlinge, erratische Blöcke genannt, zählen zu den größten ihrer Art in den Alpen. Vorherrschende Baumart ist die Rottanne, ital. *abete di risonanza*, deren Holz sich besonders gut für den Bau von Saiteninstrumenten eignet.

Die außerordentliche Schönheit der Landschaft bringt es mit sich, dass die Laghi di Fusine im Sommer von Heerscharen von Ausflüglern heimgesucht werden. Die meisten kommen per PKW, viele mit dem Wohnmobil oder Motorrad, was der Atmosphäre des Ortes wenig zuträglich ist. Wer zu Fuß anreist, erspart sich die Mautgebühr und tut dies am besten außerhalb der Saison oder an trüben Tagen. Dann mag zwar der Mangart regenverhangen sein, doch geht, wenn die Nebelfetzen über dem Wasser stehen und die Weidetiere am Ufer Trübsal blasen, von den Seen ein ganz besonderer Zauber aus.

EINKEHR:

Osteria Belvedere am unteren See. Guter Kaffee, kleine Imbisse, Pasta und Grill; Ansichtskarten und Souvenirs.

Ristorante Edelweiß am oberen See, freundliches Almgasthaus mit Übernachtungsmöglichkeit, 0039/0428/61050.

Aclete | Ahlete | Aclete | Aichletten
Ortigara | Koprivnik | Ortigare | Nesseltal
Rutte piccolo | Male Rute | Rute | Kleingreuth

Dies- und jenseits des Rio Bianco di Valromana, dt. Weißenbach, der bis 1918 die Grenze zwischen Krain und dem Herzogtum Kärnten darstellte, liegen diese drei von Tourismus und Transitverkehr völlig unbehelligten Weiler. Typisch italienisch sind hier nur die grün gestrichenen oder blau- bis dunkelrot rostenden Blechdächer, ansonsten sind die Hausformen kärntnerisch geprägt. Ob Bauernhaus, Keusche oder Stadl, die meisten (historischen) Gebäude könnten ebensogut im Rosen- oder Gailtal jenseits der Staatsgrenze stehen. Charakteristisch sind die geduckten Steinhäuser mit Sattel- oder Krüppelwalmdächern und winzigen, fast quadratischen Fenstern, deren Vergitterung manchmal den einzigen Schmuck darstellt. Die Dachstühle überragen den Unterbau oft um das Doppelte, woraus sich scheinbar überdimensionierte Dachflächen ergeben, die durch die kräftige Färbung noch betont werden.

Eine besonders ästhetische Wirkung entfalten die Dächer am Ortseingang von Ortigara inferiore, wo sich das braun gescheckte Wellblech einer Keusche mit der roten Schraffur des Nachbarhauses und dem dunkelgrauen Streifenmuster einer Scheune zur kontrastreichen Grafik fügt. Noch auffälliger sind die Dächer in Rutte piccolo. Da schillert ein Stallgebäude in allen Grüntönen und reiben sich die Farben an der Natur, dass es eine Freude ist. Gleich nebenan trägt ein gelbes Steinhaus ein grelltürkises Dach. Das mag zwar im einzelnen das Auge beleidigen, hat aber in Summe seinen eigenen Reiz.

Sieht man von den modernen Farbtupfern (die die ehemaligen Schindeldächer ersetzen) ab, ist die alte Bausubstanz im oberen Ortsteil von Rutte piccolo noch weitgehend erhalten. Zwar sind die ältesten Häuser bereits im Verfall begriffen, doch lassen sich ihr ursprüngliches Aussehen und die alte Struktur des Weilers noch gut nachvollziehen. Es ist ein scheinbar ungeordneter, dem buckligen Gelände angepasster Haufen von Wohn- und Wirtschaftsgebäuden, von de-

Gehöft in Ortigara inferiore

nen ein stattlicher Stadel mit weiß geschminkten »Augen« und zwei kleine unverputzte Steinhäuser mit hölzernem Aufbau hervorstechen. Letztere vereinigten den Stall, die Wohnräume und die Tenne unter einem Dach; das Plumpsklo war am Balkon untergebracht.

Sind auch die Ställe verwaist (nur in den Bienenstöcken herrscht reges Treiben), gibt es doch noch Anzeichen von landwirtschaftlicher Aktivität. So werden die von verwitterten Birnbäumen gesäumten Wiesen noch regelmäßig gemäht und auch die Hausgärten bestellt, womit sich der Ort mit einer fast intakten Kulturlandschaft umgibt. Besonders schön ist der Blick nach Westen, wo die sanft abfallenden Hügel die Sicht auf Tarvis verstellen und man so den Eindruck einer lieblichen und kaum besiedelten Gegend gewinnt. Erst beim Abstieg in den unteren Ort, wo die Ferienhäuser das alte Dorf zu überwuchern drohen, findet das Bergbauernidyll ein jähes Ende.

11. DEATH VALLEY
Rundwanderung bei Cave del Predil

Das Bedürfnis nach landschaftlicher Harmonie wird bei dieser Wanderung nur teilweise befriedigt; wer sich aber für die Geschichte des Bergbaues interessiert, kommt ganz auf seine Kosten. Das entsprechende Szenario bieten Cave del Predil, eine alte Bergarbeitersiedlung südlich von Tarvis, und die dazugehörige stillgelegte Mine, die dem Tal den Stempel aufgedrückt hat.

Die erste Stunde verbringt man noch in fast unberührter Natur. Wegbegleiter ist der Rio Freddo, der im Unterlauf als harmloser Bach daherkommt, im Oberlauf aber mit einem Schotterbett von Stromesbreite eine Machtdemonstration der Erosion abhält. Die passende Kulisse, in Gestalt dramatischer Felsentürme, stellt der Jôf Fuart, einst Wischberg genannt. Unerquicklich, doch kürzer als befürchtet, ist der Übergang nach Cave del Predil. Bizarre Industrieruinen, leerstehende Verwaltungsgebäude und heruntergekommene Wohnblöcke fügen sich zum surrealen Bild. Auch dem nahen Stausee sowie der riesigen Abraumhalde im letzten Abschnitt haftet etwas Unwirkliches an. So kehrt man etwas befremdet, aber reich an ungewöhnlichen Eindrücken, zum Ausgangspunkt zurück.

HINWEISE ZUR WANDERUNG
LÄNGE: 12 km [+ 4 km]
ANSTIEGE: 500 m [+ 100 m]
GEHZEIT: 4:00 Std. [+ 1:30 Std.]
ANFORDERUNGEN: Trittsicherheit
KARTE: Tabacco-Wanderkarte 019, Alpi Giulie Occidentali Tarvisiano, 1:25.000
EINKEHRMÖGLICHKEITEN: Cave del Predil, Lago del Predil
ANFAHRT: Auf der SS 54 von Tarvis 5 km Richtung Passo del Predil.

Cave del Predil: Bergwerk

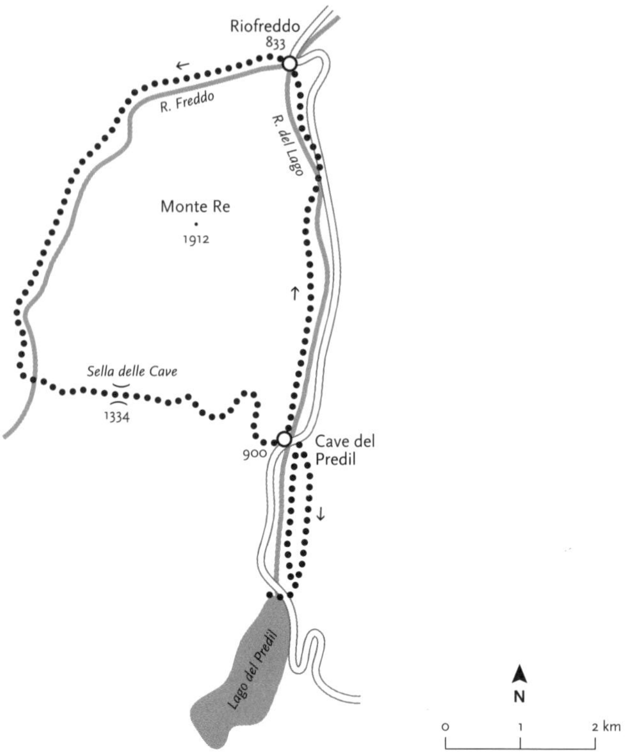

WEGBESCHREIBUNG

Ausgangspunkt ist das Dorf **Riofreddo** an der SS 54 von Tarvis nach Cave del Predil. Man nimmt die Abzweigung vor der **Straßenbrücke** nach rechts und geht, den Ort durchschreitend, auf eine **Kapelle** zu. Von dort auf breitem und moderat ansteigendem Schotterweg weiter taleinwärts. Anfänglich entlang einer Druckrohrleitung, dann sehr schön neben dem Rio Freddo. Nach 30 Min. weitet sich das Tal und man wandert bis zu einer großen **Lichtung** (1:15 Std.).

Man nimmt eine Abzweigung nach links (Wegweiser »Cave del Predil«) und überschreitet kurz darauf den Bach. Steiler Anstieg auf markiertem, teilweise infolge Kahlschlags undeutlichem Pfad, bis zu einem bewaldeten **Sattel** (2:00 Std.).

Von dort angenehmer Abstieg in Serpentinen bis zu einer geschotterten **Querstraße**; auf dieser nach rechts (zuvor empfiehlt sich jedoch ein fünfminütiger Abstecher nach links bis zu einem Aussichtspunkt am Eingang eines Stollens). Weiter bergab bis **Cave del Predil**. Beim **Denkmal** am Fuße des Bergwerks wendet man sich nach rechts, überquert den Rio del Lago und gelangt ins **Zentrum** (2:45 Std.). Einkehr und Ortsbesichtigung.

[**ABSTECHER** zum Lago del Predil: Man geht von der Bar Centrale rechts an der neuen Kirche vorbei, gelangt zur SS 54 und wendet sich auf dieser nach links. Nach wenigen Metern biegt man nach rechts in ein Sträßchen. Der Asphalt endet sogleich; weiter auf geschottertem Fahrweg (der alten Passstraße). Vorbei an einem Wasserfall, dann in südlicher Richtung gemächlich bergauf. Nach 15 Min. passiert man rechter Hand einen alten Begrenzungsstein. Kurz darauf wendet man sich nach rechts in einen Pfad und steigt steil bis zu einem Querweg im Wald ab (Futterkrippe); auf diesem nach links. Man erreicht bald darauf die SS 54, quert diese und steigt halblinks zum Lago del Predil ab. Am Ufer nach rechts bis zum Terrassenbuffet (0:45 Std. ab Cave del Predil).

Man kehrt auf bereits bekanntem Weg zur **Futterkrippe** zurück und geht hier geradeaus. Abstieg zu einem verfallenen **Wehr** am Rio del Lago, wo der Weg durch eine Hangrutschung unterbrochen ist. Man umgeht die heikle Stelle mit gebotener Vorsicht und folgt dem restlichen Weg bis **Cave del Predil** (1:30 Std.).]

Man kehrt zum **Bergwerk** zurück, passiert den Schranken am **Eingang des Geländes** und durchschreitet das Areal in nördlicher Richtung. [Anmerkung: Der Eintritt ist Nichtbeschäftigten untersagt, wird aber gewöhnlich toleriert. Wer abgewiesen wird, gehe vom Ortszentrum auf der SS 54 talauswärts, wende sich 200 m nach dem Ortsende nach links in einen Schotterweg, um auf diesem zum Rio del Lago zu gelangen, diesen zu durchwaten und über die Böschung zur Halde anzusteigen.]

Vorbei an der Talstation der Materialseilbahn, dann am linken Rand der **Schotterhalde** weiter talauswärts. Nach gut 20 Min. endet die Halde, und man gelangt über eine morsche **Brücke** zur SS 54; auf dieser nach links. Nach 200 m wendet man sich, ein Verbotsschild ignorierend, nach links in einen abwärts führenden Fahrweg. Man gelangt zu einem kleinen **Wehr**, das man rechts umgeht, um zum Rio del Lago abzusteigen. Man überquert den Fluss, wechselt aber kurz darauf wieder auf die rechte Seite, wo sich eine kleine Lichtung befindet. Von hier auf einer Fahrspur bis **Riofreddo** (4:00 Std.).

AM WEGE

Riofreddo | Mrzla voda | Riul Frêt | Kaltwasser

Das kleine Straßendorf verdankt seinen Namen einem ungewöhnlich kalten Bach und macht noch heute den Eindruck einer elenden Knappensiedlung. Bis Ende des 18. Jahrhunderts standen hier fünf Schmelzöfen unter Feuer, in denen Erz aus Cave del Predil verhüttet wurde. Sehenswert ist die ärmliche Kapelle mit hölzernem Glockengestell am Ende der Dorfstraße sowie die windschiefe Werkstätte schräg vis-à-vis.

Cave del Predil | Rabelj | Rabil | Raibl

Schwer verwundet bäumt der Monte Re sich auf. Eine Kaskade grauer Gebäude bricht aus dem Fels. Das vertikal gefaltete Gegenstück drängt sich unter ein turmhohes Pult. Sprossenfenster mit geborstenen Scheiben geben Kreuzworträtsel auf. Ein paar Stockwerke höher winden sich versteinerte Waggons, die von ihrer Lok im Stich gelassen wurden, den Hang entlang. Blechgedeckte Keile stecken wie gekenterte Häuser im Boden und werden von Stahlseilen, die am Gipfel befestigt sind, am Versinken gehindert. Aus rostigen Hangars quillt Alteisen. Eine morsche Säule aus Beton weist den Weg zu zwei Ungetümen auf Stelzen, deren nackte Treppenaufgänge von M. C. Escher entworfen sein könnten …

Im Valle di Riofreddo

Mögen die verrottenden Industrieanlagen von Cave del Predil, einst eines der größten Blei-Zink-Bergwerke der Alpen, auf den ersten Blick trist und abstoßend wirken, sind sie doch auch von ästhetischem Reiz. Wer durch die Ruinenlandschaft wandert, wird bald ihre skulpturalen Qualitäten und viele architektonische Details von überraschender Modernität entdecken. Sie würden es rechtfertigen, das Ensemble zum Kulturdenkmal zu erklären. Unerfreulich ist daher der Abriss einiger besonders »dekonstruktivistischer« Gebäude sowie die unnötige Begrünung der Anlage. Sie sind Ausdruck der Bemühungen der Gemeinde um die Schaffung eines Schau- und Erlebnisbergwerkes, ein Projekt, das wohl kaum Aussicht auf Verwirklichung hat.

Im *Museo della tradizione mineraria* im Zentrum wird die Geschichte des Ortes in rührend unbeholfener Weise erzählt. Neben der unvermeidlichen Mineralien- und Werkzeugsammlung findet sich ein geologisches Relief im Stile Niki de Saint Phalles und bedienen Schaufensterpuppen in Knappenmontur den Presslufthammer. Aufschlussreich sind die

In Riofreddo

Schichtenmodelle des Bergwerks sowie eine umfangreiche Fotodokumentation. Kinder erfreuen sich an den Miniaturen diverser Maschinen. Höhepunkt der Schau ist ein dunkler Stollen aus bemaltem Papiermaché, durch den sich der Besucher zwängen muss.

Über die Anfänge des Bergbaues in Cave del Predil gehen die Meinungen auseinander. Einige Quellen lassen vermuten, dass die Bleigewinnung im 11. Jahrhundert begann, andere, dass in der Gegend bereits in vorrömischer Zeit geschürft wurde. Amtlich gesichert ist, dass Friedrich der Schöne 1327 die Erlaubnis zum Erzabbau erteilte, ungewiss, ob Raibl, wie der Ort damals hieß, nach einem Bergmann namens Rabel benannt wurde. Der Sprachwissenschaftler Eberhard Kranzmayer glaubt, dass vielmehr ein hier einst ansässiger Scharfrichter (von slow. *rabelj* bzw. *rablin*) als Namensgeber fungierte. Ende des 17. Jahrhunderts wurde in den Gruben nebst Blei auch Gold und Silber abgebaut, und 1778 wird von 68 »Hasplern«, 42 »Huntsstoßern« (Knappen) sowie von 64 Frauen und Kindern berichtet, die für einen Hungerlohn zum händischen

Sortieren des geförderten Gesteins eingesetzt wurden. Die Verhüttung ging vor Ort vonstatten.

Drei Jahrzehnte später fanden in Raibl bereits rund 400 Menschen Arbeit, wobei erstmals die Gewinnung von Zink (das für Legierungen verwendet wird) die Bleiproduktion übertraf. Als Eigentümer der Gruben tauchen neben dem k. k. Montanärar die Grafen Henckel-Donnersmarck, die Familie Struggl und später die Bleiberger Bergwerksunion auf (die den Betrieb bis Ende des Ersten Weltkrieges inne hatte). Produktionsschwankungen und die gnadenlose Ausbeutung der Arbeiter prägen diese Zeit. Trotz technischer Neuerungen wie die Errichtung einer Materialseilbahn im Jahr 1870 (bis dahin war das Gestein mit Handschlitten zu Tal gebracht worden) blieb die Arbeit im Bergwerk hart und gefährlich.

Über die Lebensbedingungen der Arbeiter berichtete der »Volkswille« im Sommer 1900 anlässlich eines Lohnstreiks in den Gruben des Grafen Henckel-Donnersmarck: »Die Arbeiter Raibls sind durch die furchtbare Noth, in der sie sich befinden, in den Streik getrieben worden. Nur wenn man diese armen Menschen gesehen hat, dann begreift man ihr Elend. Acht bis zehn Stunden weit vom Arbeitsorte wohnen sie. Jeden Montag wandern sie diese Strecke geduldig nach Raibl, um dort ihre traurige Existenz zu verdienen, und erst am Samstag kehren sie wieder zu den Ihren zurück. Wenn sie Montag das Haus verlassen, nehmen sie sich ihre Nahrungsmittel für die ganze Woche mit: Einen Sack Polenta und ein großes Holzgefäß saure Milch. Davon nährt sich der Mann Woche für Woche. Können sie aber anders leben, da sie oft in einem Monat keine 20 Gulden verdienen?«

Gespart wurde nicht nur bei den Löhnen, sondern auch bei den Sicherungsmaßnahmen. Ein deutschsprachiges Denkmal erinnert an den Einsturz einer Zeche im Jahr 1910, in dessen Folge das werkseigene Spital vom Erdboden verschlungen und sieben Menschen für immer begraben wurden.

Zur Jahrhundertwende war, wie es in einem Reiseführer dieser Zeit heißt, »Raibl auch touristisch eine wichtige Sta-

Abraumhalde bei Cave del Predil

tion, denn dasselbe kann als Schlüssel zu der Feenwelt der umlagernden Julischen Alpen (...) betrachtet werden.« Neben der imposanten Bergkulisse lockte eine Kaltwasserheilanstalt und die »kristallklare Flut des Raibler Sees« sowie der »seltene Blumenflor« die Sommerfrischler an. Als Schlechtwetterprogramm wurden den Gästen gegen Gebühr die »Einfahrt in die Grube« sowie »die Inaugenscheinnahme des elektrischen Betriebes« geboten. Mehrere Beherbergungsbetriebe sorgten für »beste Verpflegung«.

Einen noch größeren Aufschwung erhofften sich die Talbewohner von der geplanten Eisenbahnlinie über den Predilpass, die Kärnten mit Triest verbinden sollte. Das Projekt wurde lange Zeit gegenüber der Wocheiner Bahn favorisiert, musste aber schließlich wegen militärischer Erwägungen aufgegeben werden. Auch eine bereits genehmigte Schmalspurbahn zwischen Tarvis und dem Bergwerk kam nicht zustande. Im Ersten Weltkrieg herrschte dennoch reger Zugsverkehr: Eine elektrische »U-Bahn« führte von Raibl nach Log pod Mangartom im heutigen Slowenien und diente den Österreichern als wichtige Nachschublinie. Fast 600.000 Soldaten wurden auf diesem Weg an die Isonzofront verfrachtet. Nach dem Krieg beförderte die Stollenbahn Pendler aus den Dörfern jenseits des Predilpasses. Der Tunnel war bereits 1905 zur Entwässerung der tiefsten Gruben gebohrt worden, womit die Wasserscheide zwischen Mittel- und Schwarzem Meer »unterbrückt« worden war.

1925, nun im Besitz des italienischen Staates, beschäftigte das Bergwerk bereits über 1.000 Personen; die Ortsbevölkerung umfasste fast doppelt soviele. Aus der Zeit des Faschismus stammen auch einige der urban anmutenden Wohnbauten. Mitte der 1950er Jahre wurde mit 1.132 Arbeitern der Beschäftigungsrekord erreicht. Beachtlich war auch die Ausdehnung des (heute immer noch existierenden) Stollensystems. So beträgt der Niveauunterschied zwischen höchstgelegenem und tiefstem Tunnel fast 700 m, wobei sich letzterer 240 m unterhalb der Ortschaft befindet. Welch enorme Gesteinsmengen aus dem Berg geholt wurden, kann man an der imposanten Abraumhalde, die sich entlang der Straße nach Tarvis erstreckt, ermessen.

Das Schlusskapitel der Geschichte des Bergbaus in Cave del Predil wurde im Jahr 1992 geschrieben, als die Stilllegung des unrentabel gewordenen Werks verfügt wurde. 150 Arbeiter leisteten Widerstand, indem sie den Betrieb besetzten und die Wiederaufnahme der Produktion forderten. Kundgebungen wurden abgehalten, Medienleute und Solidaritätsadressen aus ganz Italien trafen ein. 17 Tage währte die Rebellion, dann fügten sich die Kumpel ins Unvermeidliche und strichen die roten Fahnen. Nur eine Handvoll fand Arbeit in Fusine, der Rest wurde in Rente geschickt oder musste sich auswärts Beschäftigung suchen. Die Einwohnerzahl sank auf unter 400.

So steht heute ein Gros der Wohnungen leer und sind etliche Gebäude im Verfall begriffen. An Wochentagen, wenn

In Cave del Predil

die Pendler ausgeflogen sind, scheint der Ort wie ausgestorben. Bei aller Morbidität bietet sich aber auch manch freundlicher Anblick. So finden sich am südlichen Ortsrand säuberlich gepflegte Gemüsegärten und dokumentieren Balkons mit aufwändigen Blumenarrangements den trotzigen Willen zur Heimeligkeit. Wie Bienenstöcke reihen sich die verschiedenfarbigen Garagentore aneinander; selbst die seriell erbauten Geräteschuppen hinter den Wohnblöcken haben etwas Verspieltes. Dazu kommen bunt bestückte Wäscheleinen, die nach süditalienischer Manier zwischen die Häuserblocks gespannt sind, sowie die zufälligen Environments aus diversen Fundstücken, Mineralien und Schrott. Richtige Kunst gibt es in der Bar Centrale mit dem Digitalprint »Disneyland« des slowenischen Künstlers Miha Knific zu besichtigen.

EINKEHR:

Bar Centrale. Karge Dorfkneipe zum Plaudern und Zeittotschlagen. Feste Nahrung wird nicht geboten.

B & B Famiglia Piccoli, angenehme Fremdenzimmer im Ortszentrum, 0039/0428/68015.

Chalet al Lago, Osteria und Bar am Ufer des Lago del Predil, die seit ihrem jüngsten Umbau zur schönen Umgebung wie die Faust aufs Auge passt.

Devotionalienhandel am Monte Santo di Lussari

HART AN DER GRENZE

1798 veröffentlichte der deutsche Arzt Julius Gottlieb Schlegel einen Reisebericht, in dem er u. a. seine Eindrücke über Kärnten und Venetien schilderte. Wohlwollend begrüßte Johann Wolfgang von Goethe die Publikation als »das Reiseproduct eines nicht unfähigen Mannes«. Während der Dichterfürst auf seiner Italienfahrt den Brenner überquerte, wechselte Schlegel über eine kleine Brücke vom österreichischen Pontafel ins venezianische Pontebba. Als sichtbare Grenzzeichen prangten auf der Brücke die Wappentiere beider Länder, auf der einen Seite der kaiserliche Adler, auf der anderen der Markuslöwe. Den ungleichen Herrschaftssymbolen stellte Schlegel ebenso unterschiedlich geartete Nationalcharaktere gegenüber: Im Gegensatz zum ehrlichen, treuherzigen Deutschen österreichischer Nation fühlte der Gelehrte auf italienischer Seite den tückischen, eifersüchtigen Blick des Wällischen. Das Bedürfnis der Reiseliteraten, auf ihren Lustfahrten einzelne Volksgruppen miteinander zu vergleichen, förderte die Verbreitung nationaler Stereotype, die sich im Zeitalter des Nationalismus verfestigen sollten. Bis zum Beginn des Ersten Weltkriegs wurden die nationalpolitischen Kämpfe im Kanaltal hauptsächlich zwischen Deutschen und Slowenen ausgetragen. Nationale Kampfvereine waren unermüdlich darauf bedacht, der gegnerischen Volksgruppe keine politischen Vorteile erwachsen zu lassen. Ein »Völkischer Reiseführer« zum 25jährigen Bestand des Deutschen Schutzvereines Südmark beklagte die nationalen Verhältnisse im slowenischen Saifnitz. Der Verfasser sah die umliegende »Gegend durch die Übergabe der Wallfahrtskirche am Luschariberg an Krainer slovenische Franziskaner bedroht«. Bis Kriegsbeginn spielte die völkische Agitation gegen die wenigen Italiener im Kanaltal keine Rolle. Umso nachhaltiger wurden durch das rasch konstruierte Feinbild vom wortbrüchigen Italien nationale Vorurteile über Generationen hinweg tradiert. Die österreichische Kriegspropaganda verunglimpfte den südlichen Nachbarn als »tückischen Wällischen« und »ehrloses Gesindel«. 1916 veröffentlichte die Karnisch-Julische-Kriegszeitung chauvinistische Mundartreime des Villachers Hugo Moro von zweifelhafter literarischer Qualität: »Der Walisch tuat lüagn, is falsch wia a Katz, tuat an jeden betrüagn.«

Nach dem Ersten Weltkrieg besuchte die in Tarvis geborene Lehrerin und spätere nationalsozialistische Gemeinderätin in Villach, Andrea Baum, ihre mittlerweile zu Italien gehörige Heimatstadt. Der ehemals beschauliche, deutsche Ort hatte sich für Baum in eine typisch italienische Kleinstadt verwandelt, wo sich »der Müll auf den Straßen häufte, Waren aller Art auf den Gehsteigen zum Verkauf ausgebreitet lagen und halbnackte Kinder schreiend durch die Gassen rannten«. Nach ihrem Dafürhalten war das einst harmonische Zusammenleben deutscher Bürger durch den Zustrom lärmender Italiener unwiederbringlich verloren gegangen.

Im Friedensvertrag von St. Germain war das Kanaltal Italien zugesprochen worden – jetzt musste Rom noch die dazugehörigen Italiener heranschaffen. Italianisierung, Eliminierung des deutschen und slowenischen Elementes und Zuwanderung von italienischen Militärs, Beamten und Arbeitern hieß das entsprechende Regierungsprogramm. Italienisch wurde zur alleinigen Amtssprache erhoben, in den Schulen durfte nur noch in italienischer Sprache unterrichtet werden. Öffentliche Ankündigungen, Verordnungen, Wegweiser, Fahrpläne und Touristenführer mussten in Italienisch abgefasst werden. Straßenbenennungen, Orts- und Familiennamen wurden italianisiert.

Verzeichnete die Volkszählung 1910 im gesamten Kanaltal nur zehn Italienischsprachige, stieg deren Anzahl in den 1920er Jahren auf über 1.200. Mehr als die Hälfte davon lebte im strategisch wichtigen Tarvis, wo Bahnlinien aus drei und Straßen aus vier Richtungen zusammentrafen. Nicht zuletzt deshalb forderte Italien eine Grenzziehung nördlich von Tarvis, und nicht, wie ursprünglich vorgesehen, entlang der Wasserscheide am Saifnitzer Sattel.

Bis 1400 galt Tarvis als friulanische Sprachinsel zwischen dem deutschen Villach und dem slowenischen Saifnitz. Im Laufe des 15. Jahrhunderts änderte sich die ethnische Zusammensetzung des 1456 vom Bistum Bamberg zum Markt erhobenen »Tervis im Canal in Kärnden«. Die gewinnbringenden Erwerbszweige Handel und Metallverarbeitung führten in Tarvis zur allmählichen Herausbildung einer relativ wohlhabenden, vorwiegend deutschsprachigen Bürgerschicht. Längere Zeit fanden sich unter den Tarviser Gewerken und Geschäftsleuten aber auch friulanische und italienische Namen. Sprachlich noch stärker gemischt war die Arbeiterschaft. Neben Arbeitern deutscher und friulanischer Herkunft waren jene mit slowenischen Wurzeln am stärksten vertreten.

Der überwiegende Teil der landwirtschaftlichen Haushalte waren Keuschler, die ihren Haupterwerb in der Metallverarbeitung fanden. 1831 existierten in Tarvis elf Eisenhämmer mit 16 Feuern und drei Dutzend ständigen Arbeitern. Die Folgen der Agrarkrise bei gleichzeitiger Reduzierung von Verdienstmöglichkeiten im nichtagrarischen Bereich, insbesondere in der Eisenindustrie, waren gegen Ende des 19. Jahrhunderts auch im Tarviser Raum zu spüren. 1873 loderte in Tarvis nur noch ein Zerrenfeuer.

Wirtschaftlichen Auftrieb erhielt das krisengeschüttelte Kanaltal mit der Eisenbahn. 1870 wurde die Eisenbahnstrecke Laibach–Tarvis eröffnet. Die Bahnverbindung zwischen Villach und Tarvis wurde 1873 fertig gestellt und 1879 war mit dem Streckenabschnitt Tarvis–Pontafel auch das Kanaltal eisenbahnmäßig erschlossen. Die Verlagerung des Warenverkehrs von der Straße auf die Schiene gab vor allem den Fuhrwerkern Anlass zur Klage. Als Mitte 1865 die Baupläne der »eisernen Straße« durch das Kanaltal bekannt wurden, fasste die Zeitung »Slovenec« die Sorgen der dortigen Bevölkerung folgendermaßen zusammen: »Das Volk ist überhaupt nicht glücklich, weil es sich von ihr keinen Nutzen verspricht, sondern Schaden am Feld und beim Verdienst.« Andererseits sicherte der Eisenbahnbau vielen Arbeitern ein vorübergehendes Einkommen. Über deren politisches Bewusstsein veröffentlichte der »Volkswille« 1874 folgende Meldung aus Tarvis: »Ein regeres Leben herrscht in unseren Tälern seit der Inangriffnahme resp. Vollendung der Eisenbahnbauten. Die bei diesen beschäftigten Arbeiter sind theils Deutsche, theils Wenden, theils Italiener, doch sind die letztgenannten bei weitem vorherrschend. Von einer Arbeiterbewegung kann man bei uns nicht sprechen; die Leute sind entweder indifferent oder erhoffen von Gott eine Verbesserung ihrer Lage. Ähnliche Verhältnisse, wie bei den Eisenbahnarbeitern findet man auch bei den Bergarbeitern und bei jenen, die in den Eisengewerken beschäftigt sind. Es genügt, wenn ich sage, daß die Löhne durchwegs schlecht, die Lebensmittel hingegen sehr theuer sind. Ein besonders trauriges Dasein führen die Feldarbeiter, die sich die roheste Behandlung gefallen lassen müssen.«

Ein lohnendes Ausflugsziel in der Nähe von Tarvis war die Wallfahrtskirche auf dem Luschariberg. Die Gründungslegende von Maria Luschari folgt einem bewährten Muster: Auf der Suche nach seinen Schafen fand ein Hirte in einem

Wacholderbusch eine aus Holz geschnitzte Marienstatue, woraufhin an dieser Stelle eine Kirche erbaut wurde. Beim Bau der Marienkirche dürften neben religiösen Aspekten auch ökonomische Überlegungen eine Rolle gespielt haben. Die Marienstatue war eine lukrative Reliquie, die Gläubige anlocken und die Opferstöcke füllen sollte. Der Naturgelehrte Belsazar Hacquet wandte sich 1784 gegen den tief verwurzelten Irrglauben kranker Pilger, die sich von der Wallfahrt Heilung versprachen: »Bey allen diesen so genannten Gnadenbildern leidet die Ehre der Ärzte ganz Schiffbruch. Geschieht die Genesung, so hat niemals der Arzt die Ehre davon, sondern ein Heiliger, an welchen man sich wendet. Geschieht es aber, dass der Kranke stirbt, so kriegt der Arzt allen Fluch auf den Hals, und nur er hat ihn umgebracht.« 1786 hob Kaiser Joseph II. Maria Luschari als Wallfahrtsort auf. Die Marienstatue wurde nach Saifnitz gebracht, die Glocken entfernt, die Altäre zerstört und das Kirchenpflaster aufgerissen. Dennoch ließen sich die Pilger nicht vom Besuch des heiligen Ortes abhalten und zogen weiterhin zu den Ruinen der Wallfahrtskirche.

Nach dem Ableben des kirchenkritischen Kaisers baten die Talbewohner dessen Nachfolger erfolgreich um die Wiedereinführung der beliebten Wallfahrt, wohl auch, weil die Pilgerscharen für die Bevölkerung um Saifnitz eine stattliche Einnahmequelle darstellten. Ab Herbst 1790 war das Wallfahren wieder offiziell erlaubt. Wenige Jahre später berichtete Julius Gottlieb Schlegel von der Volksfeststimmung unter den Pilgern: »Die Österreicher wallfahrten noch jetzt so pünktlich, wie die Störche nach Medina, zum Grabe des Profeten. Singend oder betend ziehen sie oft truppenweis zusammen und scheinen auf solchen Wanderungen jeden Unfug für unsträflich zu halten. Wenn sie am Wallfahrtsort ankommen, ist öfters der Raum für die große Menge der Wallfahrter in den Wirthshäusern zu klein und dann übernachten sie in der Kirche selbst, wo es manchmal zu beträchtlichen Ausschweifungen kommen soll. Es ist auch nicht zu verwundern, wenn das Zusammenliegen von Leuten beiderlei Geschlechts, die erhitzte Phantasie noch mehr spannt und hernach Exzesse ausgeübt werden.« Die Geistlichen bezeichnete Schlegel als die »Heuschrecken katholischer Länder«.

Zum 500-Jahr-Jubiläum wurden 1860 über hunderttausend Pilger gezählt, die der Gebirgsmuttergottes ihre Ehrerbietung erwiesen; unter ihnen der Reiseliterat Anton von Rauschenfels. In lebhaften Worten schilderte er den Trubel rund um den Wallfahrtsort, wo sich bei seinem Besuch über dreitausend Pilger tummelten. Begreiflich erschien ihm die Entrüstung der liberalen Tagespresse gegen das Wallfahren, gegen »die dreiste Bettelei und Gaunerei, das unverschämte Prellen in Allem und Jedem sowie die lockende Gelegenheit zu Unsittlichkeiten jeder Art.« Einen humoresken Eindruck über Maria Luschari liefert die Reisebeschreibung von Gilbert und Churchill, die 1865 den heiligen Berg besuchten: »In Saifnitz sind mehrere Wirtshäuser, welche aus der Frömmigkeit großen Gewinn ziehen müssen, wie auch zahlreiche Buden in einem Graben. Hier sind alle Erquickungen des Fleisches vorhanden. Im Verlaufe des Steigens begegneten wir verschiedenen Gesellschaften zurückkehrender Wallfahrer, einige von ihnen anständige Frauen, in ganz anderer als Bauernkleidung – eine von ihnen im weißen Musselin und mit Sonnenschirm – aber alle barfuß und ihre Schuhe tragend. Wir zweifelten nicht daran, daß sie in den Buden unten bald eine lustige Gesellschaft bilden würden. Der Weg, obwohl unbarmherzig steil, war breit und ausgetreten und, wenigstens die Hälfte des Anstieges, sorgfältig und auf verschiedene Weise bewacht – von blinden Männern, sehr alten Weibern und fliegenden Streifwachen von Kindern, alle und jede mit unabweislich ausgestreckter Hand – dieser juckenden Hand – und endlosen Klagen. Ein so riesiges Bettler-System war für uns zuviel.« Am Luschari angekommen, »beginnt die Aussicht sich zu eröffnen und die Kirche und einige Gebäude sind oben zu sehen. Diese bestehen aus einem Haus für die Priester, einem anderen für Reisende und kranke Pilger und einem Haufen Buden zum Verkaufe von Rosenkränzen, Andenken und Opfersachen zu Gelübden – lauter flitterhafter Tand;

die meisten Wallfahrer des Tages hatten ihre Aufgabe vollbracht, obwohl ein armer Geselle, ein ältlicher Bauer, noch eine Viertelmeile zurück war und sich mühselig abquälte, den steinigen Pfad auf den Knien hinaufzurutschen.«

Abwärts nahmen müde Wanderer meist den Schlitten samt Führer, der für einen Gulden die abenteuerliche Strecke ins Tal in zwanzig Minuten bewältigte. 1915 war es mit dem Sommerrodeln auf dem Luschariberg vorbei. Am 16. September 1915 schoss italienische Artillerie die Wallfahrtskirche mitsamt den umliegenden Gebäuden in Trümmer. Nach dem Krieg wurden Kirche und Unterkunftshäuser wieder aufgebaut. Drei Gespanne mit je 16 Ochsen schafften 1927 die fehlenden Glocken auf den Berg. Im Herbst 1929 nahmen an der vom slowenischen Caritas-Sekretariat veranstalteten Maria Luschari Wallfahrt über 2.000 Menschen aus dem Jauntal, Rosental und dem Gailtal teil. Die Teilnehmer kamen mit zwei Sonderzügen angepilgert und der Pfarrer von Eisenkappel vermerkte in der Pfarrchronik, dass »viele hundert Gläubige in Maria Luschari ihr Sündenpinkl ausgeleert, andere den ihrigen noch beschwert haben.« Anschließend waren die Wallfahrer einer Einkehr in die Tarviser Gastschenken nicht abgeneigt, wo sie mit Sonntagsausflüglern und Einkaufstouristen zusammentrafen. Den regen Ausflugsverkehr nach Tarvis machte sich der Sozialdemokrat Alois Buttinger zunutze, als er 1934 die von den Austrofaschisten verbotene »Arbeiter-zeitung« nach Villach schmuggelte: »An Sonntagen verließen viele Familien Villach, um Ausflüge nach Tarvis zu unternehmen. Sie kamen mit dem Zug oder dem Fahrrad, um Sonderangebote zu ergattern, aber vor allem um ihren wöchentlichen Bedarf an italienischen Weinen zu decken. Ständig traf man auf Fahrradfahrer, die zwischen Villach und Tarvis unterwegs waren. Aus diesem Grunde befand sich unser geheimer Treffpunkt auch in Thörl. An manchen Sonntagnachmittagen radelten meine spätere Frau und ich von Thörl nach Villach. Mit uns führten wir zahlreiche illegale Schriften, die in zwei Einkaufstaschen verpackt waren.« In der Nacht vom 11. auf 12. März 1938 musste Alois Buttinger gemeinsam mit seiner

Frau vor den Nationalsozialisten außer Landes flüchten. Über Tarvis gelang ihnen die Flucht nach Italien und weiter nach England. Von dort emigrierten die beiden 1941 in die Vereinigten Staaten. Die notwendige Bürgschaftserklärung unterzeichnete niemand geringerer als Albert Einstein.

Im Juni 1939 einigten sich Mussolini und Hitler auf ein Optionsabkommen, worin u. a. die Umsiedlung der »Volksdeutschen« aus dem Kanaltal vorgesehen war. Daraufhin richtete SS-Untersturmführer Karl Starzacher in Tarvis das Büro der deutschen Ein- und Rückwandererstelle ein. In der von ihm geleiteten Zeitschrift »Der Heimatkreis« verkündete er, dass »durch die großzügigen Abmachungen unseres Führers Adolf Hitler mit dem Duce des befreundeten Italien, auch den deutschen Bewohnern des Kanaltales die Möglichkeit gegeben wurde, für das Reich zu optieren und mit ihrem Hab und Gut in das angestammte Vaterland zurückzukehren.«

Anfangs wanderten vorwiegend die Besitzlosen ab. Im Fall der Raibler Bergarbeiter kam es seitens der italienischen Behörden zu Verzögerungen. Die abwanderungsbereiten Bergleute konnten in der Eile nicht durch entsprechend qualifizierte italienische Arbeitskräfte ersetzt werden. Mitte Februar 1940 verließen die ersten Optanten Tarvis in Richtung Kärnten. Im völkischen Propagandastil berichtete Trude Polley über die Ankunft der ersten Umsiedler: »Am 15. Februar brachte der Nachmittags-Schnellzug, der ›diritissimo‹, der täglich, prunkend mit seiner Reihe stattlicher Vierachser, mit Speisewagen und dem gepolsterten ›Römer‹ durch Kärnten und weiter nach Wien saust, die ersten Kanaltaler nach Villach. Von weitem kenntlich sind die Wagen, in denen sich heimkehrende Kanaltaler befinden, denn Fahnen, Girlanden und Aufschriften schmücken sie und an den Fenstern drängen sich die Volksdeutschen mit bewegten Gesichtern, um nur ja keinen Blick auf das Land zu versäumen, das ihnen zur neuen Heimat werden soll.«

Verantwortlich für die Umsiedlung der Kanaltaler Optanten war Kärntens Abwehrkämpfer und SS-Obersturmbannführer Alois Maier Kaibitsch, der 1942 auch Kärntner Slowenen deportieren ließ. Die leerstehenden Höfe der slowenischen Familien wurden zum Teil an Kanaltaler übergeben. Mit der Kapitulation Italiens 1943 kam die Umsiedlung im Kanaltal zum Erliegen; im September 1943 besetzten deutsche Truppen das Tal. Im November desselben Jahres erklärten die Alliierten in der Moskauer Deklaration Österreich zum ersten Opfer Hitlerdeutschlands. Die bereitwillige Übernahme der Opferthese im Nachkriegsösterreich führte so weit, dass Gebietsforderungen an Italien (Kanaltal, Südtirol), Jugoslawien (Südsteiermark) und Ungarn (Ödenburg) gestellt wurden. Das Land Kärnten forderte wenige Monate nach Kriegsende in einem an die alliierten Mächte gerichteten Memorandum die Wiedervereinigung des oberen Kanaltales mit Kärnten.

Letztendlich hatte die von Kärntner Nationalsozialisten mitgetragene »Heim ins Reich«-Aktion ihre Wirkung nicht verfehlt. 1960 wurden in der Pfarre Tarvis nur mehr 100 Deutschsprachige gezählt (und 120 Slowenen). In den 1960er Jahren ließ die italienische Regierung deutsche Grabinschriften entfernen, die deutschsprachige Ortsfeuerwehr des Ortes wurde aufgelöst. Im selben Jahrzehnt herrschte in Tarvis rege Bautätigkeit: neue Wohnanlagen, Sportplätze und das Hotel Nevada entstanden. Die historischen Kerne von Ober- und Unter-Tarvis wurden zubetoniert, vom italienischen Lebensstil aber fühlten sich auswärtige Besucher angezogen. Vor allem der Tarviser Markt entwickelte sich ab den 1950er Jahren zum viel besuchten Publikumsmagneten: Die kauffreudigen Gäste hielten Ausschau nach billigen Textil- und Lederwaren, Schuhen und Taschen, nach (Schmuggel-)Waren aller Art. »Der ganze aufgeregt vibrierende Ort schien seine Existenz ausschließlich dem Schmuggel zu verdanken«, notiert Karl-Markus Gauß in seinem Buch »Das Europäische Alphabet« über Tarvis, »und Schmuggel, wie er zur Grenze gehört, mußte etwas ungemein Belebendes sein, das Wohlstand schuf und glücklich machte, denn kofferraumweise wurden die Märkte von enthemmten Österreichern, Deutschen, Holländern leergekauft, und doch waren all die Geschäfte, Buden und Regale beim nächsten Mal wieder randvoll angefüllt mit Lederjacken und Geschirr, mit Rotwein, die Flaschen hübsch in Bast gewickelt, und Nudeln, Käse, Obst.« Außer im Handel bot das geschäftige Tarvis als Verwaltungszentrum und Grenzstadt zusätzliche Arbeitsmöglichkeiten. Vor dem EU-Beitritt Österreichs 1995 beschäftigte die Zollverwaltung in Tarvis 400 Personen (Carabinieri, Finanzwache und Polizei). Mittlerweile hat sich das Personal dieser Behörde auf 20 Bedienstete reduziert. In Zeiten des Kalten Krieges war Tarvis ein militärstrategisch bedeutender Ort mit 1.000 Alpini, deren Zahl heute auf 100 geschrumpft ist. Mit dem Fall des Eisernen Vorhangs erlebte Tarvis einen neuen Einkaufsboom, vor allem Slowenen, Tschechen, Slowaken, Ungarn und Polen ließen die Umsätze kurzfristig in die Höhe schnellen.

Für italienische Großstädter entwickelte sich Tarvis im vergangenen Jahrzehnt zur beliebten Sommerurlaubsregion und auch zum Wintersportparadies. 2001 wurde das Tarviser Schigebiet mit der Luschari-Abfahrt verbunden, die im Jahr davor mit einer neuen Kabinenbahn ausgestattet worden war. In elf Minuten fahren heute Wanderer, Ausflügler, Schifahrer und Pilger auf den Luschariberg, wo nach wie vor »flitterhafter Tand« feilgeboten wird. In Tarvis hat sich eine Bürgerinitiative gebildet, die sich gegen die jüngsten Pläne, den Luschari-Pilgerweg in eine Schipiste umzufunktionieren, zur Wehr setzt. Der Erfolg sei ihr gegönnt, verwandelt sich doch jetzt schon die winterliche (Kunst-)Schneelandschaft spätestens ab dem Frühjahr in unansehnliche Geröllfelder. Ende des 19. Jahrhunderts machte Heinrich Noé die staatliche Forstaufsicht für den »jämmerlich und kläglich zugerichteten Wald« im Tarviser Bezirk verantwortlich. Angesicht kahler Schihänge haben seine Zeilen über die Gegend um Saifnitz nichts an Gültigkeit verloren: »Ringsherum liegen von den zerrauften und umgewühlten Hängen herabgekollert die weißen Steinhaufen auf Flächen, die einst schöne Wiesen waren. Die Axt hat dem Wasser und den Lawinen ihre jähen Bahnen vorgezeichnet.«

Werner Koroschitz

III. STRENGE ÜBUNG
Wanderung von Ugovizza nach Pontebba

Ohne ein Mindestmaß an Masochismus und der Lust am Hässlichen wird man diese Expedition durch das Kanaltal als Zumutung empfinden; romantische Bedürfnisse werden nicht befriedigt. Wer aber mit Neugier an die Sache herangeht und bereit ist, einen zweiten Blick auf das Unansehnliche zu wagen, wird den scheinbaren Horrortrip genießen. Außerdem bietet die Wanderung neben einer kolossal zerstörten Landschaft auch positive Aspekte: etliche historische Schauplätze, einige architektonische Kleinode und so manchen gastronomischen Trost.

Von einer Bahnstation im Nirgendwo führt ein Schleichweg nach Ugovizza, einem slowenischen Dorf im Zeichen der Erosion. Trist ist die Lage, verheerend das Ortsbild. Begleitet von der Autobahn folgt man nun der aufgelassenen Bahntrasse bis Malborghetto, dessen Zentrum sich als überraschend hübsch erweist. Traditionelle Häuser und ein kleines Museum verdienen den näheren Augenschein. Noch bis Santa Caterina, dem letzten Überbleibsel aus Kärnten, nützt man den alten Schienenweg. Man durchschreitet, sofern es der Wasserstand erlaubt, einen Wildbach, dann bestimmen Geröll und Gestrüpp das Bild. Lohnend ist der Abstecher nach Bagni di Lusnizza, das zwischen Autobahn und Schnellstraße einen Rest von Würde bewahrt hat. Es folgt ein dritter Abschnitt entlang der alten Trasse, die nun unter drohenden Felsen verläuft. Dankbar erholt sich das Auge im Tunnel, dann erscheint Laglesie San Leopoldo. An Trostlosigkeit kaum zu überbieten, leitet die Szene zum schaurigen Finale über. Unter dem Knäuel der Autobahn nähert man sich Pontebba, das alle denkbaren Attribute einer Stadt der Verdammnis auf sich vereint.

Auf der alten Bahntrasse bei Laglesie San Leopoldo

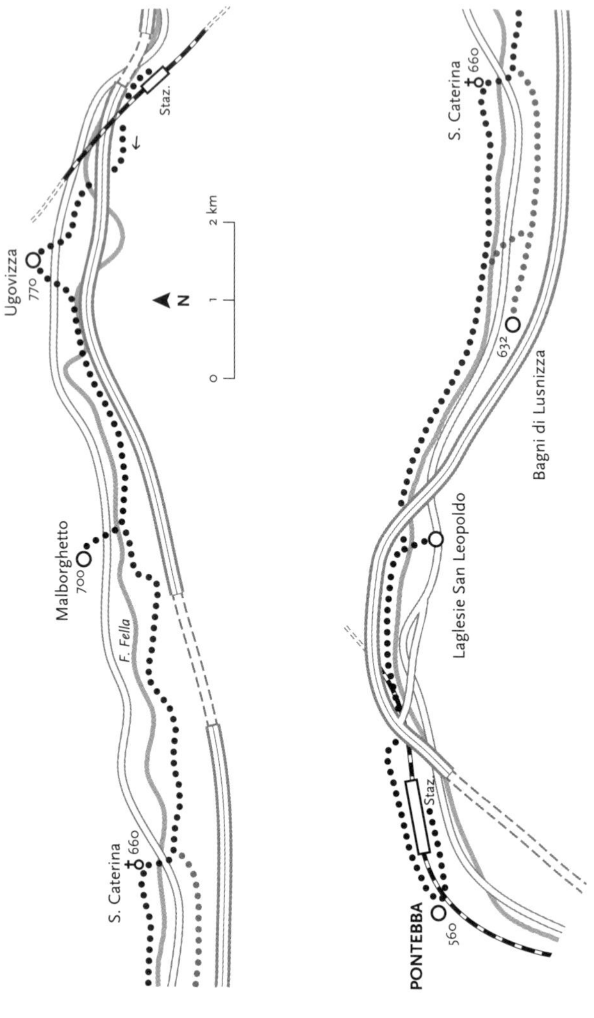
Ugovizza
770
Staz.
N
0
1
2 km
Malborghetto
700
F. Fella
S. Caterina
660
S. Caterina
660
632
Bagni di Lusnizza
Laglesie San Leopoldo
Staz.
PONTEBBA
560

HINWEISE ZUR WANDERUNG

LÄNGE: 19 km
ANSTIEGE: 30 m
GEHZEIT: 5 Std.
ANFORDERUNGEN: Robustes Gemüt
KARTE: Tabacco-Wanderkarte 019, Alpi Giulie Occidentali Tarvisiano, 1:25.000 und Tabacco-Wanderkarte 018, Alpi Carniche Orientali – Canal del Ferro, 1:25.000
EINKEHRMÖGLICHKEITEN: Ugovizza, Malborghetto, Bagni di Lusnizza, Pontebba
ANFAHRT: Von Tarvis 7 km auf der SS 13 Richtung Udine. Der Bahnhof Ugovizza befindet sich 1,5 km östlich der Ortschaft.
RÜCKFAHRT: Mit dem Regionalzug vom Bahnhof Pontebba zur Bahnstation Ugovizza/Valbruna oder mit dem Linienbus von der Piazza Dante in Pontebba nach Ugovizza, Ortszentrum. In letzterem Fall beginnt man mit der Wanderung in Ugovizza.
AUSKÜNFTE: www.oebb.at oder www.ferroviedellostato.it; Buskarten in der Tabaktrafik auf der Piazza Dante in Pontebba.
AUSRÜSTUNG: Festes Schuhwerk (!), Taschenlampe

WEGBESCHREIBUNG

Man geht vom **Bahnhof Ugovizza** rechts der Geleise, ein entsprechendes Verbotsschild ignorierend, talauswärts (d. h. in nordwestlicher Richtung), überquert den Torrente Saisera und steigt 50 m nach der Eisenbahnbrücke nach rechts über ein Gerinne zum **Flussufer** ab. Man wendet sich nach links und folgt einem breitem Schotterweg, der bald die Bahn unterquert und nach 500 m nach links dreht. Kurz darauf biegt man nach rechts, betritt eine breite **Asphaltstraße** und geht auf dieser nach rechts. Man unterquert die Autobahn, überschreitet erneut den Fluss und biegt unmittelbar danach nach links in einen Karrenweg. Bequemer Weg links der aufgelassenen **Bahntrasse** (Radweg) bis zum **alten Bahnhof** von Ugovizza. Hier wendet man sich nach rechts in ein Sträßchen und gelangt zur **Staatsstraße**. Man geht rechts und wendet sich nach 100 m nach links in die Via delle Miniere. Vorbei an der **Bar Italia** bis ins Zentrum von **Ugovizza** (0:30 Std.).

Man besichtigt den Ort und begibt sich, einen Bach mittels Holzbrücke überquerend, zur **Kirche**. Vor der Kirche nach links berg-

In Laglesie San Leopoldo

ab in ein Gässchen. Man durchschreitet den westlichen Ortsteil und erreicht neuerlich die **Staatsstraße**; auf dieser nach rechts. Man passiert eine aufgelassene **Kaserne** und wendet sich gleich darauf nach links in einen geschotterten Fahrweg. Man trifft auf den **Radweg**, und quert diesen, um auf einem Schotterweg Richtung **Autobahn** zu wandern; unter den **Betonstützen** nach rechts. Weglos rechts der Fella bis zu einem Bach, welchen man durchschreitet. Weiter entlang des Flusses bis zu einer **Furt**. Man durchschreitet den Fluss und hält sich bei der darauffolgenden Gabelung rechts (Wegweiser »Sella Nebria«). Der Weg führt bald rechts der Autobahn ins Freie und endet kurz darauf bei einem **Steinhaus**. Von hier über eine Wiese bergab bis zum **Radweg**; auf diesem nach links. 20 Min. Asphalt bis zu einem **Tunnel**. Man geht rechts, trifft auf eine Querstraße und geht links. Gleich darauf wieder eine Querstraße; auf dieser rechts bergab. Man überquert mittels **Steinbrücke** die Fella und gelangt, die Staatsstraße querend, ins Ortszentrum von **Malborghetto** (1:30 Std.). Besichtigung und Einkehr.

Zurück zur **Steinbrücke**. Man überquert den Fluss und wendet sich gleich nach rechts in einen Pfad. Man gelangt zum Flussufer, quert einen Wildbach und folgt einer Fahrspur links des Flusses bis zu einem asphaltierten Sträßcchen, das sich sofort gabelt. Man geht links und steigt zu einem alten **Bahnwärterhäuschen** unterhalb der Autobahn an. Hier wendet man sich nach rechts in die alte, grob geschotterte **Bahntrasse**. Man durchschreitet einen **Tunnel**. Weiter auf der alten Trasse, die nach gut 20 Min. auf den **Radweg** trifft, welchem man folgt. Nach 200 m steigt man nach rechts zur **Staatsstraße** ab und wendet sich auf dieser nach rechts. Man überquert die Fella und geht über eine Wiese auf das Kirchlein **Santa Caterina** zu (2:15 Std.).

[**VARIANTE:** Man bleibt auf der Trasse und folgt dieser bis zum alten **Bahnhof von Bagni di Lusnizza**. Von dort weiter bis zur **Brücke** über die Fella; unmittelbar davor wendet man sich nach links und folgt einer Straße bis **Bagni di Lusnizza** (3:00 Std.). Besichtigung der Kirche; Rückkehr zur **Eisenbahnbrücke**, auf dieser nach links über den Fluss.]

Von der **Kirche Santa Caterina** auf einem Sträßchen weiter in westlicher Richtung. Man passiert einige Häuser; der Asphalt endet. Geradeaus weiter bis zu einer geschotterten Querstraße. Man geht rechts und wendet sich sofort nach links, um einen breiten **Wildbach** zu durchschreiten (bei Hochwasser siehe Variante oben). Man wendet sich nach links und gelangt zur **Fella**. Nun schlägt man sich, teilweise weglos, jedoch stets in Ufernähe, bis zu einer 1,5 km flussabwärts liegenden **Eisenbahnbrücke** durch. Hier steigt man zur **Bahntrasse** (Radweg) an und wendet sich auf dieser nach rechts [Variante: Man geht links und wendet sich nach der Brücke nach rechts, um **Bagni di Lusnizza** zu besichtigen; siehe oben.].

40 Min. entlang der alten **Trasse** bis **Laglesie San Leopoldo** (4:00 Std.), wo der Radweg die **Autobahn** unterquert. Unmittelbar davor steigt man nach links zu der ersten **Häusergruppe** ab, die man durchschreitet, um zur alten Hauptstraße zu gelangen; auf dieser nach links, die Fella überquerend, bis zur **Kirche**. Besichtigung des Ortes.

Auf der Straße zurück über die Fella und weiter bis zum westlichen **Ortsende** (Ortstafel), wo man sich halblinks in einen Weg unterhalb der alten Bahntrasse wendet. Stets der Nase nach bis zu

Eisenbahnzaun bei Ugovizza

einem Lagerplatz, welchen man passiert. Geradeaus weiter auf einer Schotterstraße, die bald einen Autobahnknoten unterquert und kurz vor der **Staatsstraße** in den Radweg mündet. Auf diesem nach rechts über eine **Brücke**, dann sofort wieder rechts in eine ansteigende Straße, die kurz darauf den Bahnkörper überquert. Man ignoriert eine Abzweigung nach links, steigt kurz an und wendet sich nach links in ein kleines **Zementwerk**, das man durchschreitet. Weiter auf einem Feldweg, der alsbald in ein Sträßchen mündet, das sich zu einer Siedlung senkt. Rechts an der Häusergruppe vorbei bis zu einer Querstraße. Man geht rechts, dem ausgedehnten **Bahnhofsgelände** von Pontebba entlang. Man erreicht eine **Brücke**, geht links, das Bahngelände überquerend, und steigt zur **Hauptstraße** ab; auf dieser nach links [rechts geht es ins Stadtzentrum] bis zum **Bahnhof von Pontebba** (5:00 Std.).

AM WEGE

Ugovizza | Ukve | Ugovize | Uggowitz

Unkundige werden die Slowenisch sprechenden Gäste der *Bar Italia* für Touristen halten, aber es sind Einheimische, die sich ihrer Muttersprache bedienen. Bis heute ist Ugovizza mehrheitlich slowenisch, auch wenn in der Öffentlichkeit das Italienische allmählich überhand nimmt. Der Verein »Slovensco Kulturno Središče Planika« bemüht sich um den Erhalt und die Pflege der angestammten Sprache; auch die kleine deutsche Minderheit macht sich mit gelegentlichen Kulturveranstaltungen bemerkbar. Solche Beharrlichkeit hat Ugovizza den Ruf einer besonders konservativen und rückständigen Gemeinde eingebracht, und nicht wenige Bewohner haben sich dieses Bild zueigen gemacht. Aus diesem Selbstverständnis erklärt sich auch der hinhaltende Widerstand des Ortes gegen Tourismuskonzepte und Entwicklungsprogramme, die als Einmischung von außen aufgefasst werden.

Besiedelt wurde Ugovizza vom benachbarten Gailtal in Kärnten aus. Der als Windisch bezeichnete slowenische Dialekt ähnelt dem dort gesprochenen; zwischen einigen Familien dies- und jenseits des Bergkammes bestehen auch verwandtschaftliche Verbindungen. Ob daraus tatsächlich, wie es heißt, »die bestgewachsenen jungen Männer des Kanaltales« hervorgegangen sind, sei dahingestellt, jedenfalls sind es die Nachkommen von Bauern und Hirten, die sich hier hauptsächlich wegen der fruchtbaren Almböden niederließen. Bis Mitte des 20. Jahrhunderts spielte die Almwirtschaft die tragende Rolle. Während der Sommermonate zog fast die gesamte Bevölkerung ins Hochtal; »mehrere hundert Sennhütten, Ställe, Heuschupfen, viele wohnliche Sommerhäuschen mit Äckerchen und Gärten« boten den entsprechenden Platz. Der Unterricht der Kinder erfolgte in einer eigenen »Alpenschule«. Zwei Drittel des Kanaltaler Viehbestandes, hauptsächlich Rinder und Schafe, wurden auf der Uggowitzer Alm gehalten. Zusätzliche Einnahmen brachte der Verkauf der Heuernte; Topfen und Käse aus eigener Sennerei finden noch heute Absatz.

Auch im Tal ist noch bäuerliches Leben auszumachen. Eine Pferdeweide und zwei Dutzend gut erhaltene Heuschober behaupten sich tapfer gegen Hochspannungsleitung und Autobahn. Das Ortsbild bestimmt aber nicht die Landwirtschaft, sondern – wie schon von weitem zu sehen – die Erosion. Breite Schuttkegel, tiefe Schotterrinnen und martialische Wildbachverbauungen zeugen von den verheerenden Murenabgängen, die Ugovizza immer wieder heimsuchten. Die letzte Katastrophe ereignete sich im Jahr 2003, als aus der Schlucht nördlich des Dorfes eine Gesteinslawine von enormer Gewalt mitten durch den Ort raste und den Kirchturm sowie mehrere Häuser mit sich riss. Zwei Menschen kamen dabei ums Leben, mehrere Familien wurden obdachlos.

Die Besichtigung des Ortes empfiehlt sich vor allem entlang der Via delle Miniere, deren Name auf den Bergbau am Monte Cocco verweist, der bis Ende des 19. Jahrhunderts betrieben wurde. Neben dem kühn geschnittenen Albergo Italia mit Stilelementen der Wörthersee-Architektur drängen sich armselige und zum Teil leerstehende Wohnhäuser, die jede Proportion vermissen lassen. Brüchige Fassaden und morsche Balkons lassen auf prekäre Vermögensverhältnisse schließen. Einen traurigen Eindruck vermitteln auch die Keuschen am oberen Ortsrand, die sich in einem noch schlechteren Zustand befinden. Pittoresk sind hier nur die Details: eine verbeulte Dachrinne, aus der ein Katzenjunges miaut; Löwenzahn, der sich in einer Mauerritze eingenistet hat; ein Vogelkäfig, der von einer Kreuzspinne bewohnt wird. Und eine kleine Rotznase, die einen Tretroller mit schwerem Anhänger die Straße hinauf schiebt.

EINKEHR:

Bar Albergo Italia. Mehrsprachiger Treffpunkt für Jung und Alt.

Malborghetto: Ortskern

Malborghetto | Naborjet | Malborghet | Malborgeth

Im 14. Jahrhundert angeblich wegen der Verheerungen durch die Venezianer von Bonborghet in Malborghet umbenannt, könnte der Marktflecken heute getrost wieder seinen alten Namen annehmen. Jedenfalls ist er die erfreulichste Station zwischen Tarvis und Pontebba, lohnen doch sowohl das ansprechende Ortsbild als auch das reiche kulinarische Angebot den Aufenthalt.

Seine beste Zeit hat Malborghetto allerdings hinter sich: Gut 500 Jahre ist es her, als es mit etlichen Schmelzöfen, Eisenhämmern und Drahtzügen zum wohlhabenden Zentrum der eisenverarbeitenden Industrie im Kanaltal wurde. Verhüttet und geschmiedet wurde das bei Ugovizza gewonnene Eisenerz; Abnehmer der Produkte waren venezianische Händler. Eine weitere Erwerbsquelle war die Holzindustrie, die bis heute in Restbeständen existiert.

Der einstige Reichtum lässt sich an den Herrenhäusern spätmittelalterlichen Ursprungs ablesen, die im Ensemble mit der gotischen Pfarrkirche den Ortskern bilden. Prominentes-

Barocke Fassade in Malborghetto

tes Gebäude ist der *Palazzo Veneziano* aus dem 16. Jahrhundert, der seinen Namen nicht etwa dem Baustil, sondern der Herkunft seiner Erbauer verdankt. Ein stattliches Rundbogenportal, zwei Drillingsfenster sowie ein stimmungsvoller Innenhof mit doppeltem Laubengang weisen ihn als Renaissancebau mit alpinem Einschlag aus. Ursprünglich Patrizier- und Gewerkensitz, diente er im 19. Jahrhundert als Hotel und beherbergt er heute das Ethnographische Museum. Ein stummer Zeuge der Geschichte ist die 400jährige Linde im Innenhof.

Etwas jüngeren Datums ist die *Casa Rachoi Guldenbrein*, das auffällig ziegelrot gefärbte Haus Nr. 6. Die Fassade zeichnet sich durch reich verzierte Fenster, ovale Giebelluken und einen kleinen geschmiedeten Balkon aus; Fachleute nennen dies ein typisches Beispiel für den Kärntner Barock. Zwei weitere historische Gebäude werden heute gastronomisch genützt: Die liebevoll renovierte und verspielt eingerichtete *Casa Oberrichter*, einst Rathaus, Gericht und Armenhaus, sowie die *Casa von Paul* am westlichen Ortsausgang, die zwei elegant verzierte Doppelbogenfenster und schmiedeeiserne Läden besitzt und eine besonders eigenwillige Asymmetrie aufweist. Auch an der Peripherie gibt es Interessantes zu sehen: ein pittoresk verschachteltes Häuserensemble jenseits der Brücke über den Wildbach im Westen; eine surrealistisch anmutende Wildbachverbauung am östlichen Ortsrand sowie das Denkmal für den k. k. Hauptmann Friedrich Hensel an der Staatsstraße Richtung Tarvis.

Hensels Ruhm gründet in der selbstmörderischen Verteidigung der Festungsanlage von Malborghetto gegen die Franzosen im Jahr 1809, in deren Verlauf der Ort von den Österreichern in Brand geschossen wurde. Er deckte damit den Rückzug des österreichischen Heeres aus Italien und bescherte Napoleon einen Zeitverlust, der – so der Mythos – seine spätere Niederlage bei Aspern herbeiführte. Denkmäler zu Ehren des Helden galten vor dem Ersten Weltkrieg als Touristenattraktion; auch den Nazis diente Hensel als leuchtendes Vorbild: »Todesmutig stürzte der junge Held den Angreifern entgegen. In der erhobenen Rechten den Degen schwingend, suchte er mit der Linken das aus einer Stirnwunde hervorquellende Blut mit einem Tuche zurückzudrängen. Von zahlreichen Bajonettstichen durchbohrt, sank er kurz darauf auf die von ihm so heldenmütig verteidigte Erde und sprach noch einmal mit ermatteter Stimme seinen nachstürmenden Kameraden Mut zu.« Der Verfasser dieser Zeilen, der Historiker Karl Starzacher, brachte es zum SS-Obersturmführer und wirkte u. a. in der »Dienststelle des Beauftragten des Reichskommissars für die Festigung deutschen Volkstums in den besetzten Gebieten Kärntens und Krains«.

EINKEHR:

Ristorante Casa Oberrichter. Marina Giotti, eine sympathisch versonnene Holzkünstlerin, hat dem 70 Jahre leerstehenden Haus in mühevoller Kleinarbeit zu neuem Glanz verholfen. Das rustikal-

Bagni di Lusnizza

romantische Ambiente ist dem Kitsch nicht ganz abhold, überzeugt aber mit handwerklicher Sorgfalt und großer Liebe zum Detail. Eine individuelle Handschrift tragen auch die Gerichte des Sohnes der Hausherrin, Alessio Nicolavcich, der die traditionelle Kanaltaler Küche kreativ zu variieren versucht. Puppenstubenhafte Gästezimmer, 0039/0428/660570.

Locanda Aquila Nera. Gemütliches Dorfgasthaus, in dem ebenso solide wie preiswert gekocht wird. Sehenswert ist die Sammlung illustrierter Kalender der italienischen Bergwacht, die sich einer Art maoistischer Ästhetik verschrieben zu haben scheint, 0039/0428/60026.

Santa Caterina | Šentkatrija | Sante Caterine | Sankt Kathrein

Sieht man von den hässlichen Neubauten im Westen und der heruntergekommenen Gärtnerei an der Staatsstraße ab, ist der Weiler geradezu idyllisch, zumindest für Kanaltaler Verhältnisse. Neben der Kirche findet sich ein barockes Bauernhaus mit schöner Sonnenuhr und einladender Sitzbank; hinter dem Friedhof weiden bilderbuchgerecht die Schafe. Es ist wahrscheinlich die älteste (im 11. Jahrhundert gegründete) Ansiedlung im Kanaltal, und bis heute befleißigen sich einige Bewohner – laut Kanaltaler Kulturverein »die Treuesten im Tal« – des deutschen Kärntner Dialekts.

Bagni di Lusnizza | Lužnice | Lusniz | Lusnitz

Die Schwefelquellen am östlichen Ortsrand sind bereits seit dem 14. Jahrhundert bekannt und lockten vor dem Ersten Weltkrieg Kurgäste aus halb Europa an. Leitbetriebe waren das Hotel Oman und der Thomashof, dessen Inhaber einer der ersten gemeldeten Automobilbesitzer der Donaumonarchie gewesen sein soll und es auf angeblich 81 unfallfreie Lenkerjahre brachte. In den 1930ern galt das Hotel als eines der mondänsten der Provinz. Bis zum Bau der Autobahn lebte der Ort hauptsächlich vom Durchzugsverkehr; heute bietet er ein fast beschauliches Bild. Hübsch anzusehen sind vor allem das auf offener Wiese stehende Kirchlein mit Schieferdach und schlankem Turm, aber auch die alten Bauernhäuser entlang der ehemaligen Landstraße.

EINKEHR:

Trattoria All'Orso, überraschend gemütliches Wirtshaus mit preiswerter Übernachtungsmöglichkeit, 0039/04286/0087.

Laglesie San Leopoldo | Dipalja vas | La Glesie | Leopoldskirchen

Es ist ein Dorf, wo man, salopp ausgedrückt, nicht aufgemalt sein möchte. Entlang der alten Straße reiht sich ein trauriges Haus an das andere, was zwar die ursprüngliche, stark verdichtete Siedlungsstruktur erahnen lässt, doch in Anbetracht der gesichtslosen Fassaden nur noch beklemmend wirkt. Deprimierend ist auch der Blick auf den Ortsteil nördlich der Fella, dem die Autobahn regelrecht im Nacken sitzt und dem selbst der Charme des Hässlichen fehlt. Die Katastrophen der vergangenen Jahrhunderte sind auf einer Gedenk-

In Pontebba

tafel an der Friedhofsmauer lapidar verewigt: »1759 Kirche u[nd] 36 Häuser abgebrannt (...); 1815, 16, 17 Hungerjahre; 1836 großes Sterben an Cholera; 1837, 51, 1903 große Wasser, (...) Brand 3. Aug. 1905 (...)«. Die beiden Weltkriege, der Transitverkehr und das Erdbeben von 1976 gaben dem Ort wohl den Rest. *Eine* Sehenswürdigkeit hat San Leopoldo aber doch zu bieten: Das heruntergekommene Haus Nr. 34, eine ehemalige Osteria, die eine ideale Kulisse für einen Film des *nuovo realismo* abgäbe.

EINKEHR:

Al Cacciatore, Übernachtungsmöglichkeit für Melancholiker. In der Gaststube kann eine stattliche Sammlung von Gewehrpatronen aller Kaliber bestaunt werden. Gegen depressive Schübe helfen höllisch scharfe *Spaghetti aglio e olio*, ein hausgemachter Kräuterschnaps und der freundliche Wirt, 0039/04289/0362.

Pontebba | Tablja | Pontebe | Pontafel
Wahrscheinlich ist es der hässlichste Ort Friauls, und das nicht nur auf den ersten Blick. Eine absurd verknotete Autobahnabfahrt, die den halben Talkessel füllt, eine Umfahrung auf Stelzen, die sich hoch über die Dächer der Stadt erhebt, ein ausgeweidetes Bahnhofsgelände von der Größe einer Landebahn, brutal verbaute Wildbäche, leerstehende Wohnsilos und Kasernen lassen sich nur schwer in Meisterwerke der Baukunst umdeuten und schlagen die meisten Gäste umgehend in die Flucht. Das desaströse Ortsbild vermag aber auch zu faszinieren, und mit etwas gutem Willen lassen sich Pontebba sogar liebenswerte Seiten abgewinnen.

Einen zwiespältigen Eindruck hatten schon die Reisenden der Vergangenheit, allerdings aufgrund der kulturellen und politischen Grenze, die sie hier vorfanden: »Und wird gewißlich selten ein Ort gefunden werden, da man käntlicher und mit mehrerem Unterschied aus einem Lande in das andere übergehet, als in dieser Stadt«, heißt es in einem Reisebericht aus dem Jahr 1711, »denn an der einen Seite der allhiesigen Brücke wohnen Italiäner, als Unterthanen der Republik Venedig, an der anderen Seite leben Hochteutsche, so schon Kayserliche Unterthanen sind. (...) Die Brücke selbst ist halb Italiänisch und halb Hochteutsch, indem das eine Theil von Steinen, das andere aber von großen Bäumen gebaut ist, wie die Teutschen gewohnet sind Brucken zu machen.« Anderes ist aus dem 18. Jahrhundert überliefert: »In dem kaiserlichen Antheile Pontebbas sind wohlgekleidete, wohlhabende, noch gut aussehende Menschen, im venetianischen Antheile gehen sie in Lumpen, hölzernen Schuhen, und sehen elend und häßlich aus.« (Anonym)

Ein Grenzfall ist Pontebba seit jeher. Schon die Römer unterhielten in der Nähe eine Zollstelle; später verlief hier die Grenze zwischen dem Herzogtum Kärnten und der Republik Venedig. Österreich und Italien trafen an der Brücke über die Fella bis 1918 aufeinander. Die entsprechenden Grenzsteine können noch heute besichtigt werden. Erst 1924 wurden die Orte dies- und jenseits des Flusses – das mehrheitlich deutschsprachige Pontafel und das italienische Pontebba – zu einer Gemeinde zusammengelegt.

Als Grenzort und Umschlagplatz für Waren und Vieh aus der gesamten Region – mit freiem Marktrecht seit 1342 – erlangte Pontebba einigen Wohlstand. Kaufleute, Gastwirte und Beamte errichteten stattliche Häuser; Reisende und Soldaten ließen Geld im Ort. Seine Blüte erlebte er vor dem Ersten Weltkrieg. Mit einem eigenen Theater nebst Kino, einer Einkaufsstraße sowie mehreren Hotels mauserte sich die ursprünglich bäuerliche Siedlung zur Kleinstadt. Glanzstück war der Bahnhof von Pontafel, der als schönste Station der Monarchie galt und als »Empfangssaal des Kaiserreiches« bezeichnet wurde.

Die strategische Bedeutung hatte aber auch verhängnisvolle Folgen. Schon 1616 von den Venezianern und 1797 von den Franzosen niedergebrannt, wurde Pontebba im Ersten Weltkrieg fast vollständig zerstört. Im Ratssaal des *Palazzo Comunale* aus dem Jahr 1924 findet sich ein Fresko, das die Bombardierung des Ortes zeigt. So ist von den historischen Profanbauten nicht viel übrig geblieben, zu den wenigen Ausnahmen gehören die *Casa di Gaspero Rizzi* aus dem 17. Jahrhundert, ehemals Sitz eines Seidenraupenunternehmers, und die *Casa Mocossi* aus dem 18. Jahrhundert, beide in der Via Roma. Markus-Löwen aus verschiedenen Jahrhunderten sind an den Uferbefestigungen zu sehen. Eine Kostbarkeit wird in der Pfarrkirche Santa Maria Maggiore aufbewahrt: »il Flügelaltar«, ein spätgotisches Schnitzwerk von großer Eleganz, das aus einer Villacher Werkstatt stammt. Ein bestens besetztes Figurentheater aus Engeln, Heiligen und diversem weltlichem Personal gibt Szenen aus dem Leben Marias und biblische Geschichten zum Besten.

Bestanden bis zum Ersten Weltkrieg zwischen Pontafel und Pontebba zumindest leidlich gute nachbarschaftliche Beziehungen (die sich u. a. in einer jährlichen Bittprozession äußerten, bei der die beiden Pfarrgemeinden einen symboli-

Verwaiste Wohnanlage in Pontebba

schen Kirchentausch vornahmen), änderte sich dies nach der Annexion des Kanaltales deutlich. Die Zusammenlegung erfolgte gegen den Willen der deutschen Minderheit, die dadurch jegliche politische Vertretung verlor und auch wirtschaftlich immer stärker unter Druck geriet. Die Vertreibung des »Kärntner« Pfarrers und die Schließung der deutschsprachigen Volksschule markieren den Beginn einer kompromisslosen und von den Faschisten gewaltsam betriebenen Italianisierung. Lediglich die Freiwillige Feuerwehr im ehemaligen Pontafel durfte sich weiterhin der deutschen Kommandosprache bedienen.

So ist es kaum verwunderlich, das sich bei der 1939 zwischen Hitler und Mussolini ausgehandelten »Option« ein Großteil der Pontafler, nämlich 455 von 478 Optionsberechtigten, für die »Rückwanderung ins Deutsche Reich« entschied. Insgesamt votierten 4.576 Kanaltaler für Hitler-Deutschland. Dass sich unter den »Volksdeutschen« etwa 2.000 slowenischsprachige Kanaltaler befanden, gehört zur Ironie der Geschichte. Viele Optanten fanden in großzügi-

Friedhof von Pontebba

gen Wohnanlagen, die unter großem propagandistischem Getöse errichtet wurden und noch heute Kanaltalersiedlungen heißen, in Villach und Klagenfurt eine neue Bleibe. Andere wurden in Südkärnten und im annektierten Gorjensko (Oberkrain) im heutigen Slowenien angesiedelt, wobei ihnen die Höfe enteigneter und deportierter slowenischer Bauern zufielen. Obwohl sie diese nach dem Krieg wieder verlassen mussten, entschied sich nur eine verschwindende Minderheit für die Rückkehr ins Kanaltal.

Heute lebt nur noch eine Handvoll Deutschstämmiger in Pontebba, und ihrer Muttersprache bedienen sie sich nur im privaten Umfeld. Auch das Slowenische ist aus dem öffentlichen Leben verschwunden. Zeugnisse dieser Sprachen finden sich in einigen alten Aufschriften, die da und dort unter bröckelndem Verputz zum Vorschein kommen, sowie auf dem alten Friedhof am Eingang zum Val Pontebbana. Einen Abstecher wert ist auch der Friedhof am südlichen Ortsrand, schon allein wegen der makabren Kulisse der talüberspannenden Autobahnbrücke, auf der der Transit über die Toten hinwegzubrausen scheint. Einen Hinweis verdient das Ehrengrab des Widerstandskämpfers Giovanni Grillo. Der Eisenbahner hatte 1943 flüchtige Gefangene vor den Nazis versteckt und wurde, nachdem er verhaftet und gefoltert worden war, ohne seine Mithelfer preisgegeben zu haben, erschossen.

Im übrigen empfiehlt es sich, Pontebba unvoreingenommen und mit Interesse für die Kleinode der Alltagskultur zu durchwandern. Sehenswert sind die dreidimensional scheinenden Farbspuren an der Fassade einer Lackiererei in der Via Deposito oder der dynamisch verbogene Eisenzaun entlang des Bahnhofs. Einblicke in die fast exotisch verhüttelten Hinterhöfe gewinnt man am Steig entlang der Flussböschung. In den schmalen Gassen östlich der Via Roma finden sich Spurenelemente des Jugendstils in Gestalt verrosteter Gitter und erodierender Stukkaturen; ein Gartentor oxidiert in Vasarely-Manier; Garagenfenster, die mit gekalkter Wellpappe verkleidet sind, lassen an Arte-Povera-Collagen denken. Ähnlichen Kunstgenuss bieten die synkopisch verzogenen Läden und bunten Plakatfetzen an der Fassade des Albergo Pontebba an der Piazza Dante. Wie ein Negativ-Abzug wirkt das dunkelgrüne Gebäude nebenan.

EINKEHR:

Caffè Vecchio, Straßencafé mit Flair und Übernachtungsmöglichkeit, Via Roma, 0039/0428/90327.

Dopolavoro Ferroviario, Bahnhofskneipe der traurigen Art. Vis-à-vis rührt ein Gedenkstein für verunglückte Eisenbahner ans Herz.

Albergo Ristorante Al Commercio, Essen und Wohnen auf eigene Gefahr. Via Roma, 0039/0428/90033.

IV. HOCH ZU TAL
Zwei Spaziergänge und eine Wanderung im Val Dogna

Bergsteiger kennen das Val Dogna als Zufahrtsweg zu den Klettersteigen auf den Jôf di Montasio und den Monte Cimone; Radfahrer schätzen es wegen seiner spektakulär angelegten Straße, die sich unter extrem steilen Berghängen und gelegentlich überhängenden Felsen dem Talschluss entgegenwindet. Wanderern empfiehlt sich das Tal aber mit einer Reihe malerischer Dörfer vor imposanter Bergkulisse.

Der erste Spaziergang führt nach Chiout di Gus, dem vielleicht stimmungsvollsten, weil gänzlich abgeschiedenen Weiler im Val Dogna. Spaziergang Nummer zwei ist eine ausgedehnte Ortsbesichtigung von Chiout Zucuin, einem verwinkelten Nest im mittleren Abschnitt des Tales. Einen guten halben Tag benötigt man für den dritten Ausflug. Er führt von Chiout, das im Ersten Weltkrieg Stützpunkt einer mächtigen Seilbahn war, auf bequemen Wegen über Pleziche, das einsam und hoch über dem Torrente Dogna liegt, zum Plan dei Spadovai knapp unter der Baumgrenze. Ein schöner Naturlehrpfad lädt zum Rundgang, eine freundliche Almwirtschaft zur Rast.

HINWEISE ZUR WANDERUNG

LÄNGE: 3 km, 2 km, 15 km

ANSTIEGE: 200 m, 20 m, 450 m

GEHZEIT: 1 Std., 0:45 Std., 5 Std.

ANFORDERUNGEN: Mittel. Für die Wanderung zum Plan dei Spadovai ist Trittfestigkeit erforderlich.

KARTE: Tabacco-Wanderkarte 018, Alpi Carniche Orientali – Canal del Ferro, 1:25.000

Chiout Zucuin

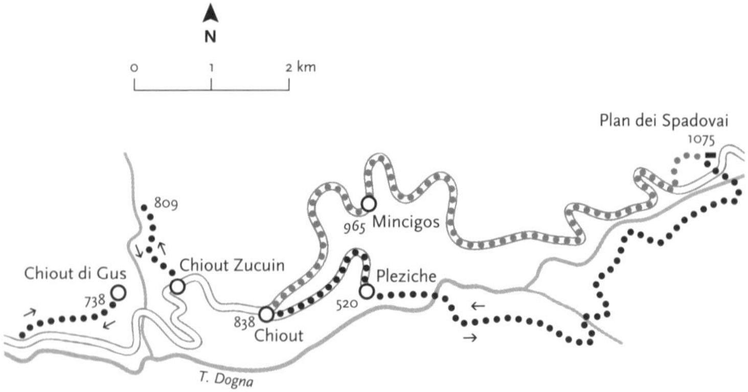

EINKEHRMÖGLICHKEITEN: Plan dei Spadovai
ANFAHRT: A 23, Abfahrt Pontebba, weiter auf der SS 13 Richtung Udine bis Dogna, wo man dem Wegweiser ins Val Dogna folgt.
ANMERKUNG: Wer sich am Plan dei Spadovai für den asphaltierten Rückweg entscheidet, darf sich die Hoffnung machen, von mitleidigen Autofahrern mitgenommen zu werden.

WEGBESCHREIBUNG I

Anfahrt: Man folgt von der Ortsmitte in Dogna dem Wegweiser »Val Dogna«, fährt 2 km taleinwärts und stellt den Wagen im Bereich einer scharf nach links und aufwärts führenden Abzweigung ab (kein Wegweiser).

Man steigt auf dem geschotterten Fahrweg (der nach 50 m eine Rechtskurve beschreibt) steil im Wald an. Nach gut 15 Min. verjüngt sich der Weg; geradeaus weiter bis zu den ersten Häusern von **Chiout di Gus** (0:20 Std.). Man lässt die Häusergruppe links liegen und steigt, die Richtung ungefähr beibehaltend, bis zu einigen verfallenen Häusern an, wo sich der Weg gabelt. Man hält sich links und erreicht kurz darauf den oberen Ortsteil von **Chiout di Gus** (0:30 Std.). Schöner Rastplatz auf der Wiese oberhalb des Weilers. Rückweg wie Hinweg.

WEGBESCHREIBUNG II

Man stellt den PKW an der Straße unterhalb von **Chiout Zucuin** ab, steigt über einen Treppenweg zum Weiler an und folgt einem Gässlein bis zur **Piazza San Giacomo**. 10 m geradeaus, dann wenige Schritte nach rechts bis zum Ortsrand. Geradeaus weiter auf schmalem Pfad bis zu einem verfallenen **Haus** oberhalb eines Baches (0:20 Std.). Auf demselben Weg retour.

WEGBESCHREIBUNG III

Man stellt den PKW in **Chiout** ab und folgt dem Wegweiser »Pleziche«. 1,5 km auf kaum befahrenem Asphaltsträßchen bis **Pleziche** (0:25 Std.). Rechts am Weiler vorbei in einen ansteigenden Weg (Markierung). Nach 100 m biegt der Hauptweg nach links; man geht geradeaus (markierter Weg Nr. 655). (Das Hinweisschild, wonach der Weg unpassierbar ist, kann ignoriert werden. Die Begehung erfolgt jedoch auf eigene Gefahr.) 15 Min. auf schmalem Pfad im Wald bergab. Man gelangt zu einem **Brücklein** und überquert eine Schlucht. 20minütiger Gegenanstieg bis zu einem breiten **Forstweg**; auf diesem nach links (1:00 Std.). Nach 15 Min. quert man in einer breiten **Furt** den Rio di Montasio. Weiter auf dem Hauptweg unter spektakulärer Bergkulisse, erst ansteigend, dann in sanftem Auf und Ab bis zu einem kleinen **Hochmoor** (1:40 Std.). Kurz darauf eine Gabelung; man geht rechts und steigt, der Markierung folgend, bis zum **Plan dei Spadovai** an (2:30 Std.). Einkehrmöglichkeit.

[**ALTERNATIVER RÜCKWEG** (7 km Asphalt): Von der **Straße** folgt man der Beschilderung des *Sentiero naturalistico di Plan dei Spadovai*. Schöner Weg, der erst 10 Min. ansteigt, dann über etliche Serpentinen erneut zur **Straße** abfällt; auf dieser nach rechts (3:00 Std.). Nach 1,5 km ein **Tunnel**, den man durchschreitet. Man passiert kurz darauf eine **Bunkeranlage** sowie die Ruinen des *villaggio di guerra* aus dem Ersten Weltkrieg. Nach 30 Min. ein weiterer Tunnel. Rund 20 Min. danach verlässt man die Straße, indem man sich, vis-à-vis eines kleinen Abstellplatzes, nach rechts in einen ansteigenden Pfad wendet. Man gelangt zu einem teilweise verfallenen **Weiler**. Schöner Rastplatz. Neuerlicher Abstieg zur Straße; auf dieser nach rechts. Nach 15 Min. passiert man die Häusergruppe **Case Costasacceto**, um nach einer weiteren Viertelstunde in **Chiout** einzutreffen (4:45 Std.).]

AM WEGE

Dogna | Dunja | Dogne

Es ist eine der vielen Ortschaften im Canal del Ferro, deren Bewohner man vom Auto aus spontan bemitleidet. Eine Umfahrungsstraße auf Stelzen streift den Kirchturm um Haaresbreite, ein schäbiges Wohnhaus dient als Schallschutzwand; und eine nach dem Erdbeben 1976 errichtete Barackensiedlung ist zum Dauerprovisorium verkommen. Wer hier (noch) lebt, tut dies kaum freiwillig, sondern mangels anderer Möglichkeiten.

Dogna, dessen Name im Slawischen wurzelt, ist die kleinste Kommune des Tales. Hatte sie vor 100 Jahren noch fast 1.500 Einwohner, sind es heute 220. Von den 18 Dörfern im Gemeindegebiet sind nur noch zwölf bewohnt. Das Municipio, ein Postamt und die Molkereigenossenschaft sind die wichtigsten Arbeitgeber; dazu kommen zwei Bars, in denen die Arbeitslosen und Pensionisten die Zeit totschlagen, ohne viel zu konsumieren. Für etwas mehr Umsatz sorgen die Bauarbeiter, die noch immer mit der Behebung der Hochwasserschäden von 1996 bzw. der Bändigung der Wildbäche beschäftigt sind. Damals trat der Fluss über die Ufer, riss die Brücke und ein Haus mit sich und verheerte den Ort mit Schlamm und Schutt. Als gelungen darf die Sanierung der Piazza im Ortszentrum bezeichnet werden, die mit einem netten Brunnen und einer schönen Pflasterung zu einem Ort des Verweilens geworden ist. Gut möglich, dass einem dabei einer der betagten Anrainer Gesellschaft leistet und Geschichten vom Krieg erzählt.

Jahrhundertelang eine unbedeutende Straßensiedlung ohne nennenswerte Geschichte, geriet Dogna im Ersten

Im Val Dogna

Weltkrieg ins Visier der Militärs. Den Anlass bot die 1879 fertiggestellte Eisenbahnbrücke, eines der kühnsten und zugleich verwundbarsten Bauwerke auf der Strecke zwischen Tarvis und Udine. Sie überspannt das Val Dogna in einer Höhe von fast 40 m und mit einer Länge von über 170 m. Ursprünglich eine Fachwerkbrücke, besteht sie heute aus Beton, der – seit der Verlegung der Strecke im Jahr 1995 – von Unkraut überwuchert wird.

Der Beschuss durch die Österreicher erfolgte von Malborghetto aus mit schwerer Artillerie, die allerdings ihr Ziel verfehlte und dafür den Ort umso schwerer beschädigte. Noch verheerender waren die wiederholten Bombenangriffe der Alliierten im Zweiten Weltkrieg, bei denen nicht nur die Brücke getroffen, sondern auch der darunterliegende Ortsteil dem Erdboden gleichgemacht wurde. Auch die

In Chiout di Gus

Kirche und mehrere Häuser im Zentrum wurden fast vollständig zerstört. Nach Darstellung der Website der Gemeinde wurde der Einmarsch der Engländer nicht als Befreiung erlebt, sondern als weitere Heimsuchung. Im Gegensatz dazu hätte die Bevölkerung »mit den [zuvor stationierten] Soldaten des verbündeten deutschen Heeres keine Probleme« gehabt.

Ein weiterer Kriegsschauplatz war das von schroffen Felswänden eingefasste Val Dogna, das 1915 in einem Gewaltakt mit einer kühn angelegten Militärstraße erschlossen wurde. Es war Benito Mussolini, der ihr in »Il mio dario di guerra« ein zweifelhaftes literarisches Denkmal setzte. Für den späteren »Duce«, der im Val Dogna seine ersten Kriegssporen verdiente, war das Bauwerk mit seinen unzähligen Kehren, Brücken und Tunnel sowie Bunkern und Geschützständen »das Nonplusultra der Modernität«. Noch heute kann man sich von der beachtlichen Komplexität der inzwischen verbreiterten und mit riesigen Stahlnetzen gesicherten Straße überzeugen. Besonders spektakulär ist der Abschnitt oberhalb von Chiout, wo Teile der alten Trasse in die Tiefe gerissen wurden und nur ein unvollständiges Betonskelett geblieben ist.

Chiout di Gus | Cju' di Gus

Es ist der erste von drei Weilern, die sich hoch über der Straße am sonnigen Steilhang des Val Dogna festgekrallt haben. Und es ist der einzige, der bis heute nur zu Fuß erreichbar ist. Dennoch findet man im unteren Ortsteil ein hübsch renoviertes Haus mit gepflegten Wiesen und einem Gemüsegarten. Im oberen, besonders schön gelegenen Ortsteil mit wahrhaft atemberaubender Gebirgskulisse hält eine betagte Bäuerin die Stellung. Ihr baufälliges Wohnhaus, das sie mit ihren *amici,* drei neugierigen Katzen, teilt, ist von mehreren kleinen Äckern, Streuobstwiesen und Gemüserabatten umgeben, die einen relativ hohen Grad an Selbstversorgung erlauben. Was nicht selbst produziert werden kann, wird nach wie vor mit dem Tragekorb und mit erstaunlichem Elan aus dem Tal herauf geschleppt.

Chiout Zucuin | Cju' Çucuìn

Im Deutschen würde man es wohl als Nest oder Haufen bezeichnen, heißt doch »Chiout« nichts anderes als kleiner, geschlossener Ort. Das trifft erst recht auf Chiout Zucuin zu, das eine ungewöhnliche und besonders reizvolle Verdichtung von Häusern aufweist. Begründet wurde der ursprünglich völlig entlegene Ort im 18. Jahrhundert von flüchtenden Bauern und Hirten, die im Gebietsstreit zwischen den Bambergern und der Abtei von Moggio zwischen die Fronten geraten waren. Auch die Nachbardörfer entstanden aus diesem Anlass. Hatte Chiout Zucuin im 19. Jahrhundert mehr als hundert Einwohner, ist es heute nur noch eine Handvoll Leute, die die Häuser in Schuss halten. Obwohl die meisten erdbebengeschädigten Gebäude kaum originalgetreu instand gesetzt wurden und man bei der Wahl der Baumaterialien nicht immer wählerisch war, hat das Dorf viel von seinem ursprünglichen Gefüge bewahrt.

Auf dem Weg nach Pian dei Spadovai

Seine Achse wird von einer engen Gasse gebildet, an der die Häuser so eng zusammenstehen, dass sich ihre Dächer fast berühren. Steile Sprossenleitern und kleine Treppenabsätze gliedern die drei- bis viergeschoßigen Fassaden. Ein Flickwerk aus rohem Stein, rauem Putz und Beton entspricht der Vielfalt an Fenstern, Läden und Türen, woraus sich ein liebenswertes Chaos an Formen und Farben ergibt, das in der Silhouette der Berge vis-à-vis eine dramatische Fortsetzung findet.

Das stimmungsvollste Plätzchen liegt am Ende der Dorfstraße, wo die Wohnhäuser von den alten *stavoli*, gemauerten Heuspeichern, abgelöst werden, mit der Piazza San Giacomo. Es wird von einem schlichten Dorfbrunnen, *laip* genannt, sowie einem Anschlagbrett für Partezettel markiert und ist noch heute Treffpunkt der Dorfgemeinschaft. Ein Rasierspiegel und ein überdachter Seifenbehälter weisen ihn zudem als öffentliches Badezimmer aus, was auch dem verschwitzten Wanderer zugute kommen kann.

Plan dei Spadovai | Plan dai Spadovâi

EINKEHR:

Agriturismo Malga Plan dei Spadovai, gastfreundliche Almwirtschaft mit bescheidener Übernachtungsmöglichkeit, 0039/0433/70609.

Bei Pontebba

SCHRÄGER DURCHGANG

Wer auf der Autobahn durch das *Val canale*, und, ab Pontebba, durch den *Canale del ferro* fährt, wird die Erfahrung des Vorübergehenden, des Flüchtigen machen. Diese Täler durchquert man ja tatsächlich fast nur als Passagier, der sich, anders als ein Reisender, durch ein Ziel definiert, das anderswo liegt: Rumänische Kleinbusse transportieren Personal nach Italien, das zu geringen Löhnen in Restaurants und Haushalten arbeiten wird. In rußenden Bussen streben polnische Pilger nach Rom. Das Ziel der sommerlichen Autokolonnen ist das Meer. Wenn der letzte Tunnel durchfahren ist, öffnet sich die friulanische Ebene, und der plötzliche, fast theatralische Szenenwechsel lässt eine Vorahnung von südlicher Weite entstehen.

Aber das Gefühl des Flüchtigen entsteht nicht nur durch die Bewegung der Passagiere, sondern den Tälern selbst haftet etwas Vorübergehendes an. Wie Kulissen säumen die Fassaden verlassener Häuser das Tal. Die Landschaft scheint sich förmlich abzuwenden. »Eine unheimliche Front wie das Haus vor meinem Fenster in Triest«, sieht der Dichter Helmut Eisendle in einem der Seitentäler. Schon die im 16. Jahrhundert ausgebaute Fernstraße wurde »schräger Durchgang« genannt, und der Name Kanaltal hat seine Wurzel im Friulanischen: Cjanal bezeichnet enge, schlauchartige Täler, also Räume, die eher der Durchleitung als dem Aufenthalt dienen. Kurz vor Chiusaforte meint der Benützer der Autobahn sogar, durch die Trassenführung optisch getäuscht, zwei parallele Autobahnen vor sich zu haben. Der »schräge Durchgang« scheint ein Archetyp jener Orte zu sein, die in den Kulturwissenschaften als »transitorische Räume« bezeichnet werden, »Orte ohne Selbst«, wie sie der Philosoph Peter Sloterdijk in einem Interview nennt, Orte, die ihre »Passanten nicht halten.«

Mag der »schräge Durchgang« denen, die ihn heute zur schnellen Passage benützen, als eigenschaftslos erscheinen, so hat er dennoch ein faszinierendes Selbst. Es ist, als ob er seine verwickelte Geschichte gerade in ihrem Verschwinden bewahrt. Wenn südlich von Chiusaforte gleich fünf Brücken sichtbar werden, die nebeneinander die Fella überspannen, kommen die Schichten dieser Geschichte in den Blick: die zwei Brücken der Autobahn, die Brücke der Autostraße, die Brücke der alten Straße und die Brücke, auf der die Eisenbahn den Fluss querte, ehe sie im Jahr 2000 als Hochleistungsstrecke in 13 Tunnels mit einer Gesamtlänge von 46 km verlegt wurde, das sind immerhin 48 Prozent der Strecke von Udine bis Tarvis. Die Autobahn, die ihrerseits über 49 Brücken und durch 18 Tunnels verläuft, wurde in den Jahren 1973 bis 1986 gebaut. Wer dem Selbst der Gegend nahe kommen will, wird von der Autobahn auf die Autostraße abfahren müssen. Von ihr aus gesehen gewinnt sogar einen eigenen ästhetischen Reiz, wie sich die Autobahn, die alte Eisenbahn, die Straße und der Fluss immer wieder gegenseitig kreuzen.

Auf der Autostraße sind Generationen von Kindern mit ihren Eltern im voll bepackten Auto nach Rimini und Cesenatico, nach Caorle und Grado in den Urlaub gefahren. Die alte Grenzkontrollstelle bei Thörl-Maglern, der eigentliche Beginn des Urlaubsabenteuers, wäre noch funktionstüchtig, würde der Schengen-Vertrag ausgesetzt. Wie ein aufgelassener Bahnhof mit Bogenlampen und staubigen Fensterscheiben, durch die man die Reste eines Zollsaales sieht, scheint sie auf ihre Entdeckung als Filmkulisse zu warten. Und nach der Grenze wird die Welt tatsächlich noch immer fremd: Alte Bauernhäuser sind mit Blech gedeckt, die größeren Gebäude, zum Beispiel die ehemalige *Stazione Tarvisio Centrale*, folgen einem eigenwilligen, spitzwinkeligen Alpinstil, selbst die Betonmauern am Straßenrand sind von dunklerer Farbe.

Die Bewohner des »schrägen Durchgangs« haben mit den Durchreisenden ein Geschäft gemacht, ehe die Autobahn sie wegkanalisierte. Heute säumen die Ruinen von Supermärkten die Straße, in denen man bei der Rückfahrt noch rasch einen billigen Pullover oder jene Kiste Wein kaufte, die den Vater bei der Zollkontrolle zur verlegenen Lüge zwang. Der in Kärnten sogenannte »Fetzenmarkt« in Tarvis, früher eine bunte Ansammlung improvisierter Marktbuden auf morastigem Untergrund, ist längst geordnet worden. In Resiutta haben sich einige Hühnerbratereien und ein chaotisches Geschäft mit Souveniers und Gartendekorationen erhalten. Das *International shopping center* am südlichen Ortsausgang von Tarvis ist ein Denkmal der Konsumträume der 1960er Jahre.

Was der Straßenbau dem Tal angetan hat, kann man in Pontebba besichtigen. Führt schon die Autostraße auf Stelzen in Fensterhöhe an den oberen Etagen der Häuser vorbei, so hat eine Autobahnabfahrt den Ort restlos abgeschnürt. Ihre monströse Dimension lässt sich eigentlich nur durch eine Mentalität erklären, die in der jüngeren Kulturgeschichte Italiens tief verankert ist. Wie schon in Deutschland, wo man die Autobahnen als die »Pyramiden des tausendjährigen Reiches« bezeichnete, wurde die Automobilisierung der Nation vom italienischen Faschismus als kulturpolitisches Projekt begriffen: Die *autostrade* bezeichnete Mussolini in seinen Reden als »imperiale Straßen«, die an die Geschichte der römischen Straßen anknüpfen, die Überlegenheit der Nation demonstrieren und das Volk zur Einheit verschmelzen sollten. Der Futurismus als einflussreiche Hintergrundideologie, jener philosophische Kult der Maschine und der Geschwindigkeit, degradierte, wie es in einer Studie von Franz Becker heißt, »die Natur zu einem abstrakten Raum, der keine andere Funktion mehr hatte, als es den Fortbewegungsmaschinen zu erlauben, ihre Geschwindigkeit zu entfalten.« In Deutschland legten 330.000 Menschen im Rahmen einer eigenen Ansparaktion monatlich fünf Mark für einen Volkswagen zurück, und in Italien lebten die kleinen Leute in Erwartung ihrer privaten Mobilmachung. Aber hier wie dort konnte die angekündigte Massenmotorisierung bekanntlich nicht verwirklicht werden. Als sie dann in den 1960er Jahren tatsächlich in Gang kam, brach sich ein enormes Wunschpotenzial im Wortsinne seine Bahn. Man war bereit, die Welt als bloßes Durchgangsgebiet für das Auto zu betrachten. Aus dieser Dynamik ist jene Mentalität erklärbar, aus der heraus man eine Hochstraße sogar vor die alte Hafenfront von Genua gestellt hat. Und noch immer wird in Italien das Chaos auf den Straßen auch als Zeichen von Vitalität interpretiert. Fast lustvoll sitzt man im Stau und drängt sich am Pannenstreifen nach vorne.

In Pontebba führt die Autobahnabfahrt vierspurig an leerstehenden Eisenbahnerwohnhäusern aus den 1950er Jahren und einem riesigen Bahnhofsgebäude vorbei und auf ein grellorange gestrichenes Haus zu, das die »Bar Zug« beherbergt. Pontebba, bis 1918 Grenzort zwischen Italien und Österreich-Ungarn, war bis zum österreichischen EU-Beitritt die Zollstation der Eisenbahn auf italienischer Seite gewesen. Auf dem Güterbahnsteig mit Laufgittern, der im Bahnhof vorläufig noch geblieben ist, wurde das importierte Vieh veterinärmedizinisch untersucht.

Wie die Eröffnung der Autobahn im 20. Jahrhundert hatte die Fertigstellung der Bahnstrecke zwischen Tarvis und Udine 1879 gravierende Auswirkungen. »Durch die Eisenbahn wird der Raum getötet, und es bleibt uns nur noch die Zeit übrig«, schrieb schon Heinrich Heine. Was bei Heine auf die Erfahrung der Reisenden zielt, hatte für die Bewohner des »schrägen Durchgangs« ganz konkrete Folgen. Ihr Lebensraum wurde radikal umgestaltet. Fuhrleute und Schmiede verloren ihr Geschäft. Straßendörfer begannen zu veröden. Über stählerne Brücken, die heute wie Industriedenkmäler erscheinen, rollten Menschen und Güter vorbei, denen die Täler gleichgültig waren. Die heutige Bahnstrecke steuert kaum noch lokale Bahnhöfe an. Auf der Trasse der alten Bahn verläuft ein Radweg.

Schon im 19. Jahrhundert wurde der Tourismus wichtig. Vor dem Ersten Weltkrieg verkehrten fünfmal täglich Expresszüge von Wien nach Oberitalien, wobei die Reisezeit nach Venedig 13 bis 15 Stunden betrug. Die Züge sind heute schneller, aber diese hohe Frequenz wird nicht mehr erreicht. Ein Reisehandbuch aus dem Jahre 1909 äußert ein Lob, das durchaus auch heute gültig ist, wenn man sich von den Verkehrsbauten und dem kargen Schotterboden des Talgrunds abwendet. Unversehens öffnet sich dann ein fruchtbares Hinterland auf den Endmoränen der eiszeitlichen Gletscher: »Das Kanaltal, eines der herrlichsten Gebiete Kärntens und der Alpen überhaupt, (…) ist wie geschaffen für Touristen, welche den gebahnten Weg nicht gerne verlassen und mit Bedacht auf die Befriedigung leiblicher Bedürfnisse ohne viel Anstrengung viel sehen wollen, bietet aber auch jenen, die Mühe und Strapazen nicht scheuen, eine Fülle erhabener Schönheiten.«

Ein Passagier auf der Autobahn würde es kaum glauben, dass das Kanaltal auch heute noch zu den wichtigsten Wintersportregionen Italiens gehört. Zwischen Tarvis und Valbruna sind Seilbahnstationen in die Landschaft betoniert. Trotz des eher rauen lokalen Klimas – die Waldgrenze befindet sich hier in 1.500 Meter Höhe, während sie nördlich in den Alpen oft erst in 1.800 Meter verläuft – müssen die Pisten meist künstlich beschneit werden. Im Tal sind schrebergartenartige

Hütten, Restaurants, Hotels und Appartmentbauten in der Landschaft verstreut. Das ästhetische Prinzip des Durcheinanders kulminiert in den Devotionalienhandlungen am *Monte Santo di Lussari*, rund um die Wallfahrtskirche aus dem Jahre 1360, die heute mit einer neuen Seilbahn erreichbar ist.

Der Bau der Eisenbahn bedeutete auch einen Aufschwung für den Bergbau. In Cave del Predil wurde seit dem 15. Jahrhundert Blei und Zink abgebaut. Im *Museo Etnografico* in Malborghetto sieht man ein Modell der heute stillgelegten Bergwerksanlage, einen nachgebauten Stollen und die Festuniformen der Bergleute. Das Museum dokumentiert auch die Bedeutung eines anderen Industriezweigs: Zum Teil mit mobilen Seilbahnen oder gezogen von Pferden wurde Holz zu den wassergetriebenen Sägewerken im Tal gebracht und mit der Bahn weitertransportiert. Der alte, ausgestopfte Bär im zweiten Stock des Museums wird vielleicht von Ferne einen damit zusammenhängenden Karnevalsbrauch beobachtet haben: Beim sogenannten »Blochziehen« wurde ein blumengeschmückter Baumstamm auf einem Schlitten zu Tal gezogen, mit der Aufschrift: »Trauer der Jungfrauen – Freude der Burschen«, gleichsam ein lokaler historischer Sexismus: Die Jungfrauen haben noch keinen gefunden, und die Burschen sind froh, davongekommen zu sein.

Das Gebäude, in dem das *Museo Etnografico* untergebracht ist, ist selbst ein Denkmal der Bedeutung der alten Straße: Der *Palazzo Veneziano* von 1593, zuerst im Besitz der Familie Paul, in die ein Adeliger aus venezianischer Familie einheiratete, ab 1878 Hotel, mit einer schönen Hofseite und Arkaden, zeugt vom Wohlstand der Unternehmer im Tal. Hammerwerke lieferten zum Beispiel Anker nach Venedig, auf der 1520 ausgebauten Straße transportierten die Fuhrleute Vieh, Getreide, Eisen, Blei und Pech für den Schiffsbau nach Süden und nahmen in der Gegenrichtung Olivenöl, Seide, Wein und Safran mit. Die charakteristischen langen Straßenzeilen in den Dörfern, durch die sie sich von den Haufendörfern im Hinterland unterscheiden, zeugen vom Zweck der Siedlungen, dem Transit allerlei Dienstleistungen anzubieten. Ab 1822 wurde die alte Fernstraße unter dem Hofbaurat Hermengild Ritter von Francesconi, bei dem der Erbauer der Semmeringbahn Carl Ritter von Ghega in die Lehre gegangen war, gründlich erneuert und neu trassiert.

Schon die alten Römer nutzten den »schrägen Durchgang«. Eine Römerstraße, die sich in der Nähe von Venzone einerseits Richtung Plöckenpass und andererseits der Fella folgend gabelte, verband Aquileia mit der Provinz Noricum. Reste der Straße sind in Coccau und zwischen Chiusaforte und Dogna, hier am linken Ufer der Fella, noch zu sehen. Larix im Gebiet von Camporosso war ein wichtiger Stützpunkt, situiert an der kaum merkbaren Wasserscheide, einer der niedrigsten der Alpen, von der aus das Wasser nördlich in die Gailitz, in die Drau und Donau und schließlich in das Schwarze Meer, südlich in die Fella und über den Tagliamento in die Adria fließt.

Zur Zeit der Völkerwanderungen waren die römischen Verbindungen unterbrochen und die Täler weitgehend entsiedelt. Im 6. und 7. Jahrhundert zogen Slowenen aus dem nördlich gelegenen Gailtal herbei. Eine verstärkte Besiedelung aus deutschen Landen begann, als um die Jahrtausendwende Kaiser Heinrich II. dem Bistum Bamberg die Herrschaft über das Kanaltal verlieh. Es bildeten sich dessen Hauptorte heraus. Tarvis blieb lange eine romanische Sprachinsel. Die Tatsache, dass die unterschiedlichen Sprachgebiete nicht zusammenhängend waren, sondern sich verschiedensprachige Siedlungen im Talverlauf abwechselten, führte zur sprachlichen Vermischung. In einer Ausgabe der geschichtswissenschaftlichen Zeitschrift »Carinthia« aus dem Jahr 1815, zitiert in einer lesenswerten Materialsammlung von Heinz Krabina, heißt es: »Der Karakter der Kanalthaler (...) erinnert nur wenig an den teutschen und wendischen Kärntner. Die teutsche, windische und italienische Sprache wird hier untereinander gemischt in schlechten Mundarten gesprochen.«

Der Nationalismus im 19. und im 20. Jahrhundert hat sich an die Entmischung gemacht. Hans Kitzmüller fasst die Folgen dieser Art von Flurbereinigung für ganz Friaul zusammen: Sie »...waren in bezug auf die Sprachenvielfalt verheerend: In Ostfriaul schwanden die Deutschkenntnisse, das Slowenische wurde als etwas Fremdes betrachtet (so fremd, daß auch alle Personen- und Ortsnamen slawischer oder auch deutscher Herkunft italienisiert werden mußten), das Friulanische wurde als Ausdruck einer unbedeutenden Bauernkultur mißachtet.« Der Nationalsozialismus und der Faschismus begriffen die Entmischung als technische Aufgabe: 1939 kamen Mussolini und Hitler überein, die deutschsprechenden Einwohner des Kanaltals, die sich nach dem Friedensvertrag von Saint Germain 1919 in Italien wiedergefunden hatten, ab- und ins Reich heim zu siedeln.

Was den Nationalisten, Faschisten und Nationalsozialisten bekämpfenswert erschien, macht noch heute eine Faszination des »schrägen Durchgangs« aus: In Tarvis sieht man den Geschäftsnamen »Altersberger« neben einem »Gasthaus Al Sole«, in Bagni di Lusnizza ein »Albergo Edelweiss«. Freilich sind in den Geschäften auch Flaschen mit den Aufschriften »Mussolini-Wein« oder »Hitler-Wein« zu haben. Hier treffen offenbar Kulturkreise aufeinander, hier werden nach wie vor vier Sprachen gesprochen: Slowenisch, Italienisch, Friulanisch und Deutsch. Vielleicht hat die langsam zunehmende Tendenz in Italien, diese Vielfalt als Qualität wahrzunehmen, mit der Tatsache zu tun, dass Italien insgesamt vergleichsweise viele sprachliche Minderheiten beherbergt: Albaner, vor allem in Süditalien und Sizilien, zwei griechische Sprachinseln in derselben Gegend, es wird auch Serbokroatisch und Französisch gesprochen, und dann natürlich Sardisch, Deutsch, Slowenisch, Friulanisch. Im Kanaltal gibt es mehrere slowenische Chöre und einen Kulturverein, der sich um die Erhaltung altkärntner Traditionen bemüht. Das Zusammenleben ist ohne nennenswerte Konflikte.

Östlich von Malborghetto unterquert die Autostraße eine vorspringende Felsformation, die das Tal einengt. Auf ihr sind Reste von Befestigungen zu sehen. Gleich rechts nach dem Tunnelausgang bewacht ein lebensgroßer, an ein Schild gelehnter schlafender Löwe aus Bronze eine große, dreieckige Gedenktafel mit der deutschen Aufschrift: »Zur Erinnerung an den Heldentod des k. k. Ingenieur Hauptmanns Friedrich Hensel am XVII Mai MDCCCIX und den mit ihm gefallenen Kampfgenossen. Kaiser Ferdinand I.« Das Denkmal erinnert an einen anderen Typ von Passanten, an oftmalige Benutzer des »schrägen Durchgangs«: die Soldaten. Dreimal kamen die Türken über den Predilpass und äscherten 1492 sogar Tarvis ein. Während der Napoleonischen Kriege musste sich eine 150.000 Mann starke französische Armee den Durchweg schwer erkämpfen. Ferdinands Dank richtet sich an eine Truppe von 300 Mann, die diese Armee vier Tage lang aufhielt, indem sie das Fort Malborghetto bis zum letzten Mann verteidigte. Hauptmann Hensel, ihr Kommandant, bewies seine klassische Bildung und einigen Realismus, als er sagte: »Es wird mein und meiner Gefährten Grab sein, dieses Fort; aber ein herrliches Grab, wie das des Leonidas und seiner Spartaner bei Thermopylä.« Den Kern des schwachen Forts bildeten nämlich zwei hölzerne, auf zwei Meter hohen Steinsockeln gebaute Blockhäuser, deshalb nennt man die Anlage oft romantisierend »das Blockhaus von Malborgeth«. Der französische Kommandant, Prinz Eugène Beauharnais, Stiefsohn Napoleons aus der ersten Ehe seiner Frau Joséphine, der später Andreas Hofer erschießen lassen sollte, hatte sich dagegen bequem im schon erwähnten *Palazzo Veneziano* einquartiert. Bei den Kämpfen und der Erstürmung am 17. Mai 1809 nahmen Hensel und seine Gefährten 1.300 französische Soldaten mit in den Tod.

Die fortartigen Betonmauern, die heute zum Beispiel im östlichen Teil von Malborghetto sichtbar werden, gelten einem anderen Feind: Es sind gigantische Rückhaltebecken. Im »schrägen Durchgang« haben sich nicht nur Menschen vermischt, es vermischen sich auch die Klimazonen. Feuchte Winde von der Adria überlagern oft in der Höhe das alpine Klima im Tal, und dieses Aufeinandertreffen führt zu Starkregen, der Rinnsale plötzlich in Wildbäche verwandeln kann. 2003 zerstörten Wasser, Muren und Geröllawinen Teile von

Ugovizza und Malborghetto, auch die neue Bahnlinie war wochenlang unterbrochen. Der Vergleich alter und neuer Landkarten zeigt, wie schnell das Wasser die Täler verändert. Fella und Tagliamento, die im Frühjahr zu reißenden Strömen werden können, schütten immer wieder neue Inseln auf. Erdbeben schicken Geröllmassen ins Tal. Oft wird die Autostraße unversehens enger, weil die Unterspülung Teile weggerissen hat. Die Natur selbst ist hier in Bewegung. Eigentlich kann der »schräge Durchgang« nur durch ständigen Wiederaufbau bewohnbar gehalten werden.

Wo alles in Bewegung ist, wird auch die Identität der Bewohner einem ständigen Wandel unterworfen. Die aktuellen Prozesse der Entgrenzung, wie zum Beispiel der Übergang in den Schengen-Raum, stellen die traditionellen Bedingungen der Zugehörigkeit in Frage. 2008 schlug der Bürgermeister von Tarvis allen Ernstes die Wiederangliederung des Kanaltals an Österreich vor. Sein Argument war kein nationalistisches, sondern, dass man heute auf der Autobahn schneller in Klagenfurt als in Udine wäre. Vielleicht weist die Banalität dieser Begründung auf die eigentliche Qualität eines transitorischen Raums: Sein »Selbst« kann sich letztlich nicht aus den scheinbar tiefen Schichten eines Nationalbewusstseins formieren, sondern es entsteht im ganz Gewöhnlichen und seiner immer wieder neuen, oft schrägen und skurrilen Vermischung.

Wilhelm Berger

V. ZU DEN QUELLEN
Rundwanderung im Val Resia

Bekannt als »Reservat« eines altslawischen Dialektes ist das Resiatal nicht nur kulturgeschichtlich höchst bemerkenswert, sondern auch naturräumlich von besonderem Reiz. Zwar haben die meisten Dörfer unter dem Erdbeben im Jahr 1976 stark gelitten, doch ist die Landschaft entlang der alten Verbindungswege umso lieblicher. Vorherrschendes Element ist das Wasser, dem man in Gestalt unzähliger Bächlein und eines spektakulären Wasserfalls sowie des unberechenbaren Torrente Resia begegnet.

Zum Auftakt betritt man das kaum noch bewirtschaftete Plateau westlich von San Giorgio, das einen wunderbaren Blick ins Tal eröffnet und die Annäherung an das Dorf auf sanftem Weg erlaubt. Abenteuerlicher ist die Fortsetzung nach Prato di Resia, bei der man sich teilweise weglos durch den lichten Blockwald schlägt. Dem Besuch des Informationszentrums des Naturparks der Julischen Voralpen folgt der schönste Abschnitt der Wanderung. Er verläuft am Fuße des Pusti gost, eines von Erosion gezeichneten Waldgebietes. Immer wieder eine Quelle oder einen Bach überspringend, passiert man zwei verfallene Weiler, ehe man zur Cascata del Potok gelangt, wo der Berg zu bersten droht. Mit Stolvizza, das aufgrund des eigenwilligen Ortsbildes eine längere Besichtigung lohnt, ist der halbe Weg geschafft. Weitere Höhepunkte sind eine Handvoll hübsch verstreuter Häuser namens Loo, eine Flussüberquerung sowie die prächtigen Wiesen vor Oseacco an der südlichen Talseite. Im Dorf selbst scheint wie im Nachbarort Gniva jede Erinnerung an die Zeit vor dem Erdbeben ausgelöscht.

Im Resiatal

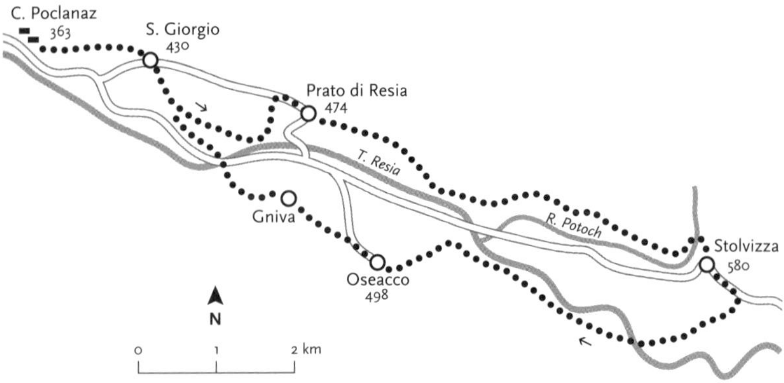

HINWEISE ZUR WANDERUNG
LÄNGE: 18 km
ANSTIEGE: 400 m
GEHZEIT: Knapp 6 Std.
ANFORDERUNGEN: Ausdauer und Orientierungsvermögen
KARTE: Tabacco-Wanderkarte 027, Canin – Valli di Resia e Raccolana, 1:25.000
EINKEHRMÖGLICHKEITEN: San Giorgio, Prato di Resia, Stolvizza, Oseacco
ANFAHRT: A 23, Abfahrt Pontebba, weiter auf der SS 13 Richtung Udine bis Resiutta; von dort auf der SP 42 ins Val Resia bis Poclanaz (Ortstafel).
ANMERKUNG: Ein Teil der Rundwanderung folgt dem Ta Lipa Pot (»Der schöne Weg«), aus dramaturgischen Gründen allerdings in Gegenrichtung der Beschilderung. Wer sich auf diesen etwa 10 km langen Rundkurs beschränken möchte, tut dies am besten, indem er beim Scherenschleifer-Denkmal in Stolvizza beginnt und sich von den entsprechenden Pfeilen leiten lässt.

WEGBESCHREIBUNG

Ausgangspunkt ist der Weiler **Poclanaz** an der Straße von Resiutta nach Prato di Resia. Man stellt den PKW bei der kleinen **Kapelle** an der Straße ab, geht 50 m taleinwärts und biegt bei einem eisernen

Wegkreuz nach links in einen ansteigenden Fahrweg. Kurzer Anstieg bis zu einem Haus, wo der Asphalt endet. Man wendet sich nach rechts und steigt im Wald bis zu einem Querweg an. Man geht links und tritt kurz darauf ins Freie. Auf schmalem Pfad über brachliegende Wiesen bis zum Ortsbeginn von San Giorgio. Gut 20 m nach dem ersten Haus eine Gabelung; man geht links und betritt kurz darauf eine Gasse, welcher man bis zur Via G. Clemente Tomassig folgt. Auf dieser nach rechts bis zur **Kirche** von **San Giorgio** (0:20 Std.).

Man quert die alte Hauptstraße, geht links an der Kirche vorbei und gelangt nach 20 m zur **Via Barman**, welcher man bis zu ihrem Ende am Ortsrand folgt. Hier geht man geradeaus und wendet sich nach 10 m nach links in einen zunächst leicht ansteigenden Weg (blauer Markierungspfeil). In sanftem Auf und Ab zwischen verstreuten Felsblöcken und anfänglich lichtem Bewuchs. Bei einer Gabelung (20 m nach einem markanten Felsblock) hält man sich rechts. Gleich darauf eine Wegkreuzung; man geht geradeaus. Man folgt dem nun tunnelartig verwachsenen Weg, der sich vor einer **Geländestufe** nach links wendet und nach etwa 150 m immer undeutlicher wird. Man behält die Richtung bei und schlägt sich weglos sowie stets der Geländekante folgend bis zu einem eingezäunten Grundstück durch, welches man rechts umgeht. Auf der asphaltierten Hauszufahrt nach rechts bis zum ***Centro Culturale*** an der Hauptstraße. Hier wendet man sich nach rechts und folgt der Straße bis ins Zentrum von **Prato di Resia** (1:00 Std.).

Man passiert die **Kirche** und biegt nach etwa 100 m nach links in einen Treppenweg. Kurzer Anstieg bis zu einer **Kapelle**; von dort zum **Friedhof** und wieder zurück zur Straße; auf dieser nach links. Man durchschreitet eine Siedlung und ignoriert kurz nach dem Ortsende eine Abzweigung nach Origne. Bald darauf verlässt man die Straße, indem man sich nach rechts in einen Waldweg wendet (Wegweiser »Sentiero per Stolvizza«).

Kurzer Abstieg, dann bis zu einem **Rastplatz** oberhalb des Torrente Resia. Weiter auf schönem Hangweg bis zu einer Gabelung; man hält sich links und trifft bald auf den Rundwanderweg **»Ta lipa pot«**. Man wendet sich auf diesem nach links. In Gegenrichtung der Beschilderung bis zu einem verfallenen Gehöft. Der Weg dreht kurz

»Ta lipa pot«

darauf nach links und führt oberhalb eines Grabens zu einer Gabelung. Man hält sich rechts und quert bald darauf einen Bach. 10-minütiger steiler Anstieg, dann fast eben den Hang entlang. Man trifft bei einem weiteren verfallenen Haus auf einen Querweg; auf diesem nach rechts. Nach 15 Min. senkt sich der Weg in den Graben des **Rio Potok**, um diesen in einer Furt zu überqueren. Man bleibt aber auf der linken Seite des Baches und wandert bis zum **Wasserfall** des Rio Potok taleinwärts. Von dort links des Baches talauswärts bis **Stolvizza** (2:30 Std.).

Man passiert das **Denkmal** der Scherenschleifer, wendet sich auf der Via Udine nach links und gelangt zur **Kirche**. Von hier steigt man nach links über die Via alta zum ***Borgo Kikej*** an. Besichtigung und Abstieg über die Via Sella Buia zur **Piazza Nuova**. Hier wendet man sich nach links, hält sich bei der darauffolgenden Gabelung rechts und verlässt den Ort auf einem kleinen Sträßchen.

Die Straße gabelt sich; man geht rechts (Wegweiser »Coritis«). In der darauffolgenden Rechtskurve wird eine Abzweigung nach rechts ignoriert. Nach 20 m eine Linkskurve; man geht geradeaus in einen (anfänglich betonierten) Karrenweg. Man überquert ein Plateau und wandert – nun wieder der Beschilderung des **»Ta lipa pot«** in der Gegenrichtung folgend – auf schmalem Weg entlang einer Geländestufe. Man gelangt in den Wald und steigt in Serpentinen zur **Häusergruppe Loo** ab, die man, sich talauswärts wendend, durchquert. Man betritt einen ansteigenden Fahrweg und folgt diesem bis zu einer Lichtung, wo man eine Abzweigung nach links nimmt und zum **Torrente Resia** absteigt.

Man überquert den Fluss mittels **Holzbrücke** und wendet sich auf einem Querweg nach links (!). Der Weg biegt gleich darauf nach rechts. Bei einer Gabelung unterhalb eines Häuschens hält man sich rechts; bei der darauffolgenden Wegkreuzung geht man geradeaus. Weiter auf dem Hauptweg und in Ufernähe talauswärts, **drei Seitenbäche** des Flusses überquerend. Man erreicht einen Fahrweg, wendet sich nach rechts und trifft bald darauf auf ein Schottersträßlein (das nach links eine Hauszufahrt darstellt). Man geht rechts, biegt nach 20 m nach links und betritt oberhalb eines Wirtschaftsgebäudes einen ansteigenden schmalen Weg. Nach wenigen Metern, am Ende einer Umzäunung, wendet man sich nach links und verlässt damit den **»Ta lipa pot«**. Fünfminütiger Anstieg auf anfänglich kaum sichtbarem Pfad (der bald in den Wald führt) bis zu einem großen **Plateau**. Weiter auf schönem Wiesenweg bis **Oseacco** (4:00 Std.).

Man durchschreitet die Ortschaft und gelangt zur **Kirche** am westlichen Ortsrand. Hier folgt man einem bei einem blauen **Kreuz** beginnenden Wiesenweg, der anfänglich oberhalb der Straße verläuft und sich kurz darauf gabelt. Man wendet sich nach rechts und steigt zu einem geschotterten Fahrweg vor dem **Friedhof** ab; auf diesem nach links. Abstieg zu einem Bach, welchen man überquert, um an der Gegenseite zur Kehre eines Asphaltsträßchens anzusteigen; auf diesem nach links bis **Gniva** (4:30 Std.).

Man durchquert die Ortschaft auf der Via Carnizza und folgt dem Sträßchen in den Wald, wo es sich in einen Graben senkt und auf eine Querstraße trifft; auf dieser nach rechts. 10 Min. talauswärts bis zu einer **Straßenbrücke**. Man überquert den Fluss und wendet sich sofort in einen rechts der Straße ansteigenden Weg. Gemächlicher Anstieg bis **San Giorgio** (5:15 Std.).

Von dort auf bereits bekanntem Weg zurück zum Ausgangspunkt (5:45 Std.).

AM WEGE

Val Resia | Rezijanska dolina | Cjanâl di Resie | Resiatal

»Die Einwohner leben in der mittleren Region des Thales; unten sind steinige Flächen ohne ein Blättchen Gras, über das Gestein fließt die Resia und drei Bäche, die in sie fallen; oben sind nackte, kaum zugängliche Höhen. Daher nichts als Armuth; das Volk hilft sich so gut es kann«, heißt es in einem Aufsatz des Gelehrten Joseph Bergmann aus dem Jahr 1848. Und weiter: »Die Männer ziehen fort als Taglöhner (...), die Weiber sind zu harten und schweren Arbeiten verdammt (...), verkaufen ihre Handarbeit oder betteln. Die Häuser sind ohne Rauchfange und ihre Zimmer gewölbt. Sie machen das Feuer in einem Winkel, und der Rauch geht zur Türe oder zum Fenster hinaus. (...) Die Gäßchen in Resia sind (...) schmal, desgleichen die Wege. Sie breiter zu machen ist keine Ursache, weil es im ganzen Thale keinen Wagen, kein Pferd und keinen Ochsen gibt. Die Leute gehen zu Fuß und die Äcker sind so klein und schlecht, dass man sie durchaus nur mit der Hand bearbeiten kann. (...) Ihre Hauptnahrung ist Polenta (...).«

Bergmann beruft sich auf Schilderungen des polnischen Grafen Potocki, der um 1790 erstmals die eigentümliche Sprache der Resianer schriftlich festhielt. Was mittlerweile als altslowenischer Dialekt identifiziert ist, wurde damals für eine selbstständige Sprache mit russischen Wurzeln gehalten. 1841 glaubte ein Professor Srezniewski aus Charkow gar den Stammvater aller Resianer in Person eines Bauern ausfindig gemacht zu haben, der angeblich aus Russland eingewandert war. Solche und ähnliche Veröffentlichungen russischer Sprachforscher im 19. Jahrhundert wirken noch heute identitätsbildend. So kann man von Einheimischen immer wieder hören, dass das *rozajansk* zu einem Drittel russische Silben enthalte und mit dem Slowenischen wenig gemein hätte. Abgrenzungstendenzen gibt es sogar innerhalb des Tales; jedenfalls unterscheidet man zwischen vier stark divergierenden Subdialekten, die den Ortschaften Gniva, San Giorgio,

Bei San Giorgio

Oseacco und Stolvizza zugeordnet werden. Eine einheitliche »Schriftsprache« des Resianischen gibt es gar erst seit 1994, als auf Grundlage einer Sprachkonferenz im Jahr 1991 die erste *Ortografia resiana* veröffentlicht wurde. (Als Literatursprache in verschiedenen Ausformungen und Schreibweisen existiert Resianisch seit Mitte des 19. Jahrhunderts. Noch älter sind diverse religiöse Textsammlungen.) Seither bedient man sich der slowenischen Lateinschrift plus einiger Umlaute, sodass das resianische Alphabet nicht weniger als 35 Buchstaben zählt.

Ob Slowenen oder »Russen«, fest steht, dass die Resianer Nachkommen slawischer Stämme sind, die das Tal bereits im 8. Jahrhundert von Norden her besiedelten und hier Jahrhunderte in weitgehender Isolation verbrachten. Später hauptsächlich nach Italien orientiert, hatten sie kaum Kontakte zu den slowenischen »Brüdern« in Kärnten (einschließlich Kanaltal) oder Krain, was die Herausbildung einer Sprachinsel noch weiter begünstigte. Zählte das Tal 1911 noch fast 5.000 Einwohner, sind es heute rund 1.200; allein

Loo bei Stolvizza

seit 1950 nahm die Bevölkerung um zwei Drittel ab. Damit sind es heute nur noch ein paar Hundert, die sich der alten Sprache bedienen. Zwar wird in der Grundschule Resianisch gelehrt, doch unter den jungen Leuten – die ihr berufliches Fortkommen außerhalb des Resiatales suchen müssen – hat Italienisch längst überhand genommen. So gehört *rozajansk*, trotz des gesetzlichen Schutzes, wohl zu den besonders gefährdeten Arten unter den Sprachen.

Das eingangs geschilderte Elend ist zwar längst überwunden, doch zählt das Resiatal nach wie vor zu den wirtschaftlich schwachen Regionen Friauls. So gibt es kaum noch landwirtschaftliche Aktivitäten, wie sich an den brachliegenden und verkrauteten Feldern an den Rändern von San Giorgio und Oseacco unschwer ablesen lässt. Auch die Tierhaltung beschränkt sich auf ein paar Kühe und Esel sowie eine Ziegenherde, die noch nach Hirtenart über die Wiesen getrieben wird. Schafe finden sich nur noch im Fremdenverkehrsprospekt. Die meisten Almhütten wurden zu Wochenendhäusern umfunktioniert. Die bäuerliche Tradition droht damit allmählich zur reinen Folklore zu verkommen. Der *Püst*, wie der resianische Karneval genannt wird, die *Trasumanza*, der Almabtrieb, und das Erntedankfest, *Festa del Raccolta*, sind neben den Dorfkirchtagen die Höhepunkte im jährlichen Veranstaltungsreigen. An diesen Tagen präsentiert man sich in mehr oder weniger historischen Trachten, besinnt man sich der alten Lieder und versuchen die Frauen, ihre traditionellen Handarbeiten an den Mann zu bringen. Vollends ins Tragische kippt die Brauchtumspflege beim kostümierten Schubkarrenrennen im September.

Sind an solchen Feiertagen die Ortschaften überlaufen und die Straßen verstopft, hält sich der Zustrom von Touristen in der übrigen Zeit in Grenzen. Das verwundert umso mehr, als das Val Resia eine äußerst reizvolle Naturlandschaft zu bieten hat und Zentrum des *Parco Naturale delle Prealpi Giulie* ist. Es ist dies das zweitgrößte Naturschutzgebiet Friauls und umfasst die Bergkette südlich des Resiatals einschließlich des Monte Canin im Osten, einen der höchsten und spektakulärsten Berge der Region. Der Talboden selbst gehört nicht zur Schutzzone, besitzt aber ebenfalls eine Reihe von Naturdenkmälern. Ein modernes Besucherzentrum (für das in Prato ein ehemaliges Hotel umgebaut wurde) vermittelt anhand von Schautafeln, Projektionen und diversen Modellen einen guten Überblick über die naturräumlichen Besonderheiten und den Artenreichtum des Gebietes. Letzterer ergibt sich aus der geomorphologischen Vielfalt, die von sanften Almböden und schroffen Erosionslandschaften über öde Karstflächen und bescheidene Gletscherreste bis zu fast urwaldähnlichen Gefilden reicht. Entsprechend breit gefächert ist das Aufgebot der Tierwelt. Auch wenn sie dem Wanderer kaum begegnen werden, verdienen neben seltenen Vögeln wie Steinhuhn, Uhu, Auerhahn und Gänsegeier vor allem so scheue Säuger wie Wildkatze, Baumschläfer, Luchs und

Braunbär Erwähnung. Nicht viel größer ist die Chance, auf eine Hornotter, den Alpenbockkäfer oder den Japanischen Eichenseidenspinner zu treffen.

San Giorgio | Bila | San Zorç di Resie

An seinem Eingang noch eng und gekrümmt, öffnet sich das Val Resia nach wenigen Kilometern und ermöglicht so plötzlich und unerwartet weite Blicke. Ein schöner Aussichtsplatz ist die Geländestufe westlich von San Giorgio, dem ersten der vier Hauptorte des Tales. Bis vor kurzem noch Weide- und Ackerland, nimmt allmählich Buschwerk von dem Plateau Besitz. Der Anbau beschränkt sich auf ein schlafzimmergroßes Gärtlein, aus dem sich ein Pensionist mit Gurken, Bohnen und Salat versorgt. Ein kleiner Kirschbaum, dessen Äste auch als Werkzeugdepot und Kleiderständer dienen, spendet den Schatten für die Rast nach der täglichen Inspektion.

Der Ort selbst bietet wenig Heimeliges. Die meisten Häuser sind nach dem Erdbeben 1976 weniger originalgetreu als unter dem Gesichtspunkt der Zweckmäßigkeit wieder errichtet worden. Mit ihren glatten, überwiegend weiß oder beige getünchten Fassaden wirken sie wie ihre eigenen Papiermodelle im Maßstab 1:1. Die Schmucklosigkeit hat aber auch ihren Reiz, fehlt doch den Häusern jegliche Eitelkeit und wird das nüchterne Bild durch die liebenswerte Unordnung in den Hinterhöfen gebrochen. Das trifft vor allem auf den südlichen Ortsteil zu, wo ein Rundgang und der Blick hinter die Kulissen besonders lohnen. Nördlich der Straße kann man sich an den ersten Anzeichen von Patina nach dem Wiederaufbau und dem Schattenspiel der Rauchfänge auf nackten Häuserwänden erfreuen.

EINKEHR:

Angenehmster Treffpunkt des Tales ist die *Osteria Alla Speranza* vis-à-vis der Kirche. Die ambitionierten Wirtsleute bieten neben ausgezeichneter bodenständiger Kost und gutem Wein eine große Auswahl an (käuflichen) Büchern zu Kultur und Geschichte des Resiatales. Aufschlussreich sind auch die zahlreichen historischen Fotos und Porträts heimischer Musiker an den Stubenwänden, 0039/0433/53057.

Bei San Giorgo

Prato di Resia | Ravanca | Prât di Resie

Was ihr schöner unverputzter Glockenturm verspricht, hält die Kirche Santa Maria Assunta im Inneren kaum. Sehenswert sind aber eine Madonna aus dem 16. Jahrhundert sowie eine Texttafel mit dem resianischen Vaterunser in einer rund 300 Jahre alten Version. Hübsch sind auch die 14 Kapellen des Kreuzweges, die man wie DKT-Spielsteine über den buckeligen Hügel westlich der Kirche verstreut hat. Vom Kirchlein am Gipfel, das zum Kriegerdenkmal umfunktioniert wurde, bietet sich ein wunderbarer Blick auf den Monte Musi im Süden.

Mit der *rozajanska kultürska hiša*, dem Kulturzentrum, besitzt Prato ein diskussionswürdiges Baudenkmal der Neuzeit. Ein schmutzigweißes Betonleporello, das von einer schwarzen Röhre überragt wird, wirkt wie die Rückseite eines Gewerbebetriebes, erhebt aber mit seinen rhythmisch angeordneten Fensterhöhlen auch künstlerischen Anspruch. Als ironischer Kommentar lässt sich der knallrote Hydrant neben dem Stiegenaufgang interpretieren.

EINKEHR:

Bar Vittorio. Sympathische Kneipe im Ortszentrum. Sehr guter Kaffee und edle Weine.

Albergo Ristorante *Alle Alpi*. Gute regionale Küche und einfache Zimmer, 0039/0433/553912.

Stolvizza | Solbica | Stolvize

Wer Stolvizza erreicht hat und sich von der terrassenartigen Piazza del Arrotino aus umblickt, sieht noch einmal die Geschlossenheit eines vergessenen Tals, dessen ausgedehnter Kessel von hohen Bergen eingerahmt ist. »Die Täler und Berge verschließen sich. Val Resia«, notiert der Schriftsteller Helmut Eisendle. Die männlichen Bewohner von Stolvizza sollen gar von jeher einen so in sich gekehrten und unduldsamen Charakter haben, dass sie von den anderen Talbewohnern *comandanti* genannt werden.

Wer sich am Dorfplatz von Stolvizza umsieht, dem fällt ein anrührendes Denkmal ins Auge: Auf einer von einem Stein eingefassten Metallskulptur sieht man einen Scherenschleifer zu Fahrrad seine mühselige Arbeit verrichten. Es gedenkt der *arrotini*, der Scheren- und Messerschleifer, die, wie es am Denkmal heißt, »aufbrachen auf die Straßen der Welt, sie tränkend mit Mühe und Schweiß«. Wie aus dem ähnlich abgelegenen Val di Zoldo in den Dolomiten jedes Frühjahr tausende *gelatieri* nach Deutschland ausschwärmten, um ihre Eisdielen wieder aufzusperren, war auch das Resiatal auf eine, heute allerdings weitgehend aus der Mode gekommene, Profession spezialisiert. Der ehrenwerte Beruf der *arrotini* begann gegen Ende des 18. Jahrhunderts die damaligen Hauptbeschäftigungen der Talbewohner, den Schmuggel und den ambulanten Handel mit Holzzockeln und ähnlichen, im Tal hergestellten Holzgegenständen, abzulösen. Schwer bepackt

Stolvizza

mit ihrem Schleifgerät, dem so genannten *krösma*, durchwanderten sie Italien und die Länder der österreichisch-ungarischen Monarchie und kehrten nur zu hohen Festtagen oder zur Erntezeit ins Tal zurück. Nebenbei reparierten sie Regenschirme. Noch ein Verzeichnis aus dem Jahre 1990 nennt 60 *arrotini* aus Stolvizza, die ihre Dienstleistungen von Udine bis Firenze und Milano anboten.

In vergangenen Zeiten, als die Armut im Tal viele Bewohner zur Emigration zwang, machten einige in weiter Ferne sogar ihr Glück: Antonio Pusca eröffnete 1920 in Pittsburgh in den Vereinigten Staaten eine Werkstatt, die sich erfolgreich auf das Schleifen und Reparieren medizinischer Instrumente spezialisierte. Die Geschichte eines anderen, des 1866 geborenen Giuseppe Trancon, mutet fast märchenhaft an: Nach langer Wanderschaft als *arrotino*, die ihn bis nach Polen führte, hatte er 1902 in Sopron ein kleines Geschäft für Messer und Scheren gegründet. Eines Morgens sah er vor seinem Geschäft einen Auflauf von Menschen, die zum Balkon des gegenüberliegenden Hauses hinaufjubelten. Dort stand Erz-

Cascata del Potok

herzog Franz Ferdinand, der, als er des *arrotino* ansichtig wurde, ihn zu sich heraufbat. Ihm fehlte eine Feder seiner goldenen Taschenuhr. Giuseppe führte die Reparatur perfekt aus, und der Erzherzog begann leutselig in seinem Geschäft zu verkehren, das dadurch an Kundschaft, Größe und Eleganz gewann. Schließlich wurde er zum Messerschleifer des herzoglichen Hofs. Giuseppe Trancon soll intelligent und auf volkstümliche Weise brillant gewesen sein. Er ging schließlich mit dem Erzherzog auf die Jagd und lernte sogar den Kaiser kennen. Wohlhabend ins Resiatal zurückgekehrt, unterstützte er großzügig seine Talgenossen, spendete die große Glocke der Kirche Santa Maria Assunta, verlor in der Wirtschaftskrise all sein Geld, lebte aber zufrieden und von seiner großen Zeit erzählend bis 1953. Valente Isidoro Bonbòn wiederum schenkte 1927 seiner Zunft eine bahnbrechende technische Neuentwicklung: das Fahrrad als *krösma*, dessen Schleifrad mit den Pedalen angetrieben werden konnte. So kamen die *arrotini* noch schneller voran. Die technische Entwicklung des *krösma* kann man im neu restaurierten *museo dei arrotini* am hinteren Ortsausgang nachvollziehen, dessen Gebäude auch die Gemeindebibliothek und ein historisches Archiv enthält (Do–So 9.00–12.00 und 13.00–18.00. Anmeldung 0039/0433/053554).

Für das Resiatal ist Stolvizza überhaupt von historischer Bedeutung: Es hat als einziger größerer Ort das Erdbeben 1976 weitgehend unbeschadet überstanden. Während die anderen Orte auf Schwemmterrassen erbaut sind, steht Stolvizza auf felsigem Untergrund. Von den drei Ortsteilen Ves im Westen, Les im Osten und Kikej im Zentrum ist der letztere von größtem Interesse: Steil und über Treppenwege verbunden, türmen sich typische Resianer Häuser auf und lassen von unten betrachtet an eine Festung denken. Sie sind südseitig ausgerichtet und zum Teil puebloartig aneinandergebaut. Die meisten besitzen drei Stockwerke, die über steile Außentreppen und Leitern erschlossen sind. Unter dem Dach wurde früher Heu gelagert. Auffallend sind die alten Steinportale, hübsch anzusehen die kunstvoll geschnitzten Balkone. Bei näherem Hinsehen wird man auch da und dort, ob an Laubengängen oder den Wänden, alte Farbreste entdecken, die darauf schließen lassen, dass es im Dorf früher recht bunt zugegangen sein muss. Im westlichen Ortsteil befindet sich die heute als Privathaus und ehedem als Konvent von Mönchen der Abtei von Moggio genutzte *Casa Lettig* aus dem 16. Jahrhundert mit einem schönen Vorhof, einer von Säulen getragenen Loggia und einem Fresko Christus am Kreuz aus dem Jahr 1777 an der Außenseite.

Resiutta | Bila | Resiute

Wer in Resiutta, am Ausgang des Resiatals, ankommt, würde kaum glauben, dass dieser Ort eine lange Geschichte hat. Er war schon zur Römerzeit eine Zollstation an der Römerstraße Richtung Norden. Die Funktionen der 1119 erstmals erwähn-

In Resiutta

ten und beim Erdbeben 1976 zerstörten Pfarrkirche San Martino hat ein hässlicher moderner Zweckbau übernommen. Auch dem alten Ortsteil hinter der aufgelassenen Eisenbahntrasse sieht man die Leistungen des Wiederaufbaus an. Die Chronik hält dem Ort auch zugute, dass 1822 Silvio Pellico hier Rast hielt. Der bekannte, gegen die Österreicher kämpfende Literat (»Francesca da Rimini«, »Meine Gefängnisse«) tat dies allerdings nicht ganz freiwillig: Zum Tode verurteilt, von Franz I. begnadigt, war er auf der Verlegungsreise zur Festung Spielberg bei Brünn, wo er seine Gefängnisstrafe verbüßen sollte.

Sein eigentliches Flair entfaltet der Ort aber direkt an der Autostraße. Das Ensemble kann als Denkmal aus den 1960er Jahren betrachtet werden, als die nach Süden strebenden oder vom Urlaub zurückkehrenden Autokolonnen hier Rast einlegten. Ein geschlossener Supermarkt dämmert hinter verrosteten Rollläden vor sich hin. Noch geöffnet hat ein Souvenirgeschäft inmitten eines Terrains voller Vasen und Statuen von nackten Mädchen zur Gartendekoration. Das bunte Innere mutet wie ein Micky-Maus-Museum an.

EINKEHR:

Die Hühnchen-Station *Aldo* konkurriert mit der Rosticceria Dal Vito um Gäste. Berto's versucht den Wettbewerb über den Preis zu gewinnen: Hier gibt es Huhn, Forelle oder Calamari um ganze 5 Euro. Unbedingt besuchenswert ist *Al buon arrivo*, deren großer, einem Glaskasten ähnlicher Hühnergrill die Kunden von der Straße lockt. Alte Damen, junge Paare und Fernfahrer vertilgen auf Plastiktellern servierte, gar nicht so schlechte, wenn auch etwas trockene Hühner. *Al buon arrivo* hat immerhin einen Ruf zu verteidigen: Als älteste Hendl-Station vor Ort, 1966 gegründet, bewahrt das Restaurant die Formensprache dieser Jahre. Blaue Fließen hinter der Hühnerausgabe stellen die Berge Friauls vor, darüber ein Koch aus Plastik, der an einem Fallschirm hängt, an der aus Stein gemauerten Theke enorme Bierzapfhähne aus Holz, die das lokal gebraute Getränk des »Birificio artigianale Yo Quero Mass« spenden. Ob unter den Hühnerknochen auch schon Verdächtiges gefunden wurde, wie in der Grillstation Löschenkohl im Roman *Der Knochenmann* von Wolf Haas, ist nicht eruierbar.

Begegnung im Resiatal

ITALIENS SLOWENEN (I)

Zu Beginn des 19. Jahrhunderts war Italien kein Staat, nach Meinung des Fürsten Metternich nicht einmal ein Land, sondern nur ein geographischer Begriff. Seit langem ist jedoch klar, dass Italien seinen Namen von der Staatssprache herleitet. Auch dass auf seinem Staatsgebiet Minderheiten leben, ist den meisten geläufig. Sofort fällt dem Österreicher das deutschsprachige Südtirol ein, vielleicht auch das französischsprachige Aostatal. Doch auch die Region Friaul-Julisch Venetien verfügt, neben der autonomen Region Trentino-Alto Adige (Südtirol) mit den autonomen Provinzen Trento (Trient) und Bolzano-Bozen, und den anderen autonomen Regionen Sardinien, Sizilien und Val d'Aosta, über ein Spezialstatut, in dem besondere Bestimmungen zum Schutz der Minderheitensprachen enthalten sind. Die Region Friaul-Julisch Venetien weist eine große sprachliche und ethnische

Vielfalt auf, neben italienisch wird slowenisch, friulanisch und deutsch gesprochen.

Bei der ersten Sitzung des gesamtitalienischen Parlaments fiel der Satz: »Wir haben Italien geschaffen, jetzt müssen wir die Italiener schaffen!« Er bezog sich zwar auf den Umstand, dass um 1860 nur wenige Italiener ihre Schriftsprache beherrschten (angeblich waren es nur 2 bis 2,5 Prozent), doch drückte dieser Ausspruch auch eine klare Botschaft an alle nicht-italienischsprachigen Bürger aus. Mit Nachdruck betrieben Nationalstaaten, die ihr Selbstverständnis an eine Sprache banden, eine Politik, ihre Bevölkerung sprachlich und kulturell zu vereinheitlichen. Erst gegen Ende des 20. Jahrhunderts setzten sich allmählich Denkungsweisen durch, welche die sprachliche und kulturelle Vielfalt nicht als Nachteil betrachteten. Dazwischen liegen fast hundertfünfzig Jahre, in denen Nationalitätenkonflikte teils auch mit Gewalt ausgetragen wurden. Anhand der Slowenen in Italien lässt sich diese Entwicklung veranschaulichen.

In Italien sind die Slowenen entlang fast der gesamten italienisch-slowenischen Staatsgrenze beheimatet. Ihr autochthones Siedlungsgebiet erreicht bei Pontebba (slow. Tablja, dt. Pontafel) im Kanaltal den nordwestlichsten Punkt und endet im Süden zwischen Monfalcone (Tržič) und Duino (Devin) an der Adriaküste. Das ist zugleich der westliche Rand des slowenischen Siedlungsraumes, wo sich seit vielen Jahrhunderten Slawen und Romanen begegnen. Nimmt man die frühmittelalterlichen Langobarden und dann die Bayern und Franken dazu, aus denen im Laufe der Zeit Deutsche wurden, kommen in einem kleinen Gebiet sogar alle drei großen europäischen Sprachfamilien in Kontakt. In erster Linie waren es die Städte Triest und Görz, die seit Jahrhunderten eine mehrsprachige und multikulturelle Atmosphäre erzeugten. Eine kleine Berührungszone entstand auch im heute italienischen, bis 1918 aber österreichischen (kärntnerischen und krainischen) Kanaltal (it. Val Canale, slow. Kanalska dolina). Eine Spracherhebung Ende des 18. Jahrhunderts im Kärntner Kanaltal ergab ein kleinräumliches Nebeneinander vieler

Sprachinseln: In der Pfarre Pontebba wurde »Deutsch, vermischt mit Slowenisch und Italienisch« (Germanica mixta Vindica et Italica) gesprochen, in Laglesie San Leopoldo (slow. Lipalja vas, dt. Leopoldskirchen), Camporosso (slow. Žabnice, dt. Saifnitz) und Ugovizza (slow. Ukve, dt. Uggowitz) slowenisch, in Malborghetto (slow. Naborjet, dt. Malborgeth) und Tarvisio (slow. Trbiž, dt. Tarvis) deutsch, ebenso wie in Fusine in Valromana, das bis 1918 zum Herzogtum Krain gehörte und Weißenfels (slow. Bela peč) hieß. Pontafel war für Jahrhunderte ein Ort, der an der Staats- und Sprachgrenze lag. Die Grenze verlief auf der Brücke über den Bach Pontebbana, der bei Pontafel in die Fella mündet. Hier begann erst das romanische Gebiet, in dem Friulaner lebten. Entlang der beiden Nebenflüsse der Fella (slow. Bela), Dogna und Raccolana, liegen nur wenige kleine Siedlungen, doch sie trennen zwei slowenische Gebiete voneinander, nämlich das Kanaltal vom Resiatal (it. Val Resia, slow. Rezija). Das Resiatal ist ein von hohen Bergen umgebenes Seitental des Fellatales. Es reicht bis zu den Berghängen des Canin (slow. Kanin). Seine geographische Lage, die bestimmt ist durch Abgeschlossenheit, machte es zu einer Besonderheit. Sprachlich ist es eine Enklave, denn hier wird eine eigentümliche Variante des Slowenischen gesprochen, die lange kaum Kontakte mit der übrigen slowenischen Lebenswelt hatte.

Mit dem Resiatal beginnt das Gebiet, welches von den Slowenen Benečija oder Beneška Slovenija (ital. Slavia veneta) genannt wird. Es umfasst jenen Teil des autochthonen slowenischen Siedlungsgebietes, der viele Jahrhunderte im Machtbereich der Republik Venedig lag und sich auf die Hügel und Berge am nordöstlichen Rand der Ebenen Friauls beschränkt. Entlang der Flussoberläufe des Torre (Ter) und Natisone (Nadiža), in den Dörfern, in den Hügeln und Bergtälern der Julischen Voralpen siedelten und siedeln zum Teil heute noch Menschen, die eine slowenische Mundart sprechen. In der Ebene hingegen leben Friulanisch- oder Italienischsprachige. Bis zum Beginn des 20. Jahrhunderts war die Sprachgrenze weitgehend stabil, erst die Zugehörigkeit zum italienischen Nationalstaat (in einigen Teilen seit 1866, in den meisten seit 1918) verschob im traditionellen Siedlungsgebiet der Slowenen die sprachlichen Stärkeverhältnisse beträchtlich zu Ungunsten der Slowenen.

Die dritte Zone, in der in Italien von einem Bevölkerungsteil slowenisch gesprochen wird, bilden die Städte Görz und Triest mit ihren Umgebungsgemeinden. Diese Gebiete liegen erst seit Ende Österreich-Ungarns (1918) innerhalb der Grenzen des italienischen Staates.

In einigen Orten des Kanaltals wird eine der Kärntner Gruppe zugehörige slowenische Mundart gesprochen, nämlich die Gailtaler Mundart. Dieser bedienen sich außer der slowenischsprachigen Minderheit im österreichischen Unteren Gailtal die Slowenen im italienischen Kanaltal sowie die Bewohner um Rateče in Slowenien; sie ist damit ein wahrlich Staatsgrenzen überwindender Dialekt.

Resianisch ist ohne Zweifel der isolierteste slowenische Dialekt, der noch dazu in einigen lokalen Varianten gesprochen wird. Mundartforscher geben ihm eine Position zwischen den Kärntner und küstenländischen slowenischen Dialekten, charakterisieren ihn als sehr archaisch und gleichzeitig, besonders was den Wortschatz betrifft, unter dem Einfluss des Friulanischen stehend. Die unmittelbare Verbindung mit dem slowenischen Isonzotal bestand lange nur in einem schmalen mehr Steg als Weg über den Ucceapass (Učja). Diese Isolation bewirkte sogar, dass ein Teil der Bewohner es strikt ablehnt, mit Slowenen in Verbindung gebracht zu werden. Einige behaupten sogar, von Russen abzustammen oder einst mit Hunnen und Awaren ins Tal gekommen zu sein. Wahrscheinlich waren es im 19. Jahrhundert russische Sprachforscher, die den Bewohnern des Resiatales diese Flausen in den Kopf setzten. Ihre Sprache, Lieder und Tänze vermögen Wissenschaftler wie Touristen heute noch in Erstaunen zu versetzen.

In den Hügeln, die sich nordöstlich hinter Venzone, Gemona, Artegna (slow. Ratenj), Tarcento (slow. Čenta), Attimis (slow. Ahten), Faedis (slow. Fojda) und Cividale erheben, werden ebenfalls slowenische Mundarten gesprochen. Die slowenischen Mundartforscher unterscheiden zwischen dem Torre- und dem Natisonedialekt. Historisch gehörte dieser Teil einstmals zur Republik Venedig, weshalb das Gebiet von den Slowenen als Beneška Slovenija (Venezianisch-Slowenien wäre die Übersetzung ins Deutsche), auf italienisch aber Slavia veneta genannt wird.

Einen vierten Bereich bilden Gemeinden in den Provinzen Görz und Triest. Östlich von Prepotto (slow. Praprotno) und rund um Görz (Gorica) spricht man den Dialekt der Brici (Bewohner der Goriška Brda). In der Stadt Görz haben zahlreiche slowenische Institutionen ihren Sitz, vor allem Schulen und Kulturorganisationen. Im schmalen Grenzstreifen von Görz bis Triest wird die Karster Mundart (slow. kraško narečje) gesprochen, im nördlichen und östlichen Hinterland von Triest die Innerkrainer Mundart (slow. notranjsko narečje), südlich davon haben die Slowenen in Italien noch einigen Anteil an der Rižana-Mundart (slow. Rižansko narečje). Bereits diese Übersicht zeigt, wie Staatsgrenzen alte Einheiten zerschnitten und voneinander getrennt haben.

Seit 1971 wurden im Rahmen von amtlichen Volkszählungen weder Umgangssprache noch die nationale Zugehörigkeit erhoben. Es gibt Gebiete, in denen im Alltagsleben die slowenische Sprache vorherrscht, aber auch solche Kleinregionen, wo nur noch wenige Menschen die traditionelle Mundart beherrschen. Andernorts ist sie nur noch an die ältere Generation gebunden und wird mit ihrem Ableben wohl für immer verklingen. Der Einfluss von Entnationalisierung und Modernisierung, begleitet zum Teil von ökonomisch bedingter Auswanderung, hat die slowenischen Mundarten in vielen Orten an den Rand gedrückt.

Im 20. Jahrhundert, vor allem aber seit Ende des Ersten Weltkrieges, verstärkte sich der Assimilationsdruck auf die slowenische Volksgruppe in Italien. Im Rahmen der Volkszählung 1910 wurden auf dem jetzigen Territorium der Region Friaul-Julisch Venetien fast 130.000 Slowenen gezählt.

1981 gab es Schätzungen zufolge in diesem Gebiet noch zwischen 60.000 und 83.000 Slowenen (die niedrige Zahl war eine Regierungsschätzung, die höhere erschloss das Slowenische Forschungsinstitut in Triest). Seither dürfte sich die Gesamtzahl der Slowenen weiter verringert haben.

Die größte Zahl (slowenische Schätzung aus dem Jahr 1981) von Slowenen – etwa 40.000 Personen, also fast die Hälfte aller italienischen Slowenen – lebt in der Provinz Triest (diese hat 236.000 Einwohner). Ein weiteres Fünftel (ca. 17.000) siedelt in der Provinz Görz (die Einwohnerzahl beträgt 141.000 Personen). Etwa ein Zehntel der Slowenen der Region Friaul-Julisch Venetien (8.000) lebt im Natisonetal. Im Torretal leben etwa 5.000 Slowenischsprachige, im Resiatal ca. 1.500 und im Kanaltal etwa 1.200. Außerhalb des angestammten Siedlungsgebiets, in der friulanischen Ebene der Provinz Udine, siedelten sich im Laufe des 20. Jahrhunderts viele Slowenen an, die aus den abgelegenen und wirtschaftlich benachteiligten Ortschaften in die aufstrebenden Gebiete zogen, sodass ihre Zahl auf etwa 10.000 Personen geschätzt wird. Die Zahl der Slowenen in der Provinz Udine beläuft sich somit auf etwa 25.700 Personen (in der Provinz Udine leben ungefähr 530.000 Menschen).

Theodor Domej

VI. VERSUNKENE WELT
Wanderung bei Moggio Udinese

Es ist wohl eine der schönsten und außergewöhnlichsten Tageswanderungen, die man in Friaul unternehmen kann. Drei malerische Dörfer, die nur zu Fuß erreichbar sind und in eine dramatische, von Schluchten und Wildbächen geprägte Landschaft eingebettet sind, liegen auf der Strecke. Die Route folgt weitgehend alten Kulturwegen und bietet so viel Abwechslung, dass man das ständige Auf und Ab gerne in Kauf nimmt.

Vom Kloster San Gallo in Moggio Udinese gelangt man rasch in den Wald und von dort über Serpentinen zu einem kleinen Pass, wo einen der erste Szenenwechsel erwartet. Ein unübersichtlicher Talkessel tut sich auf, der von einem Labyrinth aus Gräben und Rinnen gegliedert ist. Moggessa di là und Moggessa di qua, zwei fast verfallene Dörfer, liegen dies- und jenseits einer Schlucht und sind durch einen von moosbewachsenen Trockenmauern gesäumten Weg verbunden. Eine Handvoll Häuser, die zwischen den Ruinen wieder erstanden ist, trotzt Efeu und Gestrüpp. Jäh fällt der Weg zum Torrente Glagno ab, den man in einer Furt durchquert. Fast ebenso steil ist der Anstieg bis Stavoli, das sich in wunderbarer Lage mit Gärten und Wiesen umgibt. Nach dem Ortsaugenschein steht die letzte kurze Anstrengung bevor: ein neuerlicher steiler Abstieg über tausend Stufen mit tiefen Blicken in die Schlucht. Im Talgrund angekommen, wandert man, begleitet vom Fluss, bequem nach Campiolo und von dort in die Gegenwart zurück.

Alter Kulturweg bei Stavoli

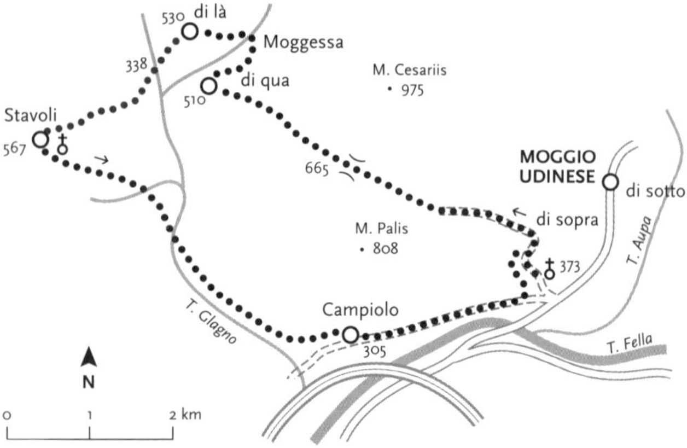

HINWEISE ZUR WANDERUNG

LÄNGE: 15 km

ANSTIEGE: 850 m

GEHZEIT: 5:30 bis 6 Std.

ANFORDERUNGEN: Trittfestigkeit und Schwindelfreiheit

KARTE: Tabacco-Wanderkarte 018, Alpi Carniche Orientali – Canal del Ferro, 1:25.000

EINKEHRMÖGLICHKEITEN: Keine

ANFAHRT: A 23, Abfahrt Pontebba, weiter auf der SS 13 Richtung Udine bis Moggio Udinese di sopra.

ANMERKUNGEN: Nach längeren Regenfällen ist die Durchquerung des Torrente Glagno schwierig. Mehrere Bademöglichkeiten.

WEGBESCHREIBUNG

Ausgangspunkt ist das **Kloster in Moggio Udinese di sopra**. Man folgt der Via Riu in nordwestlicher Richtung, quert kurz darauf einen Bach und wendet sich halbrechts in ein ansteigendes Sträßchen (Wegweiser »Moggessa di qua«, Weg Nr. 418), das sich bei einem Bildstock gabelt. Man hält sich links, passiert ein letztes Haus und gelangt in den Wald. Der Asphalt endet. Steiler Anstieg in etlichen Serpentinen bis zu einem **Sattel** (0:50 Std.).

Man passiert einen Bildstock und steigt auf schönem altem Kulturweg bis **Moggessa di qua** ab (1:30 Std.). Am Ortsbeginn eine Gabelung; man geht rechts (wendet sich aber zuvor nach links, um den Ort zu besichtigen) und wandert, eine Schlucht umgehend, auf markiertem Weg bis **Moggessa di là** weiter (2:00 Std.).

Am Ortsrand oberhalb des **Kirchleins** eine Wegkreuzung; man geht geradeaus (Weg Nr. 419). Nach gut 50 m eine Gabelung; man geht (die Markierung verlassend) links und steigt zu einem **Brunnen** beim Haus Nr. 34 ab. Hier wendet man sich scharf nach links, durchschreitet den »Ortskern« und gelangt beim Haus Nr. 16a zu einem weiteren **Brunnen**. Man biegt scharf nach rechts. Nach ca. 50 m wendet man sich nach links in einen undeutlichen, abwärts führenden Pfad (Wegweiser »Stavoli«). [Zuvor empfiehlt sich eine eingehende Besichtigung des Dorfes.]

30minütiger, sehr steiler Abstieg auf markiertem Weg bis zum tief eingeschnittenen **Torrente Glagno**, welchen man durchwatet (Schuhe ausziehen!). Man geht etwa 30 m flussabwärts und findet nach der Flussbiegung scharf rechts die Fortsetzung des markierten Weges. 45minütiger steiler Anstieg bis **Stavoli** (3:30 Std.). Ortsbesichtigung. Schöne Rastplätze am Hügel westlich des Dorfes.

Man verlässt den Ort, ein **Kirchlein** passierend, in östlicher Richtung und steigt gut 30 Min. auf einem stellenweise spektakulär angelegten Weg (Nr. 417) erneut ins Tal des Torrente Glagno ab (4:15 Std.), welchen man auf einer Metallbrücke überquert. Am linken Flussufer bequem talauswärts bis **Campiolo di sopra** (4:45 Std.).

Man steigt durch die Häusergruppe zur Straße an und wendet sich auf dieser nach rechts. 5 Min. bergab zu einer Kreuzung; auf dieser nach links. 20 Min. Asphalt bis zu einer **Brücke**. Unmittelbar *davor* wendet man sich, ein Gatter durchschreitend, nach links und steigt 10 Min. auf undeutlich blau markiertem Pfad bis zu einem Quersträßchen an. Man hält sich rechts und geht bei der darauffolgenden Querstraße wieder rechts, um kurz darauf zum **Ausgangspunkt** der Wanderung zu gelangen (5:30 Std.).

In Moggessa di là

AM WEGE

Moggessa di là | Muiesse di là und Moggessa di qua | Muiesse di ca

Wohl kaum ein Reisender, der in nur drei Kilometer Entfernung über die Autobahn rast, wird sich eine Vorstellung von diesen Dörfern machen, die bis heute ohne Straßenverbindung auskommen und dennoch, zumindest teilweise, bewohnt sind. Man erreicht sie über einen alten Saumpfad, der von Moggio Udinese über einen mit einem Bildstock markierten Sattel führt. Kaum hat man diese Hürde genommen, taucht man in eine Welt der Stille ein. Wenn nicht gerade irgendwo eine Motorsäge anspringt oder ein Bussard schreit, sind es nur der Wind, die Hummeln und später der Bach, die zu hören sind. Eine weitere Besonderheit ist die spektakuläre

Lage: Beide Dörfer sind durch eine tiefe Kluft voneinander getrennt, die Teil eines wilden Schluchtensystems ist, das weite Umwege und die Überwindung großer Höhenunterschiede auf kleinstem Raum erzwingt. Die Zerklüftung verweist auf die geologische Instabilität des Gebietes und ist zugleich das Werk der Zuflüsse des Torrente Glagno, der nach mehreren Richtungswechseln bei Campiolo in die Fella mündet.

Moggessa di qua hatte Anfang des 20. Jahrhunderts noch fast 200 Einwohner, die weitgehend autark von der Landwirtschaft lebten. Deren Nachkommen blieb 1976, nachdem das Erdbeben keinen Stein auf dem anderen gelassen hatte, nur der Exodus; ein rascher Wiederaufbau bzw. die Aufstellung von Baracken oder Wohncontainern war mangels Straße kaum möglich. So besteht der Ort bis heute zum Großteil aus Ruinen, die nach und nach von Gestrüpp überwuchert werden und an ein Geisterdorf denken lassen. Verlassene Vogelkäfige und verrostete Sensen hängen symbolträchtig an den Wänden; morsche Leitern verlieren ihre letzten Sprossen. Und dennoch gibt es Lebenszeichen: Geflickte Dächer, erneuerte Türen und frisch gestrichene Fensterläden verweisen auf einige Unentwegte, die ihre Freizeit in Moggessa verbringen und die Häuser nach und nach instand setzen. Auch wenn sie gegen das Aufkommen des Waldes wenig auszurichten vermögen, halten sie ihn zumindest da und dort mit ein paar gemähten Wiesen und freigeschnittenen Kirschbäumen auf Distanz. Ein paar Weinstöcke und mehrere Gemüsebeete erinnern an vergangene Zeiten intensiver Bodennutzung. Bis in die 1960er Jahre war im Graben unterhalb des Ortes eine Getreidemühle in Betrieb.

Auch im benachbarten Moggessa di là (das neuerdings für Geländefahrzeuge erreichbar ist) kämpft man gegen den Dornröschenschlaf. Der größere der beiden Orte besitzt einen verwinkelten Kern, in dem mehrere gepflasterte Gassen zusammentreffen. Die baufälligen Häuser stehen dicht an dicht und scheinen sich so gegenseitig vor dem endgültigen Einsturz zu bewahren. Die ältesten gehen auf das 16. Jahrhundert zurück, als der Talkessel besiedelt wurde. Von einem verzierten Steinbrunnen und ein wenig Schmiedeeisen abgese-

Stavoli

hen, spiegeln die meisten Gebäude das karge Leben, das ihre Bewohner einst führten. Sie unterscheiden sich vom karnischen Stil durch die geringe Dachneigung und primitivere Bauweise. Charakteristisch ist das *fogolâr*, ein externer Kamin, der erst nachträglich an die Außenwand gemauert wurde und einen Rauchabzug für die alte Schwarzküche schuf.

Einen solchen besitzt auch das Haus Nr. 34 am westlichen Ortsrand, das von beachtlicher Größe ist und vier Geschoße hat. Brennholzstapel und intakte Balkone samt Wäscheleine und Satellitenschüssel weisen es als eines von insgesamt fünf bewohnten Häusern in Moggessa di là aus. Das stattliche Steinportal an der Ostseite führt in den Hof; an der Sonnenseite lädt eine schmale Terrasse mit Sitzbank zum Verweilen. Als Dorfbassena und Bindeglied zum Nachbarhaus dient der angebaute Brunnen. Etwas tiefer gelegen findet sich das auffälligste Bauwerk des Ortes. Es ist ein ebenso großes wie grobes Steinhaus mit zwei übereinander liegenden Arkadenreihen, deren untere Bögen offen sind, während die oberen eine Holzbrüstung haben. Die so geschaffenen Räume waren zu ebener Erde einst handwerklichen Tätigkeiten vorbehalten und dienten im oberen Stock der Trocknung und Lagerung von Vorräten. Der schöne, von Wein und Rosen umrankte Eingang zum Wohnbereich versteckt sich an der Südseite des Gebäudes. Unauffindbar ist hingegen die Dorfschule, die die Kinder bis 1960 besuchten.

Stavoli | i Stâi

Mehr als eine Stunde Gehzeit und rund 300 Höhenmeter sind zu bewältigen, um von Campiolo im Fellatal hierher zu gelangen. Wie Moggessa ist auch Stavoli nur zu Fuß erreichbar, allerdings besitzt es im Unterschied zu diesem einen Seilaufzug, der die Versorgung mit Lebensmitteln und Baumaterial wesentlich erleichtert. Das ist auch der Grund, warum der Ort nie vom völligen Aussterben bedroht war und viel vitaler als seine Nachbardörfer wirkt. So findet der Besucher ein erstaunlich intaktes Dorf vor, das von gepflegten Streuobstwiesen, Kartoffeläckern und einem kleinen Weingarten umgeben ist. Ein Bauer hat Lavendel angebaut, der in Venzone vermarktet wird. Die Häuser sind mehrheitlich renoviert und zumindest temporär bewohnt. Nicht immer hat man sich bei den Instandsetzungen an die Regeln des Denkmalschutzes gehalten, doch entschädigen viele hübsche Details und manches Überbleibsel vergangener Epochen für die meisten Bausünden.

Am auffälligsten sind die urbanen Stilelemente des 19. Jahrhunderts, die man in diesem abgelegenen Bauerndorf nicht erwarten würde. Einige Häuser besitzen Außenstukkaturen, andere reich verzierte Eingangstüren bürgerlicher Prägung. »Städtisch« wirken auch die Hinterhöfe und die Anordnung der Gebäude entlang schmaler und verwinkelter Gassen. Haus Nr. 70 ist als Geburtshaus des friulanischen Dichters Egiziano Pugnetti ausgewiesen. Ein Brunnen mit Anflügen von Jugendstil ist dem arbeitenden Volk gewidmet; ein stimmungsvoller Waschplatz findet sich unter einer alten Linde am westlichen Ortsrand. Wie ausgestoßen steht das turmlose Kirchlein im Abseits.

Blick auf Moggio Udinese

Moggio Udinese | Možnica | Mueç | Mosnitz

Kunsthistorische Führer empfehlen den Besuch wegen der im Jahr 1119 gegründeten Abtei San Gallo, die sich stolz und fotogen auf einem Hügel über dem Fellatal erhebt. Das Benediktinerkloster erlebte im 14. Jahrhundert seine Blüte, als es über 146 Ländereien, die weit nach Kärnten reichten, geistliche und weltliche Macht ausübte. Sankt Gallus war ein Wandermönch, der im 7. Jahrhundert als Missionar wirkte und seinen Lebensabend als Einsiedler verbrachte. Die mächtige neubarocke Abteikirche wurde Ende des 18. Jahrhunderts, wenige Jahre vor Auflösung des Klosters durch die Venezianer, errichtet; vom alten Baubestand sind nur der Glockenturm und ein Taufbecken erhalten, der Rest ist Rekonstruktion. An Kunstschätzen enthält die Kirche unter anderem die größte Orgel Friauls, einen kolossalen schmiedeeisernen Kronleuchter, der im Volksmund *glogie*, Glucke, genannt wird, einen ebenso riesigen barocken Hochaltar sowie interessante Fresken aus dem 19. und ausgehenden 20. Jahrhundert. Kostbarstes Stück ist ein großes Holzkreuz aus dem Jahr

1466, das aus einem Baum geschnitzt wurde und in einer Seitenkapelle aufbewahrt wird. Sehenswert sind auch der reichlich überfüllte Friedhof mit seiner klassizistischen Tempelanlage sowie der mittelalterliche Turm vis-à-vis, der einst ein Verlies war und heute als Galerie genützt wird. Keinen freien Zutritt hat man zum Klostertrakt: Er wird seit 1987 von elf Klarissinnen bewohnt, die bekanntlich das Licht der Öffentlichkeit scheuen.

EINKEHR:

Hat Moggio basso, der nordöstlich gelegene Hauptort, wegen des Erdbebens auch wenig von seiner Ursprünglichkeit bewahrt, lohnt sich ein Besuch doch wegen der guten Gastronomie. Die beste Adresse ist die *Locanda San Gallo*, erstens wegen der ausgezeichneten Küche, zweitens wegen des schönen Gastgartens und der hübschen Gästezimmer. Wanderer werden von den sympathischen Wirtsleuten besonders freundlich aufgenommen. 0039/0433/550318, www.locandasangallo.it

Gemütlich ist auch die Gaststube des *Leon Bianco*, wo man sich nach einer Winterwanderung an der offenen Feuerstelle aus dem Jahr 1800 wärmen kann. Günstige Übernachtungsmöglichkeit. 0039/0433/51114, www.leonbianco.info

XIII. AUGENWEIDE
Rundwanderung bei Dordolla im Val Aupa

Ein energisches Tal, das von bizarren Bergen mit mächtigen Schuttkegeln gesäumt wird, hat der Torrente Aupa nördlich von Moggio Udinese aus dem Kalkstein geschwemmt. Wirtschaftlich völlig unbedeutend, ist es nur dünn besiedelt, und dennoch wirken die wenigen kleinen Ortschaften überraschend vital. Allen voran Dordolla, das sich über den Talgrund erhebt und mit einer Piazza samt Bar und Alimentari ein »richtiges« Dorf ist.

Neben dem kompakten, weitgehend intakten Ortsbild bezaubert vor allem die kleinteilige und vielgestaltige Kulturlandschaft in der Umgebung. Prägend sind die steilen, gepflegten Wiesen sowie die bunten Felder und Hausgärten, mit denen die Bewohner an die Tradition der Selbstversorgung anknüpfen. Treibende Kräfte sind Kaspar Nickles und Marina Tolazzi, die in Dordolla und den benachbarten Ortschaften Drentus und Virgulins biologische Landwirtschaft betreiben und alte Kulturtechniken hochhalten. Historische Kulturwege, die mittels schmaler Stege oder romantischer Steinbrücklein vertikale Bäche überwinden, führen von Weiler zu Weiler und verbinden Kleinod mit Kleinod. Als ständiges Vis-à-vis und dramatische Gebirgskulisse steht die Grauzaria im Westen.

HINWEISE ZUR WANDERUNG
LÄNGE: 8 km [Variante 4 km]
ANSTIEGE: 300 m
GEHZEIT: 3 Std. [1:30 Std.]
ANFORDERUNGEN: Mittel [leicht]
KARTE: Tabacco-Wanderkarte 018, Alpi Carniche Orientali – Canal del Ferro, 1:25.000

In Drentus

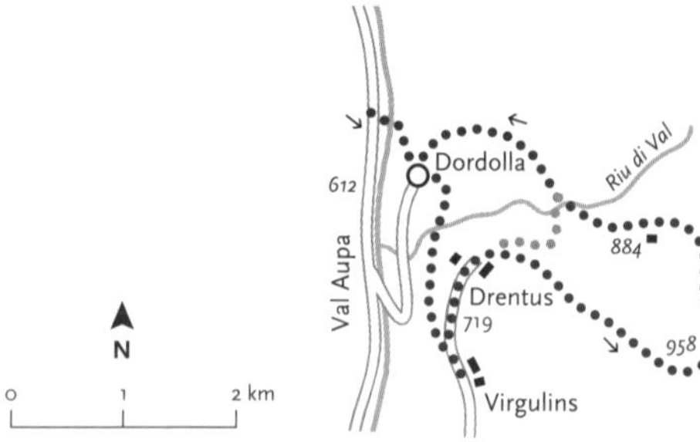

EINKEHRMÖGLICHKEITEN: Dordolla

ANFAHRT: A 23, Abfahrt Pontebba, weiter auf der SS 13 Richtung Udine bis Moggio Udinese di sopra. Von dort auf der SP 122 nordwärts ins Val Aupa. Nach ca. 8 km ignoriert man die Abzweigung Richtung Dordolla, weiter taleinwärts. 500 m *danach* stellt man den PKW bei einer Fußgängerbrücke über den Torrente Aupa ab.

HINWEIS: Die kürzere Wegvariante ist besonders familienfreundlich und eignet sich für Kinder ab etwa fünf Jahren.

WEGBESCHREIBUNG

Ausgangspunkt ist die **Fußgängerbrücke** über den Torrente Aupa, 500 m nördlich der Auffahrt nach Dordolla an der SP 112. Man überschreitet den **Fluss** und steigt auf einem schönen Treppenweg 10 Min. nach **Dordolla** an. Am Ortsrand ein Querweg; man geht rechts bergab und gelangt zur **Piazza** vor der Kirche (0:15 Std.). Einkehr in der Dorfbar.

Anschließend steigt man rechts des **Kriegerdenkmals** an und trifft gleich darauf auf eine Quergasse; auf dieser nach rechts. Nach ca. 20 m eine Gabelung; man geht links in einen Steig. Schöner Hangweg bis zu einem **Brücklein**, wo man einen Graben quert. Weiter bis zu einem weiteren **Brücklein**, den Rio Valle überschreitend. Bei einer Abzweigung im Wald geht man geradeaus (Wegweiser »Virgulins«). Man erreicht die Häusergruppe **Virgulins**, wendet sich auf einer Asphaltstraße nach links und gelangt kurz darauf nach **Drentus** (0:45 Std.). Hier betritt man links des **Brunnens** einen Treppenweg [zuvor empfiehlt sich ein kurzer Abstecher zum **Aussichtsplatz**, siehe Variante].

[Variante: Beim Brunnen im »Zentrum« von Drentus geht man links, passiert zwei Häuser und geht auf einem fast eben verlaufenden Weg am unteren Rand einer Wiese bis zu einem **Aussichtsplatz** (ehemalige Bergstation einer Materialseilbahn). Wenige Meter davor wendet man sich scharf nach rechts und folgt einem Pfad in den Wald. Der Weg steigt kurz an und senkt sich dann in einen Graben, wo man einen Bach mittels **Holzsteg** überquert. Fünfminütiger steiler Gegenanstieg bis zu einem Querweg bei einem **Steinhaus**. Man geht rechts und steigt, ein weiteres Haus passierend, bis zum Weg Nr. 425 an; auf diesem nach links. Abstieg auf markiertem Weg bis Dordolla (1:30 Std.).]

Sehr steiler Anstieg im Wald links einer alten **Trockenmauer**. Der Weg besteht in diesem Abschnitt aus einer fast vertikalen Rinne, der man stellenweise in schmalen Serpentinen bergwärts folgt [Anmerkung: Von hier bis zum **Wildbach**, siehe unten, ist der Weg provisorisch weiß markiert]. Nach gut 20 Min. »springt« die Mauer nach rechts; man geht, die Richtung ungefähr beibehaltend, weiter bergauf. Der Weg wird etwas deutlicher. Buchen, Blockwald. Nach weiteren 20 Min. beschreibt der »Hauptweg« eine leichte Biegung nach rechts. 200 m danach eine kaum sichtbare **Wegkreuzung** (Steinmandl). Hier geht man links und wandert fast eben auf einem undeutlichen Weg bis zu einer **Schotterrinne**, welche man quert. Weiter auf schmalem Weg bis zu einem etwas deutlicheren Querweg; auf diesem nach links. Der Weg senkt sich bald; links wird ein **»Spalier« aus alten Buchen** sichtbar. Man erreicht die Ruinen zweier Steinhäuser. Schöner **Rastplatz** am Rande der Lichtung namens Pustòts (1.45 Std.).

Weiter auf dem bisherigen undeutlichen Weg, links die Reste einer Buchenreihe, rechts ein markanter **Geländeabbruch**. Stets die Geländekante entlang, bis sich der Weg senkt und in engen Serpentinen steil bergab führt. Bei einer Weggabelung hält man sich rechts. Weiter bergab, eine Hangrutschung vorsichtig querend bis zu einem breiten **Wildbach**. Man quert das Geröll und findet auf der gegenüberliegenden Seite einen deutlichen Weg; auf diesem nach links. Man passiert kurz darauf eine **Quellfassung** und erreicht gleich eine leicht versetzte Wegkreuzung; man geht geradeaus (zuvor empfiehlt sich ein kurzer Abstieg links bergab bis zum einem Brunnen und ei-

In Dordolla

ner hübschen Häusergruppe) und trifft auf den markierten Wanderweg Nr. 425. Abstieg bis zu einer **Häusergruppe**, die man durchschreitet, um sich bei einer Gabelung, den markierten Weg wieder verlassend, nach links zu wenden. Über einen Holzsteg weiter bergab. Bei der nächsten Häusergruppe eine Wegkreuzung; man geht rechts (zuvor empfiehlt sich ein Abstecher zur »Cascata la Spissante«) und steigt nach **Dordolla** ab. (2:30 Std.)

Ausgiebige Besichtigung des Ortes. Zurück zum Ausgangspunkt auf bereits bekanntem Wege (3:00 Std.).

AM WEGE

Val Aupa | Val Aupe | Aupatal

Das Aupatal, Lauf des gleichnamigen ungestümen Wildbachs, steigt von Moggio Richtung Norden bis zum Sattel von Cereschiatis auf 1066 Höhenmetern an, von wo aus man nach Studena und dann nach Pontebba weiterfahren kann. Es gibt nur wenige Dörfer: Pradis, Chiaranda, Grauzaria, Dordolla und Bevorchians, mit ihren kleinen Weilern und verstreuten Häusern. Im Ganzen leben nicht mehr als etwa zweihundert Menschen im Tal.

Wenn man von Moggio/Muec zum Talanfang blickt, sieht man die Masse des Montisel (1362 m) auf der linken und den Masareit (1459 m) auf der rechten Seite, einen felsigen Bergkamm, der an die Rückenflosse eines großen Fisches erinnert und das Aupatal vom unbewohnten Albatal trennt. Im zweiten Stock türmt sich der Cuc dal Bor auf mit seinem auffälligen Gipfel. Die Grauzaria sieht man erst im zweiten Moment, nach Bradis und Chiaranda/Cjarande (das heißt Zaun oder Mauer), aber schon nimmt sie das ganze Bild in Besitz, unten grün und in der Höhe schneeweiß gekleidet, mit einer großen Geröllhalde um die Mitte. Pradis, das aus drei Weilern besteht, liegt auf den letzten Ausläufern des Masareit, Chiaranda ist eine entlang der Straße verstreute Häusergruppe. Ein wenig weiter, nach einer Brücke, findet man ein Straßenwärterhaus und eine Quelle, genannt l'aip dai cjavai, mit sehr gutem Wasser. Die Straße, nach dem desaströsen Hochwasser von 2003 vollständig wieder aufgebaut, ist nunmehr breit und bequem und fordert zu hoher Geschwindigkeit heraus, was leicht dazu führt, dass man die Einzelheiten der Landschaft übersieht. Das Wasser des Wildbaches glitzert in der Sonne, wenn es über kleine Wasserfälle hinabstürzt. Nach fünf Kilometern taleinwärts links die Abzweigung der Straße zum Dörfchen Grauzaria/Graucarie, dessen Besichtigung sich wegen des harmonischen Ortsbildes und der üppigen Gärten absolut lohnt. Die schon seit Jahren geschlossene Osteria blickt still auf die Straße. Am Ufer des Flusses ein schönes Feld mit Kartoffeln und Bohnen. Glitzernde Staniolstreifen, die an den Bohnenstangen angebracht sind, bewegen sich im Wind. Vielleicht vertreiben sie die Vögel, aber sicher ziehen sie den Blick auf sich und erzählen von denen, die hier noch immer den Boden kultivieren. Auch die wenigen Häuser von Zais blicken auf die Straße, zusammengekuschelt auf einem Vorsprung wenige Meter über der Straße und nur zu Fuß über eine kleine Treppe erreichbar. Wer da wohnt, muss nur einen Sessel vor die Haustür stellen, und

Bei Virgulins

kann, aufgestützt an der Brüstung, wie vom Balkon eines Theaters aus den Verkehr beobachten.

Ein paar hundert Meter weiter ein großes Kreuz. Ein anmutiges Haltestellenhäuschen mit zierlichen, weißen, gestickten Gardinen zeigt an, dass man sich in unmittelbarer Nähe zur Abzweigung nach Dordolla befindet, dem lebendigsten Dorf des Aupatals. Hinter Dordolla ist das Tal wilder und noch dünner besiedelt. Es zahlt sich aus, bei der alten Mühle am Bach Fontanaz anzuhalten, leicht sichtbar auch von der Straße her (in der Nähe einer Autobushaltestelle). Vom Bachbett aus kann man die bauliche Struktur betrachten, aber wenn man sich dem Gebäude nähert und das wuchernde Grün zur Seite schiebt, liest man über dem Tor eine uralte Jahreszahl: 1797. 10 Kilometer von Moggio entfernt liegt Bevorchians (»Abzweigung«), ein Ort, der aus einer Reihe von Weilern und verstreuten Häusern besteht: Gjalòz, gli Ors, Gjalizis, Culòs, Saps, Matanis. Das Grauzaria-Massiv zeigt sich von hier aus gesehen in seiner Gesamtheit, verbunden mit der Creta di Gjai und dem Serio. Danach, in einem wunderschönen Wald, steigt die Straße in Serpentinen nach Cereschiatis auf.

Dordolla | Dordòle

Ungefähr sieben Kilometer von Moggio, auf dem linken Rand des Aupatals, lugt der weiße Campanile von Dordolla über die Bäume hervor, hoch auf einem Sporn, wie um das Tal zu beschützen. Der Name des Dorfes leitet sich vom slowenischen *dol*, Tal, ab, wie überhaupt etliche Flurnamen in der Umgebung, z. B. *pustòts*, slawischen Ursprungs sind.

Mit seinen schmalen Häusern, eines dicht am anderen, den Gässchen und den Torbögen, dem kleinen Platz und seinem Brunnen, erinnert das Dorf ein wenig an Venedig, was der Volksmund – nicht frei von Übertreibung – bestätigt: »Venezia è bella, Dordolla è sua sorella“ (Venedig ist schön, Dordolla ist seine Schwester). An der Piazza über der Kirche St. Florian die Bar und das *asilo*, ein ehemaliger Kindergarten und Hort, der zu einem Kulturzentrum umgebaut wurde. Von hier aus erscheint die große Masse der Creta Grauzaria in ungewöhnlicher Weise, eingerahmt von den Fähnchen, die vom Dorffest übrig geblieben sind, oder von hohen, rot blühenden Bohnenstöcken.

Wie in einer Szene aus anderen Zeiten spielen die Kinder und laufen im Dorf umher, weil Autos nicht über die Piazza hinaus fahren können. Wer sein Haus renovieren will, muss sich so gut es geht arrangieren: Zement, Ziegel, Dachziegel auf der Piazza ausladen, 200 Meter hinauf mit einer Rodel oder Sackkarre und dann ab mit der Carriola!

Aber die kämpferischen Bewohner von Dordolla – kaum fünfzig mit einer unbestimmten Anzahl von Kindern und Jugendlichen – lieben den Slogan »Dordolla non molla!« (Dordolla lässt nicht locker) und demonstrieren damit ihren festen Willen, hier zu bleiben und hier zu leben und dem Sirenengesang zu widerstehen, der ein einfacheres Leben im Talgrund verspricht, ein Gesang, in den oft auch die Lokalpolitiker einstimmen, die die Kosten für die Infrastruktur reduzieren und die Bevölkerung im Hauptort konzentrieren

In Dordolla

wollen. Zur Arbeit fahren alle nach Moggio oder noch weiter. Die einen arbeiten in einer Bäckerei, sind Installateure, Krankenschwestern oder Forstwächter, die anderen arbeiten im Altersheim von Moggio oder haben eine kleine Baufirma, fünf sind Schichtarbeiter in der Papierfabrik. Acht Personen arbeiten beim Zivilschutz, bei der Bergwacht und bei der Feuerwehr.

Es sind die Nachfahren jener 400 Einwohner, die Dordolla noch vor 100 Jahren hatte und die einst in bitterer Armut lebten. Weil die Landwirtschaft aufgrund des schwierigen Geländes und der Zersplitterung des Grundbesitzes durch ständige Erbteilung zu wenig Ertrag brachte, waren die meisten Männer gezwungen, sich als Saisonarbeiter zu verdingen oder überhaupt auszuwandern. So verschlug es etliche Familien bis nach Kärnten, wovon einige italienische Namen noch heute zeugen.

Drentus und Virgulins

Drentus und Virgulins sind zwei Weiler, die, obwohl von Pradis di Sopra aus auf einer Straße erreichbar, seit jeher mit Dordolla in enger Beziehung stehen, von dem sie nur 15 Minuten auf einem Fußpfad trennen. Hier hat man die Creta Grauzaria direkt vor sich, gedrungen, massig wie eine autoritäre Herrscherin in all ihren Reifröcken. Unter dem finsteren Blick dieses souveränen Berges lebt seit einiger Zeit eine junge Familie: Marina, mit lokalen Wurzeln, und ihr Ehemann Kaspar, zugezogen aus dem angrenzenden Kärnten. Das Paar verwendet all seine Energien darauf, mit einem biologischen Bauernhof die großartige Landschaft seiner unmittelbaren Umgebung in respektvoller Weise zu revitalisieren. Die beiden züchten Schafe einer Rasse namens Plezzana und kultivieren typische friulanische Nutzpflanzen, vor allem Kartoffeln und Bohnen.

Ein fast magischer Ort ist die aufgegebene Niederalm Pustòts 170 Höhenmeter oberhalb von Drentus, die von einem Spalier uralter Buchen und ein paar verfallenen Steinhäusern umgeben ist und in wenigen Jahren zur Gänze verwaldet sein wird. Ein Wanderweg dorthin wurde erst kürzlich wieder freigelegt.

EINKEHR:

Osteria Da Fabio, mit angeschlossenem Lebensmittelgeschäft. In der sympathischen Kneipe kommt man leicht mit den ansässigen Menschen in Kontakt und erfährt die Sorgen und Hoffnungen einer kleinen Berggemeinde, die überleben will. Bei Voranmeldung kann man ausgezeichnete lokale Spezialitäten wie zum Beispiel die *minestra di brovedar* genießen, 0039/0433/51206.

Azienda agricola Tiere Viere. Vom Sommer 2011 an wird es möglich sein, in Drentus im alten Bauernhaus von Marina Tolazzi und Kaspar Nickles Quartier zu nehmen, das augenblicklich renoviert wird. Die Produkte des Biobauernhofes *Tiere Viere* (das heißt Alte Erde) kann man nach Voranmeldung direkt vor Ort erwerben. Ebenfalls nach Voranmeldung zeigt Kaspar, der auch ausgebildeter Naturführer ist, die versteckten Schönheiten des Aupatals, von Moggio und des nahen Resiatales. 0039/0433/51063 oder 0039/3343953313, kaspar.nickles@gmx.at

VII. VIER SÄTZE
Rundwanderung bei Venzone

Mit dem Valle della Venzonassa öffnet sich östlich von Venzone das Tor zur schönsten und spektakulärsten Landschaft im Umkreis. Nur selten kommt man in den Genuss eines so intensiven Naturerlebnisses wie auf dieser Wanderung. Angelegt ist sie wie ein Musikstück in vier Sätzen, das romantische mit expressionistischen Elementen verbindet und dabei stets in Harmonie verläuft.

Im ersten Abschnitt steigt man *adagio* zum Kirchlein San Antonio Abate an einem Vorsprung des Monte Plauris auf. Ein mittelalterlicher Kulturweg, der die Jahrhunderte fast unbeschadet überstanden hat, und die schöne Aussicht machen die scheinbare Schikane zum Vergnügen. Über hundert Serpentinen und blühende Wiesen gelangt man neuerlich ins Tal, wo sich die Venzonassa energisch in den Berg gegraben hat. Ein dramatischer Steig führt *allegro* taleinwärts; Badeplätze laden zur Rast am Wasser. Das Val Moeda, ein einsamer Graben mit einer Handvoll verstreuter Hütten, leitet zum Szenenwechsel an der Forca di Ledis über. Zwischen schwindelerregenden Felswänden und erodierenden Hängen wähnt man sich plötzlich im Hochgebirge. Man folgt dem Geröll und rutscht *presto* zu Tal. Zwei Schuttkegel fließen zusammen und bringen eine Steppe hervor. *Moderato* ist der Schleichweg nach Venzone, dessen Besichtigung den stimmigen Schlussakkord bildet.

HINWEISE ZUR WANDERUNG
LÄNGE: 15 km
ANSTIEGE: Knapp 1100 m
GEHZEIT: Gut 6 Std.

Venzone: In der Altstadt

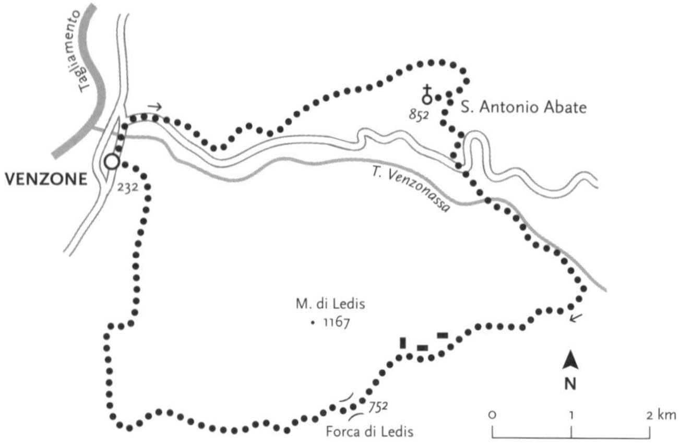

ANFORDERUNGEN: Ausdauer, Trittfestigkeit und Schwindelfreiheit
KARTE: Tabacco-Wanderkarte 020, Prealpi Carniche e Giulie del Gemonese, 1:25.000
EINKEHRMÖGLICHKEITEN: Venzone
ANFAHRT: A 23, Ausfahrt Carnia-Tolmezzo; weiter auf der SS 52 bis Carnia, von dort auf der SS 13 nach Venzone.
ANMERKUNGEN: Bei Regenwetter kann's gefährlich werden!

WEGBESCHREIBUNG

Ausgangspunkt ist die **Piazza del Municipio** in **Venzone**. Man geht auf der Via Mistruzzi in nördlicher Richtung und verlässt die Altstadt. Man überschreitet die Venzonassa, wendet sich nach rechts und passiert eine Siedlung. Nach 200 m wird eine Abzweigung nach links ignoriert. Man geht geradeaus und folgt einem Sträßchen, das gleich darauf nach links biegt, ansteigt und sich gabelt. Man hält sich rechts und wendet sich sofort nach links in den markierten Weg Nr. 705. 20minütiger steiler Anstieg bis zur Häusergruppe **Mastrui** (0:30 Std.).

75 Min. weiter bergauf. Schöner, gut erhaltener Kulturweg mit deutlichen Radspuren; anfänglich im Wald, dann in lichterem Ge-

lände, mehrere Schotterrinnen querend bis zu einer **Weggabelung**. Man wendet sich nach rechts (Wegweiser »S. Antonio«, Nr. 705a). Nach 5 Min. eine Gabelung; man geht rechts und gelangt zum Kirchlein **San Antonio Abate** (2:00 Std.). Netter Aussichtshügel mit Blicken auf Venzone.

Zurück zur Gabelung; man geht rechts (Wegweiser »Loc. Costa«). 30minütiger steiler Abstieg auf z. T. unbewaldetem Rücken bis zur **Straße** im Tal, welche man quert. In Serpentinen (Weg Nr. 704) weiter bergab bis zur Venzonassa, welche man mittels **Betonsteg** überschreitet (2:45 Std.).

Auf sehr schönem, teilweise ausgesetztem Pfad rechts des tief eingeschnittenen Wildbachs taleinwärts. Nach gut 30 Min. quert man einen Seitenarm des Baches; kurz darauf eine Gabelung; man geht rechts (Weg Nr. 718). Man folgt dem stellenweise etwas mangelhaft markierten Weg, der anfänglich links eines Bachs ansteigt, nach 30 Min. aber auf dessen rechte Seite wechselt. Man gelangt bald darauf zu einem **Haus** (4:00 Std.). Weiter bergauf, zwei weitere Häuser passierend. Der Weg quert neuerlich den Bach und gabelt sich unterhalb eines vierten Hauses. Man wendet sich nach rechts (keine Markierung), erreicht einen Querweg und geht wieder rechts. Nach wenigen Schritten eine weitere Gabelung; man nimmt den linken Weg und findet kurz darauf wieder einen Markierungspunkt. Weiter steil bergauf bis zu einem breiten Querweg (**Wegkreuz**). Man geht rechts, hält sich bei einem weiteren Querweg wieder rechts und erreicht kurz darauf den Sattel **Forca di Ledis** (4:45 Std.). Tiefe Blicke.

30 Min. auf markiertem Weg Nr. 708 steil bergab bis zu einer **Wildbachverbauung**, dann bequem talauswärts bis zu einem Fahrweg, der im Tal aus dem Wald führt und sich zur Schotterpiste verbreitert. Man behält die Richtung bei und nimmt nach 5 Min. eine Abzweigung nach rechts (**Wegweiser** »Venzone«). Nach 50 m eine undeutliche Wegkreuzung; man geht geradeaus und passiert ein militärisches Übungsgelände. Geradeaus weiter auf asphaltiertem Sträßchen. Nach 200 m wendet man sich nach rechts und folgt der Strada dei Celti bis **Borgo San Giacomo** (5:45 Std.).

Man durchschreitet die Siedlung und wendet sich nach rechts in die Via Sant'Anna. Man passiert das gleichnamige Kirchlein und folgt der Straße in ein Wäldchen. Nach etwa 200 m, in einer leichten Linkskurve, biegt man nach rechts in einen zunächst leicht ansteigenden Weg, der dann fast eben unterhalb einer Felswand entlang führt und auf eine hohe **Steinmauer** trifft. Von hier folgt man einer Hauszufahrt bis zu einer Querstraße; auf dieser nach links bis zum östlichen **Stadttor**, durch das man das Zentrum von **Venzone** betritt (6:15 Std.).

AM WEGE

Venzone | Pušja vas | Vençon | Peuschelsdorf

An Venzone fährt man zumeist vorbei, wenn einen der Weg, genauer die SS 13, von Tarvis nach Udine (oder umgekehrt) führt. Dem Transit verdankt die Stadt auch seine Existenz, denn aufgrund der günstigen Durchgangslage ist es seit prähistorischer Zeit Standort verschiedener Ansiedlungen. Schon 500 v. Chr. machten Händler und Reisende auf ihrem Weg in den Norden in Venzone Station. Etwa 300 v. Chr. wurde die Region von Karniern besiedelt. Die Römer führte ab dem ersten vorchristlichen Jahrhundert die Via Julia Augusta auf ihrem Weg von Aquileia nach Noricum an Venzone vorbei, wo sie an der Stelle des heutigen Doms eine *statio*, eine Raststelle, errichteten. Den Römern folgten die Goten, Hunnen, Langobarden, Karolinger und einige Völker mehr auf ihren Wanderungen durch unruhige Zeiten.

Nachdem die Patriarchen von Aquileia Venzone als Lehen an die Familie Mels abgetreten hatten, lenkte diese den Ort mit Geschick. Zunächst wurde er als Kommune anerkannt, bald als Markt. 1258 ließ Glizoio von Mels die doppelte Stadtmauer mit dem Festungsgraben errichten. Sie ist zum »Alleinstellungsmerkmal« Venzones nicht nur in der Region, sondern in ganz Italien geworden. Die mächtigen Mauern umschließen den Stadtkern in einem unregelmäßigen Sechseck, das ursprünglich eine Länge von rund 1.300 Metern aufwies.

Mit der Errichtung des Doms Sant'Andrea Apostolo wurde im 14. Jahrhundert begonnen. Bereits 1338 wurde die

Gepflasterter Weg nach San Antonio Abate

Kirche geweiht, obwohl sich die Bauarbeiten noch über Jahrzehnte hinzogen. 1421 wurde Venzone der Republik Venedig eingegliedert, dies besiegelte den wirtschaftlichen Abstieg. Die Handelsrouten verlagerten sich, und die einst blühende Stadt stagnierte über Jahrhunderte. Dieser Umstand hatte, aus heutiger Sicht, jedoch auch sein Gutes: Die mangelnde Stadtentwicklung führte dazu, dass das gesamte Befestigungssystem und die Altstadt in ihrem mittelalterlichen Bestand erhalten blieben und im Jahre 1965 unter Denkmalschutz gestellt und zum nationalen Kulturerbe erklärt wurden.

Als am 6. Mai 1976 ein Erdbeben mit Stärke 6,4 auf der Richter-Skala die Region erschütterte, saßen viele Bewohner Venzones gerade beim Abendessen. Einige schafften es nicht mehr ins Freie. Sein Epizentrum lag zwischen Venzo-

San Antonio Abate

ne und Gemona. In Venzone gab es 47 Todesopfer, fast 1.000 in ganz Friaul. 40.000 Menschen wurden obdachlos, die gesamte Bausubstanz wurde schwer beschädigt. Binnen kurzer Zeit liefen umfangreiche Hilfsmaßnahmen an, Notunterkünfte für zigtausende Menschen wurden errichtet, einsturzgefährdete Gebäude abgestützt und Schutt geräumt. Bereits in den ersten Tagen nach der Katastrophe formierte sich ein Bergungsausschuss, der die Bergung der beweglichen Kulturgüter organisierte. Im August begann eine photogrammetrische Erhebung, um den Zustand der Gebäude nach dem Erdbeben zu dokumentieren.

Bei den ersten Trümmerräumungen ging man jedoch mit Wucht und Willkür zur Sache, und grundlos wurden auch viele Gebäude von besonderem Wert abgerissen, darunter etwa ein Haus aus dem Duecento bei der Porta di Sotto mit zwei wertvollen Biforien vorrömischen Ursprungs. Das Gerücht, dass nur Besitzer vollständig zerstörter Häuser Anrecht auf finanzielle Unterstützung hätten, sorgte für weitere Panikaktionen.

Venzone war schwer getroffen, jedoch nicht ausgelöscht. Der Dom etwa hatte den südlichen Turm und die angrenzende Fassade des Hauptschiffes eingebüßt, sein gewohntes Aussehen aber ansonsten bewahrt. Die vollständige Zerstörung der Altstadt, der Festungsmauern und des Doms verursachte erst ein Nachbeben vom 15. September 1976. Die Auswirkungen auf die vorgeschädigte Substanz waren verheerend: binnen Sekunden wurde das mittelalterliche Städtchen dem Erdboden gleich gemacht. Die gesamte Region lag in Trümmern, in vielen Dörfern blieb kein einziges Haus stehen, die Zahl der Obdachlosen erhöhte sich auf 100.000.

Der Wiederaufbau Venzones wurde zu einem beispiellosen Akt der Solidarität und gemeinsamer Anstrengung: Geleitet von dem Gedanken, dass die Trümmer Erinnerungen und jene physische Materie enthielten, die Venzone ausgemacht hatten, dass Gebäude eingestürzt, jedoch nicht zerstört waren, schloss sich die Bevölkerung 1977 zu einem Bürgerkomitee zusammen, das in einer Volkseingabe mit 645 Unterschriften (und damit fast aller Einwohner des Zentrums) dem Ministerium für Kultur- und Umweltgüter seinen Willen übermittelte, »das Dorf wo es war und wie es war« wieder aufzubauen. Fachleute des Bergungsausschusses legten einen Plan für den Wiederaufbau Venzones mittels Restaurierung der bestehenden Teile und Rekonstruktion der eingestürzten Substanz unter Einhaltung der ursprünglichen Formen und Wiederverwendung der geborgenen Elemente bei.

Doch das Ministerium hatte sich auch mit einer zweiten Eingabe zu befassen: Das Baubüro der Gemeinde legte zeitgleich einen bis dahin geheim gehaltenen Plan vor, der die totale Beseitigung aller Gebäudereste und den Wiederaufbau Venzones mit Hilfe von Fertigbau-Elementen vorsah. Zukunftsorientierte und vernunftbegabte Kräfte überzeugten die Beamten, den Plänen des Bürgerkomitees nahezutreten. Als Ziel wurde formuliert, das historische Aussehen des Ortes weitgehend ohne Abweichungen wiederherzustellen. Die photogrammetrische Dokumentation wurde zur wesentlichen Grundlage für den späteren Rekonstruktionsplan.

Im Dom und unter den Arkaden des Rathauses kann sich der Besucher heute mittels Fotodokumentationen ein Bild vom Ausmaß der Zerstörungen und von den Anstrengungen des Wiederaufbaus, der heute weitgehend abgeschlossen ist, machen. Gewaltige Trümmerhaufen wurden sorgsam sortiert, die Werksteine präzise katalogisiert, und die endlos weiten Felder mit den ausgelegten, nummerierten Steinen vermitteln am besten die Dimension der Aufbauarbeiten. Zur Rekonstruktion des Doms wurde für jeden Stein ein Datenblatt angelegt und erhielt jedes Bruchstück ein Kennzeichen für seine ursprüngliche Position. Danach wurden die Steine am Lagerplatz Rivoli Bianchi in der Position, die sie vor dem Einsturz am Bauwerk eingenommen hatten, aufgelegt, der Dom also quasi liegend am Boden wieder zusammengesetzt. Für die Ergänzung beschädigter Steine wurde gleichwertiges Material wie das des Originalsteins verwendet. Waren nur noch Bruchstücke vorhanden, wurde es mit Harzen an das Fragment geklebt und die Oberfläche mit einem Kröneleisen, einem Hammer mit senkrecht angeordneten Spitzen, bearbeitet, um eine Unterscheidung zwischen antikem und neuem Material zu ermöglichen.

Wenn man jetzt durch den Ort schlendert, wird deutlich, dass der Leitgedanke des Wiederaufbaus, nämlich die Zeichen der Zeit nicht zu löschen, sondern zu integrieren, Venzone seine heutige Einzigartigkeit und atmosphärische Dichte verleiht. Alle Phasen der Stadtentwicklung, von der Entstehung über die völlige Zerstörung bis hin zum Wiederaufbau, harmonieren im Stadtbild und kulminieren im Dom, dessen Ausstrahlung auch wenig religiöse Geister erreicht. Die vielen Narben im Bauwerk, die Erdbeben und Rekonstruktion hinterlassen haben, die unzähligen Kerben, die die Kröneleisen geschlagen haben, sind Stein gewordene Sinnbilder der Vergänglichkeit und der Hoffnung gleichermaßen.

Am Domvorplatz ist nach dem Erdbeben von 1976 nur die Krypta der romanischen Friedhofskapelle erhalten geblieben. Sie enthält eine weitere Sehenswürdigkeit Venzones: das

Venzone: Westliches Stadttor

Museum der Mumien, fünf Leichname, die hier durch einen natürlichen Prozess, einen Pilzbefall, konserviert wurden. Ein modernes Drehkreuz, wie man es sonst aus Hallenbädern kennt, markiert den Eingang zu der obszönen Totenbeschau. Venzone hat auch so genug zu bieten, und guten Gewissens kann man die vertrockneten Gebeine sich selbst überlassen.

Die hohe Wohn- und Lebensqualität findet in zahlreichen pittoresken Innenhöfen mit Balkonen und schönen Arkaden ihren Ausdruck. Als Einkaufsstadt wird sich Venzone so schnell keinen Namen machen, lediglich einige Mitbringsel bieten sich an. Die »Saponeria Artigiana«, ein Geschäft mit Seifen in allen Farben und Formen, sticht auch eher in die Nase als ins Auge, denn der Hang zur Verkitschung der kleinen Läden im Stadtkern ist unübersehbar. Die Krone setzt diesem bedenklichen Trend das sehr zentral gelegene

Vor dem Dom von Venzone

Geschäft der »Lavanda di Venzone« auf. Dem Lavendelviolett entgeht man nicht, und der schöne alte Laden ist voll gestopft mit überflüssigem, aber duftendem Krimskrams. Seit einigen Jahren baut die Associazione Lavanda auf den umliegenden Feldern eine autochthone Lavendelsorte an, deren Wirksamkeit von der Universität Triest bestätigt wurde: Lavendel riecht nicht nur gut, er beruhigt auch und fördert das Wohlbefinden. Dass Lavendelessenz Zecken fernhält, wird die Wanderer freuen. Findige Geschäftsleute haben das »Lavendelfest« ins Leben gerufen, das neben dem traditionellen Kürbisfest im Oktober tausende Besucher nach Venzone lockt und die Stadt mit einem Mittelalterspektakel erfüllt.

Dass Venzone noch nicht ganz in der Gegenwart angekommen ist, beweist auch der spärliche Internetauftritt der Gemeinde – die Adresse www.venzone.it ist übrigens noch zu haben. Gemeinsam mit anderen Städten der Region präsentiert sie unter www.regionefvg.com zwar umfangreich ihre Stadtgeschichte, unter dem Link »Alberghi« werden jedoch lediglich das bedenkliche Hotel Ristorante Carnia sowie zwei Restaurants in Carnia angeboten. Dass der Link »Shopping« keine Weiterleitung hat, ist jedoch lediglich eine wahrheitsgetreue Wiedergabe der Verhältnisse.

Die reizenden, gepflasterten Gässchen münden in die zentrale Piazza del Municipio, sicher einer der schönsten Plätze in der Region, reich an historischen Gebäuden aus dem 15. und 16. Jahrhundert. Besonders sehenswert ist das Rathaus aus dem 14. Jahrhundert mit der offenen Loggia und der schön bemalten schweren Holzdecke. Der Monte San Simeone und einige Straßencafés bilden die Kulisse dieses offenen Platzes, dem allerdings ein Fahrverbot zur Vollkommenheit fehlt.

EINKEHR:

Zentraler Treffpunkt an der Piazza del Municipio ist das *Caffé Vecchio*, Bar, Restaurant und Kiosk in einem, mit traditioneller, aber nicht einfallsloser und jedenfalls empfehlenswerter Küche, 0039/0432/985011.

Die *Locanda Al Municipio* vermietet einige wenige, recht günstige Zimmer, die Küche dort ist nur traditionell, 0039/0432/985801.

Im Val Torre

GROSSES BEBEN

Am 6. Mai 1976 wird die norditalienische Region Friaul-Julisch Venetien von einem Erdbeben erschüttert. Am stärksten betroffen ist die größte Provinz Udine, die sich vom Hochgebirge im Norden über das Vorgebirge und den Moränengürtel des Tagliamento-Gletschers am Eingang zum Kanaltal bis zur adriatischen Küstenebene mit den Lagunen von Grado erstreckt. Das Hypozentrum des Hauptbebens, das um 20.59 Uhr 56 Sekunden lang Friaul erschüttert, wird in einer Tiefe von 15 km unter dem Berg San Simeone westlich von Venzone lokalisiert. Die Erdstöße erreichen eine Intensität von VIII bis IX auf der zwölfstufigen Mercalli-Skala und werden als »zerstörend« bis »verwüstend« klassifiziert. Das Beben fordert 965 Menschenleben und mehr als 3.000 Verletzte. Die Unterkünfte von 32.000 Bewohnern werden völlig zerstört, jene von 157.000 weiteren mehr oder weniger beschädigt, insgesamt werden 100.000 Menschen obdachlos. Das Beben wird in weiten Teilen Österreichs, Deutschlands und der Schweiz verspürt, im angrenzenden Kärntner Gailtal und im Nordwesten Sloweniens richtet es sichtbare Schäden an.

Die amtliche Schadenserhebung unterscheidet zwischen zerstörten, schwer beschädigten und beschädigten Gemeinden. Zur ersten Kategorie mit einem Zerstörungsgrad von über 80 Prozent zählen die epizentrumnahen Gemeinden Amaro, Bordano, Cavazzo Carnico, Gemona, Osoppo, Resiutta, Trasaghis und Venzone. Bis zu 80 Prozent der Bausubstanz brechen in den Gemeinden Artegna, Buia, Chiusaforte, Dogna, Forgaria nel Friuli, Lusevera und Resia zusammen, die Hälfte der Objekte wird u. a. im Gemeindegebiet von Moggio Udinese sowie in Siedlungen südwestlich des Epizentrums zerstört. Im weiten Umkreis, der von Pontebba im Norden über San Daniele del Friuli im Süden, Faedis im Osten bis Tramonti di Sopra im Westen reicht, werden immer noch bis zu 40 Prozent der Gebäude stark beschädigt bzw. zerstört. Die Provinzhauptstadt Udine hingegen bleibt nahezu verschont.

Eine rasche Rückkehr der Bewohner in die stehengebliebenen Häuser ist wegen anhaltender Nachbeben ausgeschlossen. Auch die rasch anlaufenden und gut organisierten Hilfsmaßnahmen werden durch die häufigen Nachbeben erschwert. Bis zum Jahresende werden rund 400 weitere Erdstöße verzeichnet. Die stärksten ereignen sich am 9. und 11. Mai 1976, als die ersten Aufräumarbeiten in vollem Gange sind. Die starken Erschütterungen fordern weitere zwölf Menschenleben und bringen viele der stehengebliebenen Gebäude zum Einsturz. Insgesamt ist eine Fläche von 4.800 km^2 mit einer fast halben Million Einwohnern betroffen, das Schadensvolumen wird auf umgerechnet etwa 6 Mrd. Euro geschätzt.

Bereits am Tag nach dem ersten Erdbeben erfolgt die Einsetzung eines *Commissario Straordinario*. Der Notstandskommissar koordiniert die Bereitstellung von rund 16.000 Zelten für 75.000 Obdachlose und die Evakuierung von weiteren 12.000 Personen. Ein Regionalgesetz über die Reparatur beschädigter Häuser geht davon aus, dass die obdachlose Bevölkerung so schnell wie möglich wieder »dalle tende alle case« – aus den Zelten in die Häuser – ziehen soll. Bis Anfang September sinkt die Zahl der Obdachlosen in Zeltstädten auf 45.000 Personen, von 12.000 in Auftrag gegebenen Fertigteilhäusern sind allerdings erst 300 aufgestellt. Auch von Helfern aus Kärnten werden unter der Leitung des Villacher Alpenvereins 48 winterfeste Holzhäuser vorwiegend im Gemeindegebiet von Moggio Udinese und in den umliegenden Dörfern des Aupatales errichtet.

Nach dem zweiten Beben im September steigt die Zahl der Obdachlosen erneut auf 70.000 Personen. Nun werden aber keine weiteren Zelte angeschafft, weil eine Überwinterung darin nicht möglich ist, stattdessen wird als Übergangslösung die Evakuierung der Obdachlosen an die Küste vorbereitet und der Bau von Baracken, den *prefabbricati,* forciert.

Bis Mitte Oktober 1976 werden mehr als 32.000 Obdachlose in Hotels und Ferienappartements an der Adria untergebracht. Der mit internationaler Hilfe zügig vorangetriebene Barackenbau bietet zum Jahresende bereits 25.000 Personen ein provisorisches, aber festes Dach über dem Kopf. Rund 26.000 Betroffene verbringen den Winter 1976/77 in Unterkünften an der Adria zwischen Grado und Lignano, etwa 15.000 Personen sind in Wohnwagen untergebracht, 1.000 Menschen hausen immer noch in Zelten. Sofern die Witterungsverhältnisse es erlauben, wird der Bau der *prefabbricati* bis zu seinem Abschluss im Mai 1977 auch in den Wintermonaten fortgesetzt. Zu diesem Zeitpunkt sind rund 65.000 Einwohner in insgesamt 21.000 Fertigteilhäusern mit einer Wohnfläche von 12–13 m^2 pro Person untergebracht und werden sämtliche Hotels und Ferienwohnungen an der Adria geräumt.

In den *baraccopoli* – die flächengrößte wird bei Osoppo errichtet – stehen Holzhäuser aus Österreich, Deutschland und Skandinavien neben Containern aus Kanada und adaptierten

Waggons aus Italien. Die Zuweisung der qualitativ sehr unterschiedlichen Barackentypen führt zu sozialen Spannungen in der Bevölkerung und begünstigt in weiterer Folge die Entstehung sogenannter Squattersiedlungen: Nach der Reparatur oder dem Neubau der Häuser bzw. nach der Auszahlung der letzten Rate der Wiederaufbauhilfe endet in der Regel der Anspruch auf das *prefabbricato*, für das weder Miete noch Energie-, Betriebs- oder Instandhaltungskosten zu bezahlen sind. Die hohe Qualität einzelner Barackentypen, deren Wohnkomfort durch private Initiative weiter verbessert wird, ermöglicht eine langfristige Nutzung der Notunterkünfte als Zweitwohnung oder als Wohnmöglichkeit für Großeltern und Verwandte. Auf diese Weise bleiben viele Baracken auch nach Ablauf der geplanten Nutzungsfrist von sechs bis acht Jahren von Personen ohne Rechtsanspruch »besetzt« (engl. *squatter*): Die soziale Herkunft der »Barackenbesetzer« ist breit gefächert und reicht von besitzlosen Wohnungssuchenden und älteren Menschen, die bei der Zuteilung der finanziellen Mittel für den Wiederaufbau leer ausgegangen sind, bis zu Hausbesitzern, die ihre einstige Notunterkunft in ein Wochenendhaus verwandelt haben. In den friulanischen Gemeinden mit wachsendem Arbeitsplatzangebot fungieren die Barackensiedlungen mittelfristig gar als Ersatz für den fehlenden kommunalen Wohnbau und bieten auch ortsfremden Arbeitskräften kostengünstigen Wohnraum. Auch mehr als 30 Jahre nach dem großen Beben sind einige der »provisorischen« Notunterkünfte immer noch in Verwendung.

Im Sommer 1977 wird die gesetzliche Basis zur langfristigen Förderung des Wiederaufbaus verabschiedet und mit den Vorbereitungen zur Rekonstruktion der zerstörten Städte begonnen. Die Entscheidungen über Art und Weise des Wiederaufbaus treffen die Gemeinden. Bis zum Jahr 1984 werden insgesamt 89.000 private, genossenschaftliche sowie öffentliche Bau- und Reparaturmaßnahmen durchgeführt und so gut wie alle Wohnungen wiederhergestellt. Der Wiederaufbau erfolgt in der Regel an der ursprünglichen

Stelle, Pläne für radikale Eingriffe in die bestehende Raumordnung bleiben in der Schublade. So auch jene, die nach den Septemberbeben eine Umsiedlung von 80.000 Obdachlosen in ein »Udine nuovo« nördlich der Provinzhauptstadt ins Auge fassten. Eine unter 6.500 Personen durchgeführte Befragung bestätigt die starke Verwurzelung der Bewohner mit ihrem Heimatort: Nur 48 Personen zeigen Bereitschaft für einen Umzug in einen anderen Ort in Friaul.

Die unterschiedlichen Wiederaufbaustrategien lassen sich am Beispiel von Osoppo, Gemona, Venzone und Bordano vergleichen. Jede der vier Gemeinden verfolgt nach der Devastierung der Bausubstanz durch das Erdbeben ihre eigene Wiederaufbaustrategie. In Osoppo wird die Bevölkerung von der sozialistisch-kommunistisch geführten Gemeinderegierung in einer großen *baraccopolis* außerhalb des Ortes konzentriert. Die folgenden Aufräumarbeiten sind von solcher Gründlichkeit, dass viele Bewohner nicht einmal mehr die Reste ihrer Hausmauern finden, um die alten Grenzen zu bestimmen. Das neue Osoppo wird auf einer *tabula rasa* unter Berücksichtigung der traditionellen Siedlungsmuster, allerdings mit begradigtem und verbreitertem Straßennetz, nüchtern-technokratisch und ohne gestalterische Ambitionen aufgebaut. Entsprechend »traditionell« nehmen sich auch die zuvor gar nicht existenten Arkaden im Ortszentrum aus.

In Gemona werden Überlegungen angestellt, das *centro storico* im oberen Teil des Schwemmkegels gar nicht mehr aufzubauen und den Ort in die Ebene zu verlegen. Von diesem ungewöhnlichen Ansinnen rückt die christdemokratische Gemeindeverwaltung jedoch ab, weil die Altstadt für die Bewohner von identitätsstiftender Bedeutung ist. Zwar wird das historische Zentrum mit dem Dom Santa Maria Assunta, dessen geneigte Zentralsäulen noch heute an das Beben erinnern, und dem Palazzo Communale wieder rekonstruiert und der Wohnungsbestand in der Altstadt erneuert. Die Vorliebe der Menschen gilt jedoch den neuen Häusern in der

Ebene: modern, sauber und komfortabel. Weil der Gemeinderat die Baugenehmigungen in den Randbereichen Gemonas zu freizügig handhabt, misslingt die Wiederbelebung des Zentrums, das nach wie vor an Überalterung und fehlender Wirtschaftsdynamik krankt.

In Venzone entscheidet man sich aufgrund der besonderen Stellung der Stadt als *monumento nazionale* und wegen der in Aussicht gestellten Sonderfinanzierung für den »historischen Wiederaufbau«. »Stein für Stein« erfolgt unter Aufsicht des Ministeriums für Denkmalschutz die perfekte historische Rekonstruktion des gesamten mittelalterlichen Stadtbildes einschließlich Dom und Stadtmauer. Es gelingt, den historischen Charakter Venzones zu erhalten und gleichzeitig die städtische Infrastruktur an die Anforderungen des 20. Jahrhunderts anzupassen. Außerhalb der Stadtmauern erteilt die Gemeindeverwaltung Baugenehmigungen an private Häuslbauer, deren kunterbunte Villen die Wanderung bei Venzone abschnittsweise säumen.

In Bordano wiederum überlegen die Gemeindeväter unter dem Eindruck der Zerstörungen durch das Herbstbeben, den Ort überhaupt auf die andere Seite des Tagliamento zu verlegen und ihn an die expandierende Ortschaft Osoppo anzuschließen, was jedoch am Widerstand der Bevölkerungsmehrheit scheitert. Aufgrund der Kleinteiligkeit des Grundbesitzes und um landwirtschaftliche Flächen für den bäuerlichen Nebenerwerb zu erhalten, werden platzsparende Reihenhäuser errichtet. Die kommunistische Gemeindeverwaltung sieht sich für diese Entscheidung mit herber Kritik konfrontiert: Der Vorwurf lautet auf Dirigismus und fehlende Transparenz, die uniformen Reihenhaussiedlungen werden vom Volksmund als *i treni* (die Züge) verspottet. Während in den Vergleichsgemeinden die politischen Mehrheitsverhältnisse stabil bleiben, erfolgt der Wiederaufbau in Bordano unter drei verschiedenen Gemeindeverwaltungen. Von den vier Vergleichsgemeinden erfährt Bordano jedenfalls die radikalste Veränderung und zeigt sich die Bevölkerung mit dem Ergebnis des Wiederaufbaus am wenigsten zufrieden.

Auch der »Corriere della Sera« zieht 1988 eine zwiespältige Bilanz über den Wiederaufbau in Friaul, »diesem zeitweiligen Dorado für Architekten«: »Historisierende Rekonstruktion, modernistische Repräsentationsbauten, vor allem bei den Rathäusern, und Adaption des Neuen an das Alte halten sich die Waage. In den entlegenen Talschaften herrscht hingegen ein weniger prätentiöser Funktionalismus, ein vom Maurermeister beratener Do-it-yourself-Stil. Diese Bausubstanz ist jetzt seismisch unempfindlich geworden: Drei Erdstöße am 1. Februar 1988 bis zu 4,1 auf der Richterskala bewirkten keinerlei Bauschäden an den wiedererrichteten Häusern«.

Eine in den 1980er Jahren durchgeführte Langzeituntersuchung beleuchtet kritische Phasen des friulanischen »Wiederaufbauwunders«. Die Wohbauförderungen lösen einen regelrechten Bauboom aus: Die Menschen geben mehr Geld aus, als ihnen zur Verfügung steht. Zahllose Firmen werden über Nacht gegründet, um schnelle Profite mitzunehmen. 1979 liegen die Preissteigerungen bei 30 Prozent über den ausgeschriebenen Vereinbarungen, vereinzelt werden die Kosten um bis zu 80 Prozent überschritten. Um die lokalen preistreibenden Baukartelle zu zerschlagen, werden im Jahr 1980 unter Protest der heimischen Bauwirtschaft von den Behörden 18 Großunternehmen aus anderen Region angeworben. In einem Papier des Notstandskommissariats heißt es: »... dass die Einwohner, desperat und fast morbid an ihre Häuser geklammert, alle ihre Ressourcen einschließlich normaler Kredite aufbrauchten, um weit über die bewilligten Beträge hinaus zu reparieren, zu vergrößern und zu verschönern«. Tatsächlich wird in Friaul der 1980er Jahre viel und groß gebaut: In zahlreichen Berggemeinden stehen die Häuser leer, weil mehr Wohnraum noch keine Zuwanderung schafft. Aber auch in Zuwanderungsgemeinden wird über das Ziel geschossen: In Trasaghis, einem Ort nördlich von Osoppo, wird einer Erhebung zufolge Wohnraum für 446 Personen mehr geschaffen als tatsächlich in der Gemeinde gemeldet sind.

Der anhaltende Bauboom hat auch irreversible Auswirkungen auf die traditionelle Siedlungsstruktur: Gruppengehöfte mit Scheunen und Schuppen weichen Reihenhäusern mit Garagen, Betonmauern mit überdachtem Eingang und Vorgarten trennen Nachbarn. Ausgedehnte Siedlungsflächen ersetzen die traditionellen friulanischen Mehrfamilienhäuser, »weil jeder ein eigenes Haus besitzen will, um das er herum gehen kann«, schreibt der Geograf Robert Geipel.

Der Architekturkritiker Christoph Hackelsberger konstatiert 1985 eine »desperat-morbide Bausucht« in Friaul, »die sich aus Sicherheitsgründen weitgehend dem Beton und seiner Logik« ausgeliefert hat. Die Region sei zu einer »Stahlbetonprovinz von bedrückender, festungsartiger Wehrhaftigkeit gegen seismische Wechselfälle« geworden: »Eine Provinz, in der Steinbau vorzüglich gehandhabt wird, wendet sich unter dem Trauma ihrer totalen Zerstörung dem Beton zu«.

Emil Krištof

VIII. AM UFER
Rundwanderung bei Osoppo

Wo das Tal des Tagliamento sich zur friulanischen Ebene hin öffnet, liegt bei Osoppo eine schmale Hügelkette, die sich trotz ihrer Nähe zur Autobahn für eine schöne und abwechslungsreiche Rundwanderung empfiehlt. Höhepunkte sind eine surreal anmutende Militärfestung, ein harmonischer Panoramaweg über dem Tagliamento sowie das breite Schotterbett des Flusses, das man auch auf eigene Faust erkunden kann. Mit der Kirchenruine San Pedro, der Kapelle San Rocco und der Chiesa di San Giacomo finden sich außerdem drei sehenswerte Kulturdenkmäler auf der Strecke.

HINWEISE ZUR WANDERUNG

LÄNGE: 14 km (mehrere Abkürzungsmöglichkeiten)
ANSTIEGE: 150 m
GEHZEIT: 4 Std.
ANFORDERUNGEN: Gering
KARTE: Tabacco-Wanderkarte 020, Prealpi Carniche e Giulie del Gemonese, 1:25.000
EINKEHRMÖGLICHKEITEN: Osoppo
ANFAHRT: A 23, Ausfahrt Gemona, dann den Wegweisern bis Osoppo folgen.
ANMERKUNG: Im Sommer lässt sich die Wanderung mit einem erfrischenden Bad im Tagliamento verbinden.

WEGBESCHREIBUNG

Ausgangspunkt ist die **Pfarrkirche** Santa Maria ad Nives in Osoppo, wo man rechts des Campanile einen markierten **Treppenweg** (Wegweiser »Forte di Osoppo«) betritt. 10minütiger Anstieg auf gepflastertem Weg bis zu einer Gabelung. Man geht rechts, erreicht ein

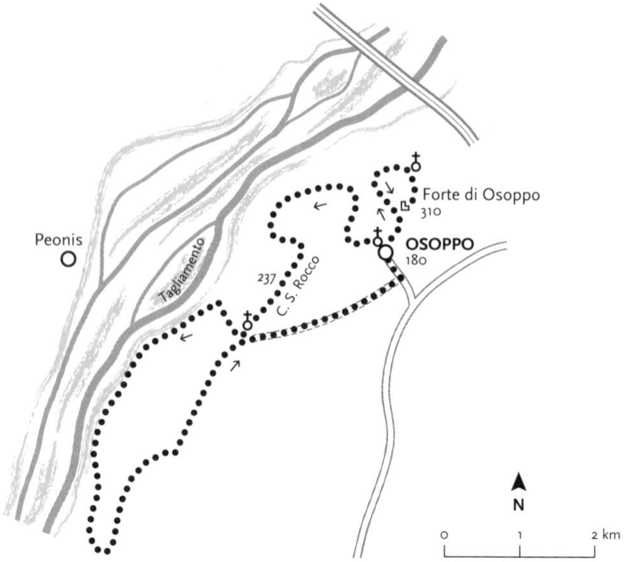

Sträßchen und folgt diesem bergauf bis zur **Kirchenruine** San Pedro (0:20 Std.). Hier wendet man sich scharf nach rechts und folgt der Markierung bis zum höchsten Punkt des Festungshügels. Besichtigung der weitläufigen Anlagen. Schöne Rundblicke. Rückkehr nach **Osoppo** auf demselben Weg (1:15 Std.).

Im Ort angekommen, wendet man sich nach rechts, passiert die Pfarrkirche und folgt der Via Tagliamento bis zu einem **Sportgelände**, das man durch einen schmalen Fußgänger-Eingang betritt. Man durchquert das Areal und folgt der Markierung über eine kleine **Geländestufe** bis zu einem breiten Querweg oberhalb des Tagliamento-Ufers; auf diesem nach links. Nach 500 m biegt man nach links (Markierung) und steigt über einen Treppenweg zum **Colle San Rocco** auf. Weiter auf schmalem Pfad (eine verlockende Abzweigung nach rechts wird ignoriert!), stets den schmalen Grad des Hügels entlang. Schöne Rastplätze. Blicke auf Osoppo und den Tagliamento. Bunkeranlagen. Man gelangt zur **Kapelle San Rocco**

(2:00 Std.) und steigt von dort zu einer großen **Fünffachkreuzung** am Fuße des Hügels ab.

Hier wendet man sich scharf nach rechts in einen geschotterten Fahrweg. Kurz darauf eine Gabelung; man geht links. Nach 50 m biegt der Hauptweg nach rechts. Man geht jedoch geradeaus und erreicht an der **Uferkante** des Tagliamento einen Querpfad; auf diesem nach links. Stets in Ufernähe flussabwärts bis zu einem breiten Querweg. Man geht links und erreicht eine breite **Schotterpiste**, welcher man folgt. Nach einiger Zeit wird eine breite Abzweigung nach rechts ignoriert. Nach 50 m wendet man sich nach links in einen geschotterten Weg, der sich kurz darauf mit einem von links kommenden vereinigt und auf eine **Mehrfachkreuzung** trifft. Man geht links und erreicht nach 10 Min. eine breite, teilweise asphaltierte Schotterstraße. Man wendet sich nach links und wandert 15 Min. fast schnurgerade durch parkähnliches Terrain. Der Hauptweg wendet sich schließlich nach rechts und führt neuerlich zur **Fünffachkreuzung** unterhalb der **Kapelle San Rocco** (3:30 Std.).

Man geht geradeaus und wandert, nun wieder der Markierung folgend, auf wenig befahrenen Asphaltsträßchen bis zur Via Fabris im Zentrum von **Osoppo**. Man wendet sich nach links und erreicht den Ausgangspunkt (4:00 Std.).

AM WEGE

Osoppo | Osôf | Osopp

119 Tote und kaum ein Stein, der auf dem anderen geblieben war – mit dieser Bilanz gehörte der Ort zu den vom Erdbeben 1976 am stärksten betroffenen Friauls. So wirkt er seit dem Wiederaufbau etwas seelenlos und braucht es einige Zeit, sich mit ihm anzufreunden. Einnehmend ist vor allem das jüngst restaurierte Kirchlein San Giacomo aus dem 15. Jahrhundert, das mit seinem schlanken Stiegenaufgang und der schlichten Fassade sogar dem imposanten Glockenturm der Pfarrkirche die Show stiehlt. Nur eine Simulation des historischen Kerns sind die in Beton gegossenen Arkadengänge und Fensterfronten. Entlang der Via Andervolti und Via Fa-

Osoppo: Fortezza

bris hat man aber einige anerkennenswerte Versuche unternommen, architektonische Akzente zu setzen und Osoppo ein Zentrum (zurück) zu geben. Für etwas Atmosphäre sorgen auch mehrere Bars und die Geschäfte des täglichen Bedarfs. Die Bahnlinie, die den Ort mit Gemona bzw. Pordenone verbindet, hat den Personenverkehr leider eingestellt.

So »fabriksneu« die meisten Gebäude auch erscheinen, reichen die Wurzeln des Ortes doch in vorrömische Zeiten zurück. Die ursprüngliche, von den Kelten begründete Siedlung befand sich am Moränenhügel nördlich der heutigen Ortschaft und wurde zu Beginn des ersten Jahrtausends von den Römern zur Festung ausgebaut. Deren Spuren können in Form diverser Grundmauern, Mosaikreste und Grabsteine besichtigt werden. Römischen Ursprungs ist wahrscheinlich auch der Ortsname. Origineller ist aber die Ableitung aus dem Keltischen als *luogho per chiamare a voce alta*, also, frei übersetzt, als »Ort zum Schreien«.

Neben den römischen Ausgrabungen können frühmittelalterliche Gemäuer und die Ruine der Kirche San Pietro besichtigt werden. Diese wurde mit einem Stahltonnengewölbe überdacht, das in der Sonne silbrig erstrahlt und dem Ort eine unwirkliche Note verleiht. Der Bau vereinigt gleich mehrere Epochen unter einem Dach, so die Reste eines römischen Wohnhauses in der Sakristei, Spuren einer frühchristlichen Basilika, Elemente der Renaissance sowie eine unvollendete barocke Fassade mit Halbsäulen, die an einen Tempel des Altertums denken lassen. Ende des 18. Jahrhunderts nahmen die Franzosen die Kirche in Beschlag, später diente sie der italienischen Armee als Magazin.

Die profane Nutzung verweist auf die militärische Bedeutung, die Osoppo bis in die Neuzeit hatte. Sie manifestiert sich in den Ruinen einer großen Festungsanlage am Gipfel des »Hausberges«. Von den Venezianern erbaut und später von den Österreichern und Franzosen erweitert, spielte die *Fortezza* vor allem in den Unabhängigkeitskriegen eine wichtige Rolle. 1848 hielt hier eine kleine Gruppe italienischer Freiheitskämpfer mehrere Monate einer österreichischen Übermacht stand, weshalb die Faschisten das Fort später zum nationalen Denkmal erklärten. Zu Beginn des 20. Jahrhunderts wurde die Anlage modernisiert, um gemeinsam mit dem Fort von Chiusaforte und anderen Bergfestungen eine Verteidigungskette gegen die Österreicher zu bilden. Der Aufwand erwies sich als nutzlos, da die Italiener nach Kriegseintritt rasch nach Norden vorrückten und die Geschütze von Osoppo weit hinter den Linien lagen. Wie gewaltig die Kanonen waren, lässt sich schon am Durchmesser der begehbaren Kessel nachvollziehen, in die die vier Drehtürme eingebettet waren. Von weitem an eine stillgelegte Kläranlage erinnernd, erweisen sie sich aus der Nähe als Pforten zu einer ausgedehnten Unterwelt aus Kasematten, Bunkern und Schützengräben. Auch für Nicht-Militaristen interessant: die Erschließung der Anlage mittels moderner Metallbrücken und -treppen, die ungewöhnliche Einblicke und einen ständigen Perspektivenwechsel erlauben. Dass die gelungene architektonische Inszenierung jede kritische Distanz zum Objekt und seiner Geschichte vermissen lässt, steht auf einem anderen Blatt.

EINKEHR:

Albergo Pittis. Wer in Osoppo wegen einer Autopanne festsitzt, wird sich über diese Übernachtungsmöglichkeit im Ortszentrum freuen. Die Küche ist allerdings zum Davonlaufen. 0039/0432/975346, www.hotelpittis.com

Tagliamento | Tilment | Tiliment

Wenn im Sommer der Wasserstand sinkt und ein Nebenarm des Flusses nach dem anderen versiegt, bietet sich das Schotterbett des Tagliamento wie eine Steinwüste dar. Fast zwei Kilometer ist es bei Osoppo breit, und wer sich zu Fuß hinein begibt, wird bald vom Gefühl der Weite und der Verlorenheit überwältigt. So steinig der Boden ist, gibt er doch hin und wieder um Zentimeter nach, sodass man glauben könnte, auf Treibsand zu gehen. Unterirdische Wasserläufe, die den Schotter unterspülen, treten da aus dem Kies und versickern dort im Geröll. Kalk und Lehm färben das Wasser milchig grün. Unzählige gemusterte Steine verdichten sich zum Mosaik oder liegen wie ausgesät im grauen Schlick. Sonnengebleichtes Treibholz weckt Assoziationen mit den Skeletten verendeter Tiere. Reifenspuren, die im Nichts enden, erinnern an die Abdrücke einer Mondfähre. Man muss kein Naturwissenschaftler sein, um diese Flusslandschaft faszinierend zu finden, noch größer ist der Erlebniswert, wenn man sich ihre geologischen und biologischen Besonderheiten vor Augen hält.

Nicht annähernd so prominent wie andere Flüsse, ist der Tagliamento doch ein Gewässer der Superlative. So handelt es sich um den letzten großen Alpenfluss, der fast ungezähmt von den Bergen ins Mittelmeer fließt und im Mittelabschnitt einen gewaltigen Korridor aus weitgehend intakten Auen bildet. Dieser erstreckt sich über 150 km² und übertrifft damit den Nationalpark Donauauen in Österreich um mehr als die Hälfte. Das weiße Band aus Kies und Sand ist von der Internationalen Raumstation aus mit freiem Auge sichtbar; Satellitenbilder zeigen ein kompliziertes Geflecht aus silbrigen Rinnen und langgestreckten Inseln, die manchmal bewachsen, meist aber kahl sind. Kartografen haben ihre liebe Not, denn das Gelände, Steinschuttflur genannt, ist äußerst labil: Nach jedem Hochwasser entstehen neue Wasserläufe, selbst die größten Inseln überdauern keine 20 Jahre. Auch der Verlauf des Ufers verändert sich ständig und ist durch unzählige Einbuchtungen und Halbinseln gekennzeichnet. Haben verbaute Flüsse – und das sind 90 Prozent aller Alpenflüsse – eine Uferlänge von rund 2 km pro Flusskilometer, messen die Ufer des Tagliamento das 25fache der Länge des Flusses.

Die Dynamik der Landschaft hat ein Mosaik aus Biotopen hervorgebracht, wie es in Europa sonst kaum noch zu finden ist. Eine Schlüsselrolle spielt dabei das sogenannte Totholz – Baumstämme, die durch Ufererosion, Stürme oder Hochwässer in den Fluss geraten, sich an seichteren Stellen verfangen und in der Folge die Ablagerung von Schotter bzw. die Herausbildung von Inseln begünstigen. Aufgrund ständiger Störungen durch Überschwemmungen oder Trockenphasen können hier nur hochspezialisierte Pionierpflanzen Fuß fassen. Botaniker sprechen von krautiger Kiesbankvegetation wie Knorpelsalat-, Uferreitgras- und Zwergrohrkolben-Gesellschaften. Keine besondere Schönheit, aber eine Rarität ist die Deutsche Tamariske, die einzige ihrer Gattung in Mitteleuropa. Sie »lebt« vom Grundwasser, das durch den groben Kies strömt, und hat ein so tiefreichendes Wurzelwerk sowie besonders elastische Zweige, dass sie selbst heftigste Überflutungen übersteht. Die dünnen Äste tragen graugrüne schuppenartige Blätter, an deren Enden die kleinen weißlichen Blütenähren hängen. Ihr Vorkommen gilt im Verbund mit der besenförmigen Purpurweide als verlässlicher Indikator für eine intakte Steinschuttflur.

Auch für die Tierwelt stellt das Gebiet eine enorme Herausforderung dar, weshalb sich nur wahre Überlebenskünstler behaupten können. Sie müssen lange Trockenzeiten ebenso verkraften wie regelmäßige Hochwässer, in deren Folge sich das Terrain völlig verschieben kann. Dazu kommen enorme Temperaturunterschiede. Im Frühjahr fließt eiskaltes Schmelzwasser über die Kiesbänke; im Sommer heizt sich der

Der Tagliamento bei Somp Cornino

Boden auf über 50° C auf. Diese Bodenheizung machen sich manche Vögel zunutze, wenn sie ihre Eier, die den gesprenkelten Kieselsteinen täuschend ähnlich sehen, direkt in den Sand legen. Es sind dies die Flussseeschwalbe, der Flussuferläufer und der Flussregenpfeifer, der zu den bedrohten Tierarten zählt. Sein Rücken ist braun, die Unterseite weiß gefärbt; markante schwarze Streifen und ein gelber Augenring zieren den Kopf. Zweisprachig, nämlich wie »piu« und »pri«, klingt sein Ruf. Ideale Brutbedingungen finden auch der Ziegenmelker, der Brachpieper, der Triel, die Zwergdommel, der Eisvogel, der Neuntöter und der Schwarzstirnwürger vor, alles Vögel, die anderswo stark gefährdet sind.

Häufiger trifft man einen entfernten Verwandten des Wanderers, den Laufkäfer, an. 103 verschiedene Arten und bis zu 200 Exemplare pro Quadratmeter finden sich am Flussufer. Enorm ist auch die Schmetterlingspopulation: Vor wenigen Jahren wurden immerhin 50 verschiedene Arten gezählt; fast ebenso groß ist die Anzahl der Heuschrecken- und Grillenarten. Die Insektenmassen locken nicht nur Vögel an, sondern dienen auch verschiedenen Amphibien als Nahrungsreservoir. Dazu gehört die vom Aussterben bedrohte Wechselkröte, die mit der Trockenheit besonders gut zurechtkommt und sonst hauptsächlich in Steppengebieten beheimatet ist. Wer die Augen offenhält, hat gute Chancen, das schöne Tier zwischen großen Steinen oder im Treibholzgenist zu entdecken. Es hat scharf konturierte grüne Flecken und ist mit Warzen übersät. Seinen Namen verdankt es der Fähigkeit, die Grundfarbe nach Chamäleonart der Umgebung anzupassen.

Kein Paradies ohne Bedrohung: Wenige Kilometer südlich von Cornino plant die Regionalregierung Regulierungsmaßnahmen, die das Natura-2000-Gebiet »Greto del Tagliamento« unwiderruflich zerstören würden. Geplant sind riesige Rückhaltebecken mit bis zu 10 m hohen Betondämmen, die die Fließgeschwindigkeit des Tagliamento stark senken und damit die gesamte Dynamik des Flusses verändern würden. Die Pläne basieren auf veralteten Daten und sind auf Überschwemmungen angelegt, wie sie nur alle 100 Jahre vorkommen. Auch ist unklar, ob ihre Verwirklichung tatsächlich den erwünschten Hochwasserschutz brächte. Der WWF schlägt daher vor, bereits bestehende Verbauungen zu verbreitern und dem Fluss im Bereich der geplanten Dammbauten noch mehr Raum zu geben. Ob sich ökologische Vernunft gegen italienische Bauwut durchzusetzen vermag, ist die Frage.

Più piacere

IX. ÜBER DIE SCHWELLE
Rundwanderung am Monte Prat

Westlich von Osoppo, wo der Tagliamento sich breit zu machen beginnt, erhebt sich eine hügelige Hochebene namens Monte Prat. Was vom Tal aus betrachtet wie eine unscheinbare Geländestufe wirkt, erweist sich aus der Nähe als reizvolle Kulturlandschaft von fast mediterranem Charakter. Ihre besondere Schönheit bezieht sie aus der Kleinteiligkeit: Romantische Blockwälder, die von Dolinenkratern übersät sind, wechseln sich mit großen Lichtungen und ehemaligen Weideflächen ab; weit verstreute Häuser und ein paar verträumte Weiler kennzeichnen die Siedlungsstruktur. Vorherrschendes Element sind aber die unzähligen Trockenmauern und Steinwälle, davon manche von beachtlicher Höhe, die jeden Pfad und jedes Sträßlein säumen. Kaum ein Gebiet im Friaul besitzt ein so dichtes Netz an gut erhaltenen Kulturwegen.

Der jähe, jedoch nur mäßig anstrengende Anstieg von Somp Cornino wird mit einer wunderbaren Aussicht auf die friulanische Ebene und zum Meer belohnt. Zwei hübsche Weiler, Ledranie und Val, die an der Bergkante sitzen, bilden den Beginn einer losen Kette von liebevoll renovierten Steinhäusern entlang des weiteren, nun nur noch sanft ansteigenden Weges. Bereits eine Stunde später hat man den höchsten Punkt der Wanderung, das Val Tochel, eine sanfte Mulde am Fuße des Monte Cuar, erreicht. Der Rückweg ins Tal ist kaum weniger harmonisch, wieder prägen mauergefasste Wiesen und kleine Gehöfte das Bild. Kurz unterbrochen wird die Idylle nur in San Rocco und Cornino, die von Erdbeben und Wiederaufbau gänzlich entstellt wurden. Umso schöner ist der Ausklang am Tagliamento, dessen unberührte Flusslandschaft zum Verweilen und Baden lädt. Und zu guter Letzt bietet sich ein Rundweg am Lago di Cornino als *bonustrack* an.

Weidegatter am Monte Prat

HINWEISE ZUR WANDERUNG

LÄNGE: 16 km

ANSTIEGE: 750 m

GEHZEIT: 6 Std.

ANFORDERUNGEN: Ausdauer

KARTE: Tabacco-Wanderkarte 020, Prealpi Carniche e Giulie del Gemonese, 1:25.000

EINKEHRMÖGLICHKEITEN: Somp Cornino, Monte Prat

ANFAHRT: A 23, Ausfahrt Gemona, dann den Wegweisern bis Osoppo folgen. Von dort auf der SS 463 südwärts bis Majano, dann nach rechts in die SP 84, die bald darauf den Tagliamento überquert. Nach der Brücke biegt man nach rechts und erreicht gleich darauf Somp Cornino.

ANMERKUNGEN: Die Wanderung ist zu jeder Jahreszeit, auch im Winter, von großem Reiz. An heißen Tagen kann der Anstieg jedoch schweißtreibend werden – unbedingt früh aufbrechen und genügend Trinkwasser mitnehmen!

WEGBESCHREIBUNG

Ausgangspunkt der Wanderung ist die Bar da Molinaro im Ortskern von **Somp Cornino**. Man geht auf der Straße in östliche Richtung, passiert das **Oratorio San Vincenzo Ferreri** und biegt nach 30 m nach links in die **Via della Resistenza**. Beim Haus Nr. 18 wendet man sich nach links und steigt auf einem Treppenweg zu einer Querstraße am oberen Ortsrand an; auf dieser nach rechts. Nach 40 m wendet man sich nach links in einen ansteigenden Weg (Wegweiser »Monteprat, Ledranie«), dem man bis zu einem markierten Querweg folgt; auf diesem nach rechts. Knapp 1 Std. auf schönem Kulturweg, stets der **Markierung Nr. 817** bzw. den Wegweisern folgend, steil bergauf. Man stößt auf ein Quersträßchen, geht links und erreicht kurz darauf den Weiler **Ledranie** (1:30 Std.). Von hier empfiehlt sich ein kurzer Abstecher nach links, wo sich am Rande einer Wiese ein schöner **Aussichtspunkt** befindet.

Von der Häusergruppe auf markiertem und stellenweise etwas verwachsenem Weg Nr. 817 weiter bergauf. Man gelangt zu einer Querstraße, wendet sich, die Markierung verlassend, nach links und trifft im Weiler **Val** ein (2:00 Std.). Netter Aussichtshügel links der Straße. Auf kaum befahrenem Sträßchen weiter bergauf. Nach etwa 200 m ignoriert man eine Abzweigung nach links (Wegweiser »Monte Prat«).

[**VARIANTE:** Man folgt dem Wegweiser »Monte Prat« und wandert auf dem Weg Nr. 818 bis zum Albergo Monte Prat (3:00 Std.).]

Nach weiteren 150 m wendet man sich scharf nach rechts in eine Fahrspur und steigt wenige Meter zu einem schönen **Rast- und Aussichtsplatz** an.

Man kehrt zur Straße zurück, geht rechts und gelangt kurz darauf zu einer **Dreifachgabelung**. Man nimmt den mittleren Weg und folgt nun wieder der Markierung **Nr. 817**. Sehr schöner Weg zwischen Dolinen und Steinmauern sowie vorbei an etlichen malerischen Häusern bis zu einer **Querstraße**. Man geht rechts und erreicht bei der darauffolgenden Gabelung das **Val Tochel** (3:00 Std.).

Man geht links (Wegweiser »Val d'Arzino« und nimmt nach wenigen Metern *nicht* die Abzweigung des markierten Weges Nr. 816 nach links, sondern geht auf dem Sträßchen geradeaus. Schöne Blicke auf den Monte Cuar. Nach 200 m eine weitere Abzweigung; man geht links, passiert ein Haus und trifft wieder auf den markierten Weg; auf diesem nach rechts. Man folgt der Markierung, teils auf schmalen Pfaden, teils auf Karrenwegen und asphaltierten Sträßchen bis zu einer **Kreuzung** vor einem großen Ferienhaus. Man geht geradeaus und erreicht das **Albergo Monte Prat** (4:00 Std.).

Nach der Einkehr weiter auf dem Sträßchen in östlicher Richtung. Nach 200 m nimmt man eine Abzweigung nach rechts (Markierung Nr. 818, Wegweiser »San Rocco, Cornino«). Auf schönen Wegen, stets der Markierung folgend und ständig bergab, bis zum Weiler **Ca dell'Agnola** und weiter bis zur **Kirche von San Rocco** (5:00 Std.).

Man passiert die Kirche und steigt kurz darauf nach links zum unteren Ortsteil ab, von wo ein alter (markierter) Kulturweg nach **Cornino** führt (5:15 Std.).

Auf der Hauptstraße nach rechts, dann nach links in Richtung Kirche. Bereits nach wenigen Schritten, auf Höhe der Via Muris, wendet man sich nach links in einen absteigenden, betonierten Fußweg, dem man bis zu einer großen **Straßenkreuzung** am Talboden folgt. Man geht geradeaus (Wegweiser »Udine«) und findet nach 150 m auf der linken Straßenseite den Einstieg in den *Sentiero dell'acqua*, über den man zu einem Feldweg absteigt; auf diesem nach rechts. Nach gut 100 m eine **Obstplantage**; man geht links. Rund 10 Min., die Richtung ungefähr beibehaltend, bis zu einem Querweg; auf diesem nach links. Man erreicht eine Wegkreuzung, wendet sich nach rechts und gelangt zum Ufer des **Isonzo** (5:30 Std.). Bademöglichkeit.

Man kehrt zur Wegkreuzung zurück und geht geradeaus. Nach 300 m ein Quersträßchen; man geht rechts und wendet sich sofort nach links. Vorbei an einem großen Stallgebäude bis zur **Hauptstraße**, welche man überquert, um halblinks über ein Gässlein zum Ausgangspunkt zurückzukehren (6:00 Std.).

Wohnhäuser in Somp Cornino

AM WEGE

Somp Cornino | Somp Curnin

Es liegt am Fuße des Monte Prat und ist die ansprechendste Ortschaft der Gemeinde Forgaria nel Friuli. Denn während die höher gelegenen Nachbardörfer San Rocco und Cornino mit dem Erdbeben (bei dem 76 Bewohner ums Leben kamen) ihr Gesicht verloren haben, blieb in Somp Cornino einiges an alter Bausubstanz erhalten. Prägend sind drei weilerartige Häusergruppen, die sich jeweils einer kleinen Piazza zuwenden und damit separate Ortskerne bilden. Die meisten Häuser gehen auf das 18. Jahrhundert zurück und sind das Ergebnis einer organischen bäuerlichen Architektur, die einem ständigen Wandel unterworfen ist. Das grobe Baumaterial, ob für die Hausmauern, für die Einfriedung der Grundstücke oder für die Pflasterung der alten Wege, stammt vorwiegend aus dem Tagliamento; bearbeitete Ziersteine an Fenstern und Türen gibt es nur in Ausnahmefällen. Schmucklos sind auch die Holzbalkone, die einst der Trock-

Glückliche Schweine am Monte Prat

nung von Mais und Gemüse dienten und heute immer öfter von Metall- oder Betongeländern ersetzt werden. Eine wilde Mischung aus halb verfallenen Steinhäusern und geflickten Gebäuden mit allerlei Betonanhängseln ist an der Straße mit dem schönsten Namen, der *Via della Resistenza*, zu sehen.

Mit dem *Oratorio di San Vincenzo Ferreri* aus dem Jahr 1779 besitzt Somp Cornino ein architektonisches Kleinod, dessen Reize sich meist hinter zwei überdachten Toren verbergen. Wer einen Blick in den gepflasterten Innenhof erhascht, sieht ein L-förmiges Gebäude mit einem ebensolchen Laubengang, der von einem dreifachen Rundbogen und einer Reihe ovaler Fenster im Dachgeschoß akzentuiert wird. Geschnitzte Pfosten, Säulen und Archivolten sowie ein Fresko, das eine Kreuzigungsgruppe darstellt, unterstreichen den klösterlichen Charakter des Gebäudes. Errichtet wurde das Haus samt angrenzendem Kirchlein von den wohlhabenden Gebrüdern Marcuzzi, die gleichzeitig die nachfolgenden Generationen verpflichteten, für regelmäßigen Priesternachwuchs zu sorgen. Die Kirchenglocken stammen aus Klagenfurt, gingen aber beim Erdbeben ihres Turmes verlustig.

EINKEHR:

Da Molinaro. Melancholische Straßenbar, die sich mit dem angeschlossenen Alimentari nur mühsam am Leben erhält.

Monte Prat | Mont di Prât

Es ist nicht viel, was der Werbetext verspricht, aber es deckt sich mit der Wirklichkeit: »Stille, gute Luft, reine Natur und Häuser aus Stein«. So ist man fast versucht, vom Besuch des Ortes abzuraten, auf dass er ein Geheimtipp bleibe und keine Besuchermassen die Idylle stören. Andererseits besitzt Monte Prat seit kurzem eine vorbildliche touristische Einrichtung, der man den erhofften wirtschaftlichen Erfolg gerne gönnt. Sie nennt sich *L'Albergo Diffuso* und besteht aus 22 weit verstreuten Ferienhäusern, die zentral vergeben und betreut werden. Das Besondere ist, dass es sich dabei meist um alte, bis vor kurzem noch vom Verfall bedrohte Bauernhäuser oder Weiler handelt, die mit viel Gespür und unter Anwendung alter Bautechniken revitalisiert wurden. So blieben die ursprünglichen Hausformen und die charakteristischen Steinmauern erhalten, ohne dass der Gast auf zeitgemäßen Komfort verzichten muss. Auch die neueren Bauten korrespondieren (bis auf wenige Ausnahmen) mit der historischen Substanz. Das älteste Haus stammt aus dem Jahr 1775 und gehört zu Ledrania, einem besonders malerischen Weiler am südöstlichen Abhang des Plateaus. Von hier genießt man an klaren Tagen den Blick zum Golf von Triest und führen die schönsten Spazierwege nach Monte Prat. Kein besserer Ort zum Aufatmen und Abschalten.

EINKEHR:

L'Albergo Diffuso, 0039/0427/809091, www.monteprat.it

Wer sich nicht selbst versorgen will, ist mit dem *Ristorante Monte Prat* im »Hauptort« (der nur eine unscheinbare Streusiedlung ist)

Bei Ledronie

gut bedient. Auf den ersten Blick wenig einladend, erweist sich das Lokal bald als besonders gastfreundlich und – vor allem im Hinterzimmer – als durchaus gemütlich. Auch die Hervorbringungen der Küche sind tadellos. Angeschlossenes Lebensmittelgeschäft und Fremdenzimmer, 0039/0427/808050.

Lago di Cornino

Fast unnatürlich türkisblau und smaragdgrün gefleckt liegt der kleine Karstsee an der Straße nach Peonis. Er ist 10.000 Jahre alt, wird ausschließlich unterirdisch gespeist und zeichnet sich infolge ständigen Wasseraustausches durch besondere Klarheit aus. Für das effektvolle Farbenspiel sorgen der sandige Grund und die Wasserpflanzen. Man erreicht den See über einen aufwändig gestalteten Wanderweg, der eine Umrundung sowie einen Abstecher zum Tagliamento ermöglicht. Der Besuch des Naturschutzgebietes lohnt vor allem wegen der *grifoni*, Gänsegeier, die hier Ende der 80er Jahre angesiedelt wurden und oft stundenlang über dem Tagliamento kreisen. Aus der Nähe können einige Exemplare in den Volieren des Besucherzentrums besichtigt werden. Die imposanten Vögel haben eine Flügelspannweite von 2,8 m, können Aas aus 3 km Entfernung erkennen und werden über 40 Jahre alt. Es sind ausgesprochen gesellige Tiere, die gerne in Kolonien brüten und mittlerweile fast 100 Exemplare zählen. Erschöpfte Wanderer haben nichts zu befürchten, da die Vögel sich nur an gänzlich Leblosem gütlich tun.

In Chiout di Gus

BETRIFFT: FURLAN

Im Friaul leben freundliche Menschen. Das kann der Wanderer ihrem Gesichtsausdruck entnehmen, auch wenn er vielleicht nicht versteht, was ihm gewünscht wird, wenn ihm im Vorübergehen ein »Buon di'« zugerufen wird. Mit diesem »Guten Tag« trifft er vielleicht erstmals auf die drittgrößte Minderheitensprache Italiens, die nach Schätzungen von 500.000 bis 700.000 Personen hauptsächlich in den Provinzen Udine, Pordenone und Gorizia gesprochen wird. Sie umfasst viele Dialekte und hat etliche deutsche Namen: das Friulanische, das Friaulische oder Furlanische oder Friulische. Jede dieser Bezeichnungen findet sich in ernstzunehmenden wissenschaftlichen Auseinandersetzungen mit dem Gegenstand, der sich in der eigenen Sprache »furlan« nennt und im Italienischen »friulano« heißt. Aufgrund der lautlichen Nähe zum »Original« werden hier die Bezeichnungen »furlanisch« und »furlansprachig« verwendet.

Das Furlanische steht typologisch zwischen dem Italienischen und dem Französischen. Die Theorie, dass es mit dem Ladinischen und dem Bündnerromanischen zu den rätoromanischen Sprachen zählt, ist heute sehr umstritten. Für die Sprachgruppe findet sich immer noch die Bezeichnung »Alpenromanen«, obwohl der größte Teil der Sprecher außeralpin, nämlich in der furlanischen Tiefebene, lebt. Furlanisch wurde in Italien 1999 als Minderheitensprache anerkannt.

Der Kulturraum (oder das historische) Friaul, der mit kleinen Abweichungen auch dem furlanischen Sprachgebiet entspricht, hat als Grenzen die Flüsse Livenza im Westen und Isonzo im Osten und beinhaltet damit auch ein relativ großes slowenischsprachiges Gebiet, die deutschen Sprachinseln Sappada/Ploden sowie Sauris/Zahre und Timau/Tischelwang, das gemischtsprachige deutsch-slowenisch-furlanische Kanaltal, die venezianischsprachigen Küstenorte Marano und Grado sowie den östlichen Teil der Provinz Venedig.

Die Ureinwohner Friauls waren Karnier, bis zur Ankunft der Römer war eine Varietät des Keltischen am weitesten verbreitet. Der keltische Anteil am modernen Wortschatz ist jedoch gering, erhalten geblieben sind etwa *bussâ* für küssen, *trol* für Weg oder *bregons* für Hose. Da auch der Einfluss des Langobardischen gering ist, geht man davon aus, dass sich das Furlanische um 1000 entwickelte, ähnlich anderer Dialekte, die sich vom Standard-Latein abspalteten. Die Latinisierung wurde jedenfalls von den Patriarchen von Aquileia gefördert und durch die lange Zugehörigkeit der Region zu Venetien.

Erste furlansprachige Dokumente, Verwaltungsakten nämlich, stammen aus dem 13. Jahrhundert. Ab dem 15. Jahrhundert sprach die Mehrzahl der Bevölkerung Furlanisch, der Adel Lateinisch oder Deutsch, bis es vom venezianischen Dialekt als Hauptsprache abgelöst wurde. Noch bis vor 200 Jahren waren die Provinzen Pordenone und Triest furlansprachig, heute spricht man vielfach venezianische Dialekte.

Letzte Umfragedaten wurden 2001 veröffentlicht: Im traditionellen furlansprachigen Gebiet sprechen es 57 Prozent, das bedeutet eine Abnahme seit der davorliegenden Umfrage von 1978 um 20 Prozent, 20 Prozent nur ab und zu, 2,6 Prozent gar nicht. Bezeichnend ist, dass 50 Prozent der Befragten Furlanisch mit den Eltern sprechen, aber nur 35 Prozent mit ihren Kindern.

Das Furlanische unterteilt sich in vier Dialekte: zentralfurlanisch (wird in der Provinz Udine gesprochen), nordfurlanisch (in der Carnia), südost-furlanisch (in der Bassa Friulana) und westfurlanisch (Provinz Pordenone). Die Verständigung zwischen den Dialekten ist einfach, Frauen etwa heißt *feminis, femines* oder *feminas;* starke Differenzierungen gibt es nur bei Pflanzen- und Tiernamen sowie im Fachwortschatz traditioneller Berufe. Fast jeder Ort Friauls besitzt sowohl einen italienischen als auch einen furlanischen Namen. Seit 2004 werden einsprachige Ortstafeln durch zwei- oder seit 2006 auch dreisprachige (italienisch, furlanisch und slowenisch) ersetzt, etwa 40 Prozent der Gemeinden Udines haben solche schon.

Erst 1871 begann eine umfassende sprachwissenschaftliche Beschäftigung, als Jacopo Pirona einen Meilenstein in der Tradition der Dialektwörterbücher, das erste große Wörterbuch Furlanisch-Italienisch, vorlegte. Es enthält z. B. das Gleichnis vom verlorenen Sohn in mehreren furlanischen Dialekten. Das Furlanische wird hierin als *favello* oder *idioma* bezeichnet, oft als *dialetto,* nie als *lingua,* was dem Italienischen vorbehalten bleibt. 1919 wurde in Gorizia die *Società Filologica Friulana* mit dem Ziel der Förderung furlanischer Sprache und Kultur gegründet, die ihre Aufgaben bis heute wahrnimmt und großen Einfluss besitzt.

Die Spaltung Europas nach dem Zweiten Weltkrieg in den kapitalistischen Westen und den kommunistischen Osten, deren Grenzen direkt durch die Region verliefen, hatte fatale Auswirkungen auf die regionale Sprachenvielfalt: das Furlanische wurde als minderwertiger Ausdruck einer Bauernkultur abgetan, im Ringen um die innere Einheit wurden Einflüsse des Deutschen oder Slowenischen nivelliert und die Ortsnamen etwa flächendeckend italianisiert. Die Gegenbewegung wollte Furlanisch nicht länger als Dialekt des Italienischen gelten lassen, und die Suche nach Beweisen einer sprachinternen Einheit unter den furlanischen Dialekten begann. In dieser Zeit entstand der Begriff der furlanischen Koiné, einer werdenden Standardsprache. Geprägt wurde er vom Priester Giuseppe Marchetti, und wie so oft hatte auch bei ihm die Beschäftigung mit der sprachlichen Einheit eine politische Stoßrichtung. Marchetti war sehr nationalistisch, einem obskuren Keltismus verfallen, der der Region ihre Latinität absprach. 1952 legte er in einem ersten Versuch, ein Standardfurlanisch zu fixieren, die erste große Grammatik vor, die für Jahrzehnte die Standardgrammatik der Furlanischkurse der *Società Filologica Friulana* war. Eine solche Fixierung mittels einer Koiné wurde – und wird – als einzige Möglichkeit gesehen, die furlanische Sprache zu retten, auch wenn eine Koiné nicht alle dialektalen Varianten berücksichtigen kann. Dieser Zwiespalt bestimmt die Debatten um die furlanische Sprache bis heute.

»Die entschiedensten Befürworter des Friaulischen betonen seine Distanz zum Italienischen, seine innere Homogenität, die Existenz einer friaulischen Nation, ihre enge Verwandtschaft mit den zwei anderen ladinischen Sprachgruppen, die keltischen Wurzeln der Region und die Bedeutung des germanischen Elementes (langobardische Präsenz, Einfluss der deutschen Kultur durch deutsche Patriarchen). Sie fordern eine komplette Zweisprachigkeit (...) und eine umfassende Sprachplanung (...). Die Gegner des Friaulischen betrachten das Friaulische als Dialekt des Italienischen oder als Sprache, die eng mit dem Italienischen verwandt ist, streichen seine Vielfalt an Dialekten heraus und die tausendjährige kulturelle Latinität und Italianität der Region. Sie sprechen sich höchstens für eine freiwillige Einführung des Friaulischen in den Schulen und gegen seinen öffentlichen Gebrauch aus. (...) Seine Standardisierung würde außerdem seine dialektale Vielfalt gefährden und den Sprechern eine Kunstsprache aufzwingen, die obendrein nur Kosten und soziale Spannungen verursache«, schreibt Davide Turello in seiner lesenswerten Dissertation »Sprachplanung des Friaulischen: eine Untersuchung der Standardisierungsprozesse« 2005.

Schon in den 60er Jahren beeinflusste die politische Frage, die oft nach Autonomie fürs Friaul verlangte, die Sprachenfrage stark; die Abgrenzung zum Italienischen wurde überbetont, was in der Erfindung von Neologismen gipfelte, um die Sprache »rein« zu halten. 1985 erscheint das zweibändige *Vocabolario della lingua friulana* von Giorgio Faggin. Das Werk basiert auf dem Wörterbuch Pironas, außerdem zieht Faggin fast alle Schriftsteller der letzten 50 Jahre als Quelle heran. Aber auch Faggin enthält sich nicht gewisser »Sprachsäuberungen«: Er nimmt etwa als selbstständige Einträge kaum Wörter auf, die ein -o im Auslaut haben, weil dieser Vokal in echten furlanischen Wörtern nicht vorkommen könne, auch wenn dies dem tatsächlichen Sprachgebrauch nicht entspricht. Die sprachliche Realität am wenigsten abbildend ist dabei etwa der Eintrag »pomodoro«, bei dem Faggin ohne weitere Angaben auf »tomat« verweist. Dieses »tomat« kommt in der gesamten furlansprachigen Literatur ein einziges Mal in einem scherzhaften Text aus dem 19. Jahrhundert vor – dies reicht Faggin jedoch, um es als Ersatz für den Italianismus »pomodoro« vorzuschlagen. Ähnlich der Eintrag »zero«, der auf das völlig unbekannte »nule« verweist, belegt durch ein einziges Zitat.

Das Regionalgesetz 15 von 1996 sah unter den Maßnahmen zur Förderung des Furlanischen auch die Einrichtung des *Osservatorio Regionale della Lingua e della Cultura Friulane* (OLF) vor. Eine der ersten Aktivitäten dieser neu gegründeten Institution war eine zweitägige internationale Tagung an der Universität Udine mit dem Titel *Cuale lenghe furlane?* (Welche furlanische Sprache?) Als die OLF mit Reglementierungen des Sprachgebrauchs an die Öffentlichkeit trat, beschwor sie damit eine Welle der Entrüstung unter Schriftstellern und Autoren herauf. Bekannte Gedichte in einer der Koiné angepassten Form wurden veröffentlicht, unter dem Motto *i poeti normalizzati* protestierten die Dichter dagegen in der Presse heftig.

Das letzte Wörterbuch, das *Grant Dizionari Bilengal Talian-Furlan* (2004) hatte eine lange und komplexe Vorbereitungsphase, für die beteiligten Wissenschaftler war es unentbehrlich, »dass das Friaulische seine Anwendungsgebiete erweitert und auch in Massenmedien, Schulen und Verwaltung verwendet wird.« Das Prinzip dabei ist nicht die Suche nach der Differenzierung vom Italienischen, sondern die Suche nach interner Konsequenz, trotz des Italienischen. Weiters wird versucht, die regionalen Dialekte nach Möglichkeit mitzunehmen. 2004 erschien die erste Ausgabe von 6.500 Wörtern, die 98 Prozent der Alltagssprache abdecken, auf CD-ROM, seit 2005 unter www.cfl2000.net herunterladbar. Seither wurden vier fachspezifische Wörterbücher erstellt, etwa das *Dizionari talian-furlan di informatiche e gnovis tecnologjiis.*

Auch die Bibel bekommt man furlansprachig, ebenso wie einige Klassiker von »Don Quijote« bis zur »Göttlichen Komödie« Dantes. Doch das Furlanische weit in die Welt hinaus getragen hat im 20. Jahrhundert der Regisseur, Dichter und Publizist Pier Paolo Pasolini, der seine Werke im westfurlanischen Dialekt verfasste. Der Schriftsteller und Übersetzer Hans Kitzmüller übertrug etwa Pasolinis Theaterstück *I Turcs tal Friul* (Die Türken in Friaul) ins Deutsche und ist heute ein bedeutender Übermittler des Furlanischen. Sein Verlag »Braitan« ist eine der wenigen grenzüberschreitenden verlegerischen Initiativen in Europa, in der etwa mehrsprachige Editionen der österreichischen Schriftsteller Gustav Januš und Janko Ferk erschienen, eine Anthologie furlanischer Lyrik in deutscher Übertragung (Wie eine Viole in Casarsa) oder Werke furlanisch schreibender Autoren wie Novella Cantarutti, Amadeo Giacomini oder Celso Macor, die bei mehreren Lesungen auch das Publikum in Wien und Klagenfurt begeisterten.

Annemarie Pilgram-Ribitsch

TELEFONO

XI. DIE LETZTEN DÖRFER
Wanderung bei Prossenico

Wer von Attimis über unzählige Kehren nach Prossenico gefahren ist, wähnt sich dort vielleicht am Ende der Welt und befindet sich doch erst am Ausgangspunkt einer Wanderung dorthin. Sie führt durch einsame Täler und Wälder entlang der slowenischen Grenze und verbindet einen magischen Ort mit dem anderen. Es sind dies ein verlassener Weiler, der nahe des Natisone-Ursprungs dem Vergessen anheim gefallen ist, eine antike Bogenbrücke aus Stein im Nirgendwo und die dunklen Wasserfälle des Torrente Namlen. Zwei Dörfer, Montemaggiore und Platischis, mit dem Charme von Verbannungsorten, frönen der Melancholie. Heiter und offen liegt Campo di Bonis, ein Plateau, das den Pferden vorbehalten ist, dazwischen. Wie ein Tsunami bäumt sich der Monte Briniza im Norden auf. Labung und Trost findet man in den Gaststätten am Weg. Der Stärkung bedarf es wegen des schlechten Wegzustandes im letzten Drittel, der zum dramatischen Finale überleitet: der abenteuerlichen Durchquerung einer wilden Schlucht, die einigen Wagemut und Sinn für Gleichgewicht erfordert. Wie geschaffen für nasse Füße ist die Feuerstelle in der Dorfkneipe von Prossenico.

HINWEISE ZUR WANDERUNG
LÄNGE: 20 km
ANSTIEGE: 750 m
GEHZEIT: 6:15 Std.
ANFORDERUNGEN: Ausdauer, Trittsicherheit und Schwindelfreiheit
KARTE: Tabacco-Wanderkarte 026, Prealpi Giulie – Valli del Torre, 1:25.000

Am Weg nach Montemaggiore

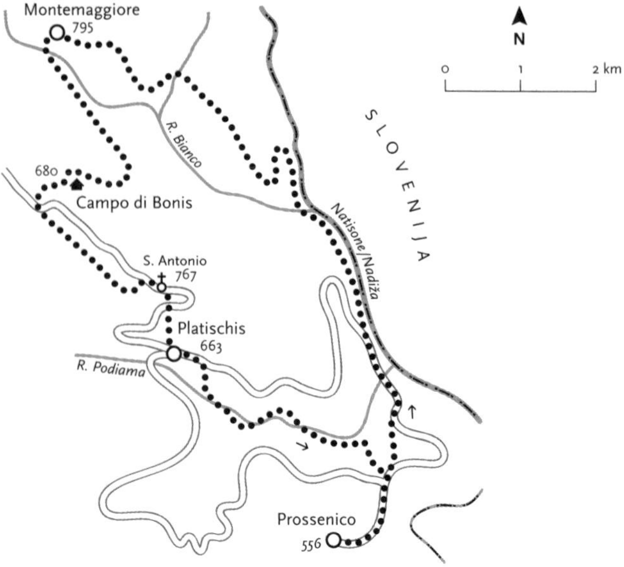

EINKEHRMÖGLICHKEITEN: Prossenico, Montemaggiore, Campo di Bonis, Platischis

ANFAHRT: A 23, Ausfahrt Gemona, dann auf der SS 13 Richtung Udine bis Artegna und weiter auf der SS 356 bis Tarcento. Von dort auf der SS 356 über Nimis nach Attimis, von wo man über Subit nach Prossenico gelangt.

ANMERKUNGEN: Kurz vor Drucklegung des Buches wurde mit dem Ausbau eines Wanderweges zwischen Campo di Bonis und Platischis begonnen. Man halte sich, falls bereits vorhanden, an die entsprechende Markierung.

Im letzten Abschnitt setzt die Wanderung Unerschrockenheit voraus, da der Weg durch die Namlen-Schlucht teilweise seilgesichert ist und kaum gewartet wird. Die Begehung erfolgt auf eigene Gefahr. Vor dem Einstieg in die Schlucht empfiehlt es sich, die in Platischis angeschlagene Übersichtskarte gut zu studieren (insgesamt sind 14 Bachüberquerungen zu bewältigen!). Bei Regen ist der Weg gefährlich und kaum passierbar. Die Alternative: Von Platischis per Autostopp zurück nach Prossenico.

WEGBESCHREIBUNG

Man stellt den PKW am westlichen Ortsrand von **Prossenico** ab und durchschreitet das Dorf auf der Hauptstraße. Rund 200 m nach dem **Ortskern** (Bar Centrale) wendet man sich nach links in ein ansteigendes Sträßchen (Wegweiser »Tošič – piccolo borgo«). Man erreicht einen **Brunnen**; weiter bergauf. Man passiert das Haus Nr. 17 sowie zwei verfallene Häuser und gelangt, die Höhe beibehaltend, auf schmalem Pfad in den Wald. Schöner Weg oberhalb der Straße, der sich nach 5 Min. senkt. Man steigt zu einem **Sträßchen** ab und wendet sich scharf nach rechts, um kurz darauf die **Hauptstraße** zu erreichen; auf dieser scharf nach links (Markierung Nr. 744).

Man passiert den **Friedhof** und biegt nach 20 m, der Markierung folgend, nach links. 15minütiger Abstieg im Wald. Man erreicht neuerlich die Straße und geht auf dieser nach links. 10 Min. Asphalt bis zu einem **Grenzübergang** (0:45 Std.), den man rechts liegen lässt, um sich nach 20 m halbrechts in einen Schotterweg zu wenden (Markierung). Bequem entlang eines **Flusses**, den man nach 20 Min. in einer **Furt** durchschreitet. Gleich darauf verlässt man den Hauptweg und folgt dem markierten Weg nach links. 10minütiger steiler Anstieg im Wald. Man erreicht neuerlich den Hauptweg, quert diesen und steigt weitere 20 Min. bis zu einer großen **Lichtung** auf einem Sattel an. Hier scheint sich die Markierung zu verlieren. Man wendet sich halblinks und stößt bei einer Hausruine auf den **Hauptweg**, wo man sich halbrechts wendet und dem undeutlich markierten und stark verwachsenen Weg zwischen mehreren Ruinen bis zu einem **Haus** (Casa graziella Pia) folgt (2:00 Std.).

Nun folgt man der Markierung bzw. dem Wegweiser »**Antica Strada** Srednjo bardo – Montemaggiore« und steigt auf steinigem Weg in einen Graben ab, wo man einen Bach durchschreitet. Kurzer Gegenanstieg, dann fast eben bis zu einem weiteren Bach, den man mittels schöner **Steinbrücke** überquert. 30minütiger Anstieg bis **Montemaggiore** (3:00 Std.). Einkehr.

In Prossenico

Man durchschreitet den Ort in westlicher Richtung, passiert dabei die Trattoria Montecarlo und wendet sich nach 50 m nach links in einen **Treppenweg** (keine Markierung), der unterhalb einer betonierten Terrasse in den Wald führt. 15 Min. auf teilweise verwachsenem und provisorisch gelb markiertem Weg, wobei man (von zwei kurzen Abstiegen abgesehen) kaum an Höhe verliert und sich im Zweifel rechts hält. Man trifft schließlich auf einen geschotterten Fahrweg und geht links. Kurz darauf eine Gabelung; man hält sich links. Nach 5 Min. eine Dreifachgabelung; man bleibt rechts auf dem Hauptweg. Kurz darauf trifft man auf den markierten *Sentiero delle cascate* und geht geradeaus. Nach 100 m nimmt man eine Abzweigung nach rechts (Wegweiser »Agriturismo, 10 Min.«). Kurz darauf durchschreitet man eine Weide, gelangt zu den Stallungen und von dort zum Haupthaus des **Agriturismo Campo di Bonis** (3:45 Std.). Einkehr.

Vom Agriturismo auf dem Zufahrtsweg zur Straße; auf dieser nach links bis zur **Hauptstraße**. Man geht wieder links (Wegweiser »Prossenico«). Nach 200 m passiert man ein **Haus** und wendet sich nach wenigen Metern nach rechts in einen anfänglich kaum sichtbaren und später stark verwachsenen Pfad, der oberhalb der Straße ansteigt (provisorische gelbe Markierung). Nach gut 15 Min. scheint sich der Weg endgültig zu verlieren. Man behält die Richtung bei und trifft auf einen von links unten kommenden breiteren Weg, auf welchem man zur Straße absteigt; auf dieser nach rechts. 5 Min. Asphalt bis zu einem **Sattel**, wo man sich nach einer kleinen **Kapelle** nach rechts in einen Weg wendet. Kurzer Abstieg zur Straße, welche man quert, um auf breitem Weg weiter bergab bis **Platischis** zu wandern. Man durchschreitet den oberen Ortsteil und folgt der Straße bis zum **Borgo di sotto**, wo man eine **Osteria** passiert (4:30 Std.).

Nach 100 m, kurz vor einem Brunnen, eine Kreuzung; man geht rechts in ein Gässlein und gelangt zum Haus Nr. 87, wo der Fahrweg endet. Man geht geradeaus und findet einen treppenartig angelegten (unmarkierten) Pfad, der steil bergab in einen Graben führt. Im Talgrund angekommen, quert man den **Torrente Namlen** und folgt dem Pfad bis zu einem **Wasserfall**, unterhalb dessen man den Bach erneut überquert. Nach drei weiteren Querungen (die jeweils mit »Guardo« gekennzeichnet sind) steigt man über steile Stufen zu einer **Rastbank** hoch, wo man den Wegweiser »Belvedere« findet, welchen man jedoch ignoriert. Man wendet sich halb rechts und steigt über einen anfänglich stark verwachsenen und später seilgesicherten Pfad zu einem weiteren Bach ab, den es nun insgesamt fünfmal zu queren gilt, ehe man unterhalb eines weiteren **Wasserfalls** wieder zum **Torrente Namlen** gelangt. Weiter auf undeutlichem Pfad talauswärts, noch viermal die Seiten des Baches wechselnd, bis sich der Weg rechts des Baches verbreitert und in südöstlicher Richtung ansteigt. 15minütiger Anstieg bis zum **Friedhof**, wo man auf die Straße trifft. Man geht rechts und gelangt nach 10 Min. nach **Prossenico**. In der Ortsmitte empfiehlt sich die Einkehr in der **Osteria al centro** sowie der Abstieg zur **Kirche**, wo man sich nach rechts wendet und auf der unteren Dorfstraße zum Ausgangspunkt zurückkehrt (6:15 Std.).

AM WEGE

Prossenico | Prosnid | Prossinic

Der Ort verdient es, zum nationalen Kulturgut ernannt zu werden. Nicht, weil er besondere Kulturdenkmäler oder einen historischen Kern vorzuweisen hätte, sondern wegen seines herrlich chaotischen Ortsbildes. Es ist dies das Ergebnis einer Architektur, die sich keinerlei Reglement unterwirft, sondern sich bei der Form- und Farbgebung sowie der Wahl der Materialien hauptsächlich vom Zufallsprinzip leiten lässt. Das gibt es freilich auch anderswo, doch selten mit so viel Augenmaß wie in Prossenico. Eitelkeit scheint den Bewohnern völlig fremd; protzige Prestigebauten (bzw. deren billige Kopien) sind kaum zu sehen. Vielmehr scheint man sich mit der Unzulänglichkeit abgefunden und die Improvisation zum Stilmittel erhoben zu haben. Auch von zwanghafter Behübschung der Eigenheime ist wenig zu bemerken, sieht man vom unvermeidlichen Blumenschmuck und diversem gebasteltem Zierat ab. Letzterem haftet aber eher ein Hauch von Selbstironie an als dass er zur »Verschönerung« beiträgt. Als Beispiel dafür sei die Hauswand schräg vis-à-vis der Dorfkneipe genannt, wo man einen Rasierspiegel mit barockem Strahlenkranz, bunte Gießkannen und Gummihandschuhe zu einem surrealen Objekttheater vereint hat.

Die Anfänge der Ortschaft liegen buchstäblich im Dunkeln, nämlich in mehreren Höhlen, die bereits in prähistorischer Zeit bewohnt waren. Die erste schriftliche Erwähnung stammt aus dem 12. Jahrhundert. Mündlich überliefert ist, dass es die (slawischen) Vorfahren der heutigen Bewohner auf der Flucht vor den Türken in das abgelegene Gebiet verschlagen hatte, wo sie besonders schwierige Lebensbedingungen vorfanden. Der steinige Boden gab kaum das Nötigste her; Missernten – angebaut wurden Mais, Hafer, Hirse, Roggen und Bohnen – standen auf der Tagesordnung. Dokumentiert sind u. a. eine Hungersnot im Jahr 1664, bei der zahlreiche Dorfbewohner starben, sowie eine fast eineinhalbjährige Dürreperiode Ende des 18. Jahrhunderts, die mit ver-

Campo di Bonis

heerenden Waldbränden einherging. Aus dieser Zeit stammt auch der Spruch *nismo uridni ma potriebni* – wir sind nicht würdig, aber bedürftig.

Die bittere Armut der Vorfahren ist den Bewohnern von Prossenico noch heute in kollektiver Erinnerung. Erzählt wird von elenden Blockhütten mit Strohdächern, in denen Großfamilien auf engstem Raum hausten. Zur Abwendung von Bränden wurden Nachtwachen abgehalten, während derer man sich mit Liedern die Zeit vertrieb, die noch heute gesungen werden. Wurden die Hütten im 19. Jahrhundert nach und nach durch Steinhäuser ersetzt, bestanden die fernab des Dorfes gelegenen Unterkünfte der Hirten oft nur in notdürftigen Verschlägen oder Höhlen, die mit Reisig ausgelegt waren. Dem entsprach auch die Gewandung der Hirten in Form primitiver Umhänge, die aus Streifen von Lindenrinde geflochten wurden und gegen Wind und Wetter schützten. Auch die übrige Kleidung stammte vorwiegend aus eigener Produktion. Als Rohstoff diente selbst angebauter Hanf, aus dessen Fasern grobes Tuch gewebt wurde, das sich zu Unterwäsche, Beinkleidern und Bettzeug verarbeiten ließ. Ein Teil der Ware fand sogar auswärtige Abnehmer, was den Dorfbewohnern ein bescheidenes Nebeneinkommen bescherte. Weitere »Exportprodukte« waren handgefertigte Dachpfannen und Ziegel aus Ton, die in Holzformen gegossen, vor Ort gebrannt und in Tragekörben bis Attimis geliefert wurden. Noch weiter waren die Wege, die einige Familien in den Sommermonaten zurücklegten. Noch Anfang des 20. Jahrhunderts war es üblich, mitten in der Nacht mit Kind und Kegel in die Wälder aufzubrechen, um bei Mondschein Beeren zu sammeln und diese dann, ebenfalls zu Fuß, nach Cividale oder Kobarid zum Markt zu bringen. Die Straße von Prossenico ins Tal wurde erst 1935 gebaut.

EINKEHR:

Osteria al centro. Urgemütliches Dorfgasthaus, dessen freundlicher Wirt sich der traditionellen slowenischen Küche verschrieben hat und nicht den schlechtesten Wein kredenzt. Die Möblierung besteht aus nackten Holztischen und Bänken ohne Rückenlehne sowie einer Feuerstelle mit Ofenbank. Das Hinterzimmer dient zugleich als Krämerladen für das Notwendigste, 0039/0432/788194.

Montemaggiore | Brezje | Montmaiôr

Eine Ahnung, wie pittoresk sich einst die Häuser an den Berghang drängten, vermittelt das unbeholfene Ölbild im Speisesaal der Dorfkneipe; umso trostloser wirkt die barackenartige Architektur, die heute das Ortsbild bestimmt. Vor allem im oberen Ortsteil hat man alles daran gesetzt, jede Erinnerung an die Zeit vor dem Erdbeben auszumerzen und, wie zur Verhinderung neuer Erdstöße, jeden Quadratzentimeter mit Beton zu versiegeln. Dass Montemaggiore dennoch ein sympathisches Dorf ist, verdankt es einer großen abschüssigen Piazza und der erwähnten Gaststätte. Beide sind Treffpunkte heiterer und gelassener Leute, die die Hässlichkeit ihrer Ansiedlung fast vergessen machen. Schlecht gelaunt scheint nur der graue Hahn, der gelegentlich durch die Straßen stolziert.

In der Namlen-Schlucht

EINKEHR:

Trattoria Montecarlo. Freundlicher Wirt, deftige Gerichte, einfache Gästezimmer, 0039/0432/788013.

Campo di Bonis | Bona | Cjamp di Bonis

Sie ist die einzige Hochebene weit und breit und unterscheidet sich in der Vegetation stark von den Nachbargebieten. Vorherrschend sind sanft hügelige Wiesen mit sumpfigen Einsprengseln, die wie geschaffen für die Pferdehaltung sind. Weiden, Koppeln und Reitbahnen, die mit massiven Holzzäunen begrenzt sind, prägen das Bild. Neugierige Fohlen betteln um Zucker; stolze Reiterinnen sehen über den Wanderer hinweg. Cowboys sind in der Minderheit.

EINKEHR:

Agriturismo Campo di Bonis. Hübsch renoviertes Anwesen mitten im Grünen, das sich nicht nur Pferdeliebhabern zum Verweilen empfiehlt. Geboten werden traditionelle Speisen, heimelige Gästezimmer sowie Reit- und Kochkurse oder geführte Wanderungen. Das

Dorfschenke in Prossenico

Haus ist zudem Ausgangspunkt eines markierten Rundwanderweges, der zu den wildromantischen Wasserfällen des Rio Bončič führt. Gehzeit rund 1:30 Std., 0039/0432/788136, www.campodibonis.it.

Platischis | Plestišča | Platiscjis

Die Häuser wirken, als hätte man sie in aller Eile links und rechts der Straße abgestellt, um sie später zu einem kompakten Dorf zusammenzufügen, worauf man dann aber vergessen hat. Entsprechend zerrissen und inhomogen präsentiert sich das Ortsbild – deutliche Folge des Erdbebens von 1976. Noch bis 1935 Sitz der Gemeinde, der dann auf Taipana überging, führt Platischis heute ein Schattendasein. Wirtschaftliche Aktivitäten sind, von einer Hopfenplantage abgesehen, kaum auszumachen. Größtes Kapital der Ortschaft ist die spektakuläre Lage über der Namlen-Schlucht, die vor wenigen Jahren mit einem kühn angelegten Steig erschlossen wurde. Aufgrund mangelnder Betreuung des Weges und fehlender Beschilderung droht die Attraktion allerdings bald wieder in Vergessenheit zu geraten.

EINKEHR:

Antica osteria Sedola. Straßenkneipe mit sehenswertem gusseisernem Ofen und kurioser Deckeninstallation aus Proviant-Tornistern. Über der Schank prangt eine Weinflasche mit Mussolini-Etikett. Wer mit solcher Dekoration und dem rüden Ton des Wirtes kein Problem hat, mag hier auch übernachten, 0039/0432/788017.

XII. WEITE BLICKE
Wanderung zum Monte Joanaz

Kaum fünf Kilometer nördlich von Faedis verengt sich das Tal des Torrente Grivo zum schattigen Graben, wo ein kleines Nest namens Stremiz noch kaum im 19. Jahrhundert angekommen ist. Es ist der Ausgangspunkt einer abwechslungsreichen Wanderung zum Monte Joanaz, der kaum 1200 m misst und doch die schönste Aussicht im Umkreis bietet.

Der erste Anstieg führt nach Canebola, ein Dorf von sprödem Charme in wunderbarer Lage, und weiter zum Kirchlein San Antonio am Übergang ins Niemandsland. Wie ein Damenhut aus Beton bedeckt ein Bunker die Kuppe nebenan. Auch an den Hängen unter dem Gipfel hat der Krieg Spuren in Form verfallener Unterstände hinterlassen. Ein kurzes Waldstück noch, dann öffnet sich erneut der Blick. Mit dem Tal des Torrente Chiarò zur Linken und der Adria am Horizont geht es auf einem blumenübersäten Rücken sanft bergab. Beim Felsgrat des Monte San Lorenzo ändert sich die Richtung. Man wandert gegen Westen, wo ein ehemaliges Hirtendorf eine sonderbare Symbiose mit einer ganzen Schar von Sendemasten eingegangen ist. Es heißt Pedrosa und ist der zweite Höhepunkt der Wanderung. Am Rückweg, der etwas Ausdauer und Spürsinn erfordert, erhält man noch einmal Gelegenheit, sich mit Canebola anzufreunden. Die nötigen Stimulanzien hält die Dorfkneipe bereit.

HINWEISE ZUR WANDERUNG
LÄNGE: 17 km [13 km]
ANSTIEGE: 850 m [500 m]
GEHZEIT: 6 Std. [4:30 Std.]
ANFORDERUNGEN: Ausdauer

Blick vom Monte Joanaz auf Montefosca

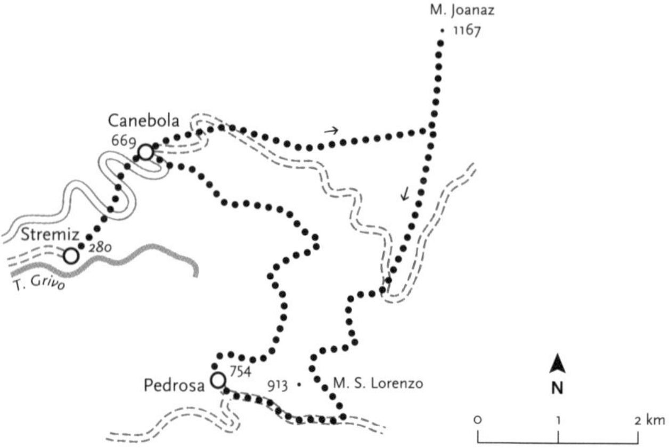

KARTE: Tabacco-Wanderkarte 026, Prealpi Giulie – Valli del Torre, 1:25.000
EINKEHRMÖGLICHKEIT: Canebola
ANFAHRT: A 23, Ausfahrt Gemona, dann auf der SS 13 Richtung Udine bis Artegna und weiter auf der SS 356 bis Tarcento. Von dort auf der SS 356 über Nimis und Attimis nach Faedis. Weiter in nordöstlicher Richtung über Canal del Grivo nach Stremiz.

WEGBESCHREIBUNG

Man geht im Ortszentrum von **Stremiz** über eine Brücke, wendet sich nach links und findet nach gut 100 m den Wegweiser »Canebola«, welchem man folgt. Steiler Anstieg auf schönem Kulturweg, der mehrmals eine Straße schneidet, bis **Canebola** (0:45 Std.).

> [**VARIANTE:** Man beginnt die Wanderung in Canebola und erspart sich damit 300 Höhenmeter. Zeitersparnis: insgesamt 1:30 Std.]

Am unteren Ortsrand angelangt, steigt man über Treppenwege bzw. eine Nebenstraße zum Platz neben dem **Kirchturm** an.

Von hier steigt man erst auf der **Via Lipa** (30 m links der Dorfbar), dann über Treppenwege und schmale Gassen bis zur Straße oberhalb der letzten Häuserreihe an, von wo der Fußweg zur Boccetta di San Antonio (Wegweiser) abzweigt. Kurzer Anstieg bis zu einer Straße; auf dieser nach links. Nach 100 m nimmt man eine Abzweigung nach rechts und folgt einem Weg bis zu einem **Sattel** (1:15 Std.).

Man begibt sich zur **Kapelle** San Antonio und folgt dem Wegweiser »Monte Joanaz«. Anfänglich flacher Anstieg am Hügelkamm mit weiten Blicken, dann gut 30 Min. im Wald bis zu einem breiten, geschotterten **Querweg** (2:15 Std.).

Man wendet sich nach links. Kurz darauf eine Gabelung; man geht rechts und gelangt nach 200 m zum unbewaldeten **Kamm**. Prächtiges Panorama. Man wendet sich, den Hauptweg verlassend, nach rechts und wandert auf dem Kammweg in südlicher Richtung bergab.

[Unbedingt lohnend ist der 15minütige Abstecher nach links zum **Gipfel** des Monte Joanaz (50 Höhenmeter)!]

Man gelangt nach 30 Min. zu einem **Kriegerdenkmal** (2:45 Std.), biegt unmittelbar davor scharf nach rechts, betritt ein Asphaltsträßchen, durchschreitet einen Schranken und wendet sich sofort nach links. Nach ca. 100 m folgt man dem **Wegweiser »T 1«** nach rechts in einen Forstweg, der erst einen Hügel umgeht und dann in mehreren Kehren bergab bis zu einem bewaldeten Sattel führt, wo man eine Abzweigung nach rechts ignoriert. Weiter auf dem Hauptweg bis zu einem asphaltierten **Quersträßchen** (3:15 Std.); auf diesem nach rechts. Nach 15 Min. eine Querstraße; man geht rechts und betritt **Pedrosa** (3:45 Std.).

Die Straße endet am »Dorfplatz«, wo man sich halblinks in einen ansteigenden Treppenweg (Fahrverbotstafel) wendet, um bis zum höchsten Punkt der Ortschaft anzusteigen. Von dort halb rechts bergab, das Dorf verlassend, bis zu einem geschotterten Querweg; auf diesem nach rechts. Breite **Forststraße**, die etwas eintönig einen bewaldeten Hang entlang führt. Nach 30 Min. wird eine Abzweigung nach links ignoriert; 30 m danach wird eine (steil ansteigende) Abzweigung nach rechts ebenfalls außer Acht gelassen.

In Stremiz

Nach 10 m eine Gabelung; man hält sich links. Bald endet der breite Weg. Weiter auf schmalem Hangweg, der anfangs fast eben verläuft, dann aber steil ansteigt. Nach 30 Min. gelangt man zu einer **Lichtung**; man wendet sich nach links. Der Weg verbreitert sich und führt nach mehreren Richtungswechseln zu einem **Friedhof**, wo man auf eine Straße trifft; auf dieser kurz bergauf bis **Canebola** (5:15 Std.). Einkehr.

Abstieg nach **Stremiz** auf dem eingangs beschriebenen Weg (6:00 Std.).

AM WEGE

Stremiz | Garmovščica | Stremiz

1294 erstmals erwähnt, hat der einsame Weiler bis heute seinen mittelalterlichen Charakter bewahrt, auch wenn die Häuser größtenteils jüngeren Datums sind. Sie bestehen aus unregelmäßigen Steinquadern und stehen unverputzt dies- und jenseits eines Sturzbaches, der von einer Bogenbrücke überspannt wird. Das Zentrum bildet eine kleine gepflasterte Piazza mit einem alten Brunnen, der noch heute gelegentlich als Waschplatz genützt wird. Ein schöner Platz ist auch die bugförmige Terrasse des Hauses vis-à-vis, das mit vier Geschoßen und einem Dachspeicher Ähnlichkeiten mit einem Turm aufweist. Die interessantesten Gebäude befinden sich in der Gasse dahinter. Hervorzuheben ist ein 1839 errichtetes Haus, dessen Portal mit Steinfiguren bestückt ist. Ein Flachrelief stellt eine Schlange dar, ein anderes eine Fratze, die die Bewohner vor bösen Geistern schützte. Eine steile Treppe, zwei monolithische Säulen und ein Waschbecken aus Stein, das in eine bogenförmige Nische eingelassen ist, gereichen dem Innenhof zur Zierde.

Den einstigen relativen Wohlstand verdankte der Ort vier Getreidemühlen, die sich bis Anfang des 20. Jahrhunderts die Wasserkraft des Torrente Grivo zunutze machten. Zwei Ruinen befinden sich fünf Gehminuten östlich des Dorfes, wo es neben einem eisernen Mühlrad auch eine angeblich römische Steinbrücke zu besichtigen gibt.

Canebola | Čanebola | Cjaneule

Es ist eine merkwürdige Mischung aus malerischem Bergdorf und hässlicher Erdbebensiedlung, die sich da auf einer Schulter des Monte Joanaz festgesetzt hat und über Faedis hinwegblickt. Eine Handvoll alter Häuser wechselt sich mit Baracken und neuen Wohnanlagen ab; die Dorfkneipe scheint alle Epochen und Stile zu vereinigen. Das trifft auch auf die Kirche zu: Am Glockenturm finden sich Spuren des 1976 eingestürzten Kirchenschiffes, etwas versetzt präsentiert sich das neue Bethaus im Retrolook. Sonst ist kaum ein Gebäude für sich der Rede wert, erst im Verbund ergeben sich da und dort reizvolle Ensembles. Der nähere Augenschein lohnt vor allem im oberen Ortsteil, wo man ein staubiges Gässlein per Graffito zur *Via Garibaldi* ernannt hat und die bröckelnden Fassaden Geschichten aus der Zeit vor 1930 erzählen, als Canebola noch keine Straßenverbindung mit dem Tal hatte.

Blick vom Monte Joanaz auf die Natisone-Täler

Pedrosa | Pedroza | Pedrose

Die amtlichen Einwohnerzahlen schwanken zwischen eins und vier, umso dichter ist die Population der Sendetürme. Nicht weniger als zehn solcher Riesen belagern den Ort und wecken Assoziationen mit einem militärischen Stützpunkt oder einer Raketenabschussbasis. Die Mastenkonzentration verdankt das Dorf seiner exponierten Lage, die auch dem Wanderer zugute kommt, wenn sich ihm bei klarem Wetter ein herrlicher Blick auf die friulanische Ebene bietet.

Neben den technoiden Sendeanlagen erscheinen die meisten Häuser noch etwas schlichter als sie ohnehin sind. Es sind grobe Steinbauten mit notdürftig geflickten Dächern, verwitterten Türen und verrammelten Läden. Wie mit zittriger Hand gemalt wirken die morschen Holzbalkone; wacklige Außentreppen drohen unter ihrem eigenen Gewicht zusammenzubrechen. Bei einem Teil der Häuser hat man aber dem Verfall Einhalt geboten und sie unter Wahrung der ursprünglichen Form renoviert. Balkone und Zäune wurden erneuert, abrutschende Trockenmauern ausgebessert, die Wege mit Steinplatten ausgelegt. Gartenlauben, ein gemauerter Griller und Liegestühle verweisen auf die Nutzung als Ferien- oder Wochenenddomizil. Ein Bewohner hat eine verrostete Schubkarre mit Erde befüllt und darin Blumen gepflanzt. Schräg gegenüber winkt Padre Pio aus einem Bildstock mit Propeller.

EINKEHR:

Agriturismo *Casa del Grivò* in Borgo Canal del Ferro an der Straße zwischen Faedis und Stremiz. Das wunderschön renovierte und geschmackvoll eingerichtete Steinhaus empfiehlt sich mit seinen gemütlichen Zimmern und der vorzüglichen Küche auch für einen mehrtägigen Aufenthalt. Herzstück ist der Gastraum mit offener Feuerstelle, an der man vom hauseigenen biologischen Wein kaum genug kriegen kann. Dass es an der Bewirtung auch bei nüchterner Betrachtung nichts auszusetzen gibt, ist der Verdienst der überaus engagierten und freundlichen Hausleute Paola und Toni Costalunga. Die hymnischen Eintragungen im Gästebuch sprechen für sich. 0039/0432/728638, www.casadelgrivo.com

Getarnter Bunker am Monte Joanaz

PROPAGANDAKRIEG

»Achtunddreißig Divisionen! Franz Joseph sieht jede einzelne Division vor sich, die ihm auf Leben und Tod vereidigt ist, er vergnügt sich an der Vielfalt und den bunten Farben dieser Ziffern. Er beschwört die letzten Paraden herauf, an denen er teilgenommen hat, die letzten fiktiven Kämpfe, in denen der Feind durch ein rotes Band an der Mütze kenntlich gemacht war. Er selbst, der Kaiser zu Pferd, führte damals eine der kämpfenden Armeen, und sein Gegner war kein anderer als der vor vier Wochen ermordete Franz Ferdinand, der Thronfolger.« In diesem Gemütszustand lässt Józef Wittlin den greisen Monarchen im Roman »Das Salz der Erde« das Manifest »An meine Völker« unterzeichnen, das die kaiserlichen Untertanen vom bevorstehenden Waffengang gegen Serbien unterrichtete. Der 84jährige Kaiser ahnte nicht, dass er damit den ersten industriellen Krieg der Geschichte in Gang setzte, stand er doch allem Modernen skeptisch gegenüber. Technische Errungenschaften des Industriezeitalters wie Telefone, Automobile und Flugzeuge lehnte er schlichtweg ab.

Mit zunehmender Dauer nahm der Erste Weltkrieg immer mehr die Züge eines totalen, die gesamte Gesellschaft umfassenden Krieges an. Propaganda und Kriegshetze waren zu neuen Realitäten geworden. Die ausnahmslos in den Dienst des Krieges gestellte Berichterstattung sollte die weitestgehende Beeinflussung der Bevölkerung garantieren. Zeitschriften, Postkarten, Flugzettel, Plakate, Fotos und Filmaufnahmen propagierten Feindbilder und förderten das nationale Selbstverständnis. Die seit der Kriegserklärung Italiens an Österreich erscheinende »Karnisch-Julische-Kriegszeitung« ist ein Beispiel deprimierender Mobilisierungsliteratur, die das qualvolle Verrecken in den Schützengräben bewusst negierte. Die »patriotische Erziehungsarbeit« der »Soldaten im Felde« war eine der Zielsetzungen der vom 10. Armeekommando in Villach herausgegebenen Zeitung. Gewürzt war das Militärblatt mit lyrischen Beiträgen bekannter Autoren: Peter Rosegger, Gustav Renker, Ottokar Kernstock, Guido Zernatto, Josef Friedrich Perkonig und Hugo Moro veröffentlichten darin ihre Kriegspoesie. Bald nach Aufkündigung des Dreibundes durch Italien am 23. Mai 1915 erschien die erste Ausgabe der Soldatenzeitung. Nationalistische Ausfälle richteten sich hauptsächlich gegen das als »Judas« verfemte Italien. Zum Kriegseintritt Italiens war folgendes zu lesen: »Voll heiligen Zorns zum Haß erwacht und hassen bis auf den letzten Mann, wie nur der Gerechte hassen kann, des Überläufers Erpresserpack.« Die humoristische Variante Hugo Moros verharmloste die brutale Kriegswirklichkeit zu einer Wirtshausschlägerei: »Des wallischn Mandlan, wia tat mir enk stabn. Mit an eisernen Kehrbesn aus de hintersten Grabn! Mit enkere Tück habts in Karntn ka Glück und bei uns holts enk nix, des walischn Füchs!«

Die erbitterten Stellungskämpfe an der österreichisch-italienischen Gebirgsfront wurden von allen beteiligten Staaten zum Heiligen Krieg hochstilisiert. Unerschütterliche Grabenkameradschaft und aufopfernde Todesbereitschaft entwickelten sich zu beliebten Metaphern der Propagandamaschinerie. In das allgemeine Kriegsgeschrei stimmte auch die Kärntner Schützengrabenzeitung ein: Josef Friedrich Perkonig beschwor das »heldenhafte Sterben auf heimatlicher Erde, begleitet von Kanonenmusik.« Guido Zernatto bemühte wiederum die Alpinsymbolik: »Wie Alpenglut auf Gletschereis, wie Schützenblut auf Edelweiß.« Unterdessen wurde die Zivilbevölkerung aus den Kriegsgebieten evakuiert. Der Raibler Pfarrer schilderte die fieberhaften Bemühungen der Bevölkerung, ihren Hausrat und Wertgegenstände in Sicherheit zu bringen: »Am Tarviser Bahnhof entstand Stau. Man konnte nichts weiterbringen. Deshalb brachte man vieles, was man bergen wollte, in die ›Grubn‹, das ist der Stollen des Bergwerks. Fast aus jedem Haus wanderten Einrichtungsgegenstände in die ›Grubn‹. Auch aus der Kirche wurden Statuen und Matrikelbücher dorthin überführt.« Als Raibl von feindlicher Artillerie beschossen wurde, flüchteten die Bewohner selbst in das weit verzweigte Stollensystem. Raibl war auch einer der Stützpunkte des Triestiner Geschäftsmannes und Bergsteigers Julius Kugy, der sich mit 57 Jahren freiwillig als Alpiner Referent an die Gebirgsfront meldete. In seinen Erinnerungen »Arbeit, Musik, Berge« schrieb er rückblickend: »Die Absicht ein Kriegsheldentum für mich in Anspruch zu nehmen, liegt mir ferne. Ich habe nur meine Pflicht erfüllt. Kein aufrechter Mann, sondern ein Schwächling und Feigling, wer sein Land in der Not nicht verteidigt.«

Bereits zu Kriegsbeginn im Sommer 1914 wurden von österreichisch-ungarischen Armeeangehörigen an die 30.000 Ukrainer und ebenso viele Serben unter Kollaborations- und Spionagevorwurf hingerichtet. Nun machte sich das Misstrauen auch im italienisch-österreichischen Kriegsgebiet breit. Vor allem Geistliche waren Opfer von Verleumdungskampagnen. Slowenischen Pfarrern wurden Spionage und Vaterlandsverrat vorgeworfen. Der Uggowitzer Pfarrer Kukacka wurde verhaftet, da er den Italienern angeblich vom Kirchturm Lichtzeichen und Glockensignale gab. Die slowenischen Franziskaner aus Saifnitz und der Pfarrer aus Goggau wurden der »Kriegsschnüffelei« verdächtigt.

Zu einem wichtigen Propagandamittel der Kriegspresse entwickelte sich die Fotografie. Die veröffentlichten (und zensurierten) Bilder zeigten siegreiche Schlachten, gedemütigte Gegner, aber auch den Alltag »unserer Soldaten im Felde«. Zur beliebten Inszenierung gehörte das Bild von der aufopfernden Pflegerin in Hospitälern und Lazarettzügen. Über die Stollenverbindung zwischen dem Isonzotal und dem Raibler Bergwerk wurden täglich unzählige Verwundete aus dem Kampfgebiet um Flitsch/Bovec nach Tarvis geschafft. Als Tarvis im September 1915 unter italienischen Artilleriebeschuss kam, mussten die Verwundeten aus dem dortigen Militärspital nach Villach verlegt werden. In »Die Welt von Gestern« hinterfragte Stefan Zweig aus eigener Erfahrung die geschönten Propagandabilder. Er berichtete von »stöhnenden, schwitzenden, todfahlen Menschen, die nach Luft röcheln in dem dicken Geruch von Exkrementen und Jodoform.« Für Zweig waren diese Bilder weit entfernt von der heilen Welt der Propagandaaufnahmen. »Nichts war zu sehen von dem leuchtenden Bettzeug der Photographien. Zugedeckt mit längst durchgebluteten Kotzen lagen die Leute auf Stroh auf den harten Tragbahren und in jedem dieser Wagen schon zwei oder drei Tote inmitten der Sterbenden und Stöhnenden.«

Unter der Überschrift »Opfer der italienischen Zerstörungswut« publizierte die »Karnisch-Julische-Kriegszeitung« Anfang Oktober 1915 die ersten Bilder der zerstörten Wallfahrtskirche Maria Luschari. Die Aufnahmen von durch italienische Bomben getroffenen Marienkirchen gehörten zum begehrten Fotomotiv, um damit die Barbarei des Kriegsgegners zu dokumentieren. Die Bilder der zerstörten Kirche am Luschariberg wurden im Frühjahr 1917 auch als Propagandapostkarten aufgelegt. Das Kriegspressequartier wandte sich diesbezüglich an den Fürstbischof von Gurk: »Diese Schandtat, die mit militärischen Gründen nicht zu entschuldigen ist, soll nun ihre entsprechende Brandmarkung finden. Das geeignetste Mittel hiezu erscheint dem Kommando des k. u. k. Kriegspressequartiers die Vorführung der zerschossenen

Wallfahrtskirche im Bilde. Um diesem Bilde die weiteste Verbreitung unter der gläubigen Bevölkerung Kärntens und Krains zu sichern, wird das k. u. k. Kriegspressequartier eine Ansichtskarte herausgeben, welche, mit entsprechendem Texte in deutscher und slowenischer Sprache versehen, das geschändete Heiligtum nach einer sehr guten Photographie eines k. u. k. Offiziers darstellt. Das Kriegspressequartier stellt sich den Vertrieb der Karte so vor, das seitens der Hochwürdigen Geistlichkeit in jeder Pfarrkirche, bei der sonntäglichen Predigt, die erfolgte Ausgabe dieser Postkarte zur Kenntnis gebracht und nach Schluß des Gottesdienstes durch Kinder in den Kirchen die Karte verkauft wird.« Der Bischof stimmte dem Vorhaben zu, war doch der Klerus ein verlässlicher Verbündeter der österreichischen Kriegspropaganda, indem er durch Kriegspredigten, Spendenaufrufe und Toten- bzw. Heldenehrungen das seine zur Hebung der allgemeinen Moral beitrug.

Im Mai 1915 wurde ein vom Gurker Bischof erlassener Hirtenbrief an die Kinder Kärntens von den Kanzeln verlesen. Darin hieß es: »Viele große Siege haben unsere tapferen Soldaten schon erfochten. Da müßt ihr, liebe Kärntner Kinder, daheim ebenso tapfer beten. Ihr müßt die Gnade und den Segen Gottes herabflehen an unseren Kaiser und unser liebes Österreich, auf eure kämpfenden Väter und Brüder, auf alle unsere braven Soldaten.« Aufgrund der Einberufung vieler landwirtschaftlicher Arbeiter zum Kriegsdienst befreite das fürstbischöfliche Ordinariat seine »Pfarrkinder« von der Erfüllung ihrer religiösen Pflichten an Sonn- und Feiertagen, um die anstehenden Feldarbeiten verrichten zu können. Doch nicht alle Propagandamittel bekamen den Segen der Kirche. Der Pfarrer von Raibl wandte sich mit aller Vehemenz gegen das im Ort installierte Feldkino, da er durch die angekündigten »Liebesfilme und dergleichen Unterhaltung« um den Verfall der heimischen Sitten fürchtete.

Die meist rückhaltlose Unterstützung der Kirche gründete auf der Vorstellung eines gerechten, gottgewollten Krieges und des Kaisers Gottesgnadentum. Anlässlich des 86. Geburtstages Kaiser Franz Josephs erschien am 18. August 1916 eine aufwändig gestaltete Sondernummer der »Karnisch-Julischen-Kriegszeitung«. In den Lobeshymnen an den Kaiser vereinte sich katholische Führerverehrung mit demonstrativ zur Schau gestellter Kriegsbegeisterung: »Auf des Kaiserthrones Stufen hob dich Gott, der Herr allein«, »Der Kärntner, der lebt und der stirbt für sein Herrn! Is allweil so gwesn, wird anderst nie werden!«, »Rosen des Blutes, am Schlachtfeld erglüht, begeisterter Herzen Pochen entblüht, sollen Herr Kaiser, dir melden, die Todestreu' deiner Helden«, seien exemplarisch für das geistige Potenzial des Landes angeführt.

Propaganda-Postkarten zeigten Aufnahmen von Kriegsgefangenen, um dadurch die Überlegenheit der eigenen Truppen unter Beweis zu stellen. Eine dieser Fotografien zeigte italienische Kriegsgefangene in Udine mit dem dazugehörigen Text: »Wir warfen das welsche Luder nun endlich über Bord; jetzt sind wir gesichert Bruder, vor tückischem Meuchelmord.« Andererseits warfen italienische Flieger über feindlichen Gebieten Flugzettel ab, worin die gute Behandlung österreichischer Kriegsgefangener in Italien propagandistisch verwertet wurde. Eine Gailtaler Volksschulchronik berichtete im Winter 1917 vom Inhalt eines solchen Flugzettels: »Man kann es darauf in allen Sprachen lesen, was unsere Gefangenen jeden Tag zu essen kriegen – z. B. 750 g Weißbrot, je 300 g Fleisch, Gemüse, Reis, daß einem der Mund wässert.« Selbst das k. u. k. Ministerium für Äußeres musste zugeben, dass die Gefangenen in Italien besser gepflegt und gekleidet wurden.

Häufig wurden Bilder aus den eroberten Gebieten veröffentlicht, die die österreichischen Soldaten im freundschaftlichen Umgang mit der Zivilbevölkerung zeigten. Die Botschaft derartiger Aufnahmen lautete: Die Besatzungssoldaten bringen Frieden und Wohlstand. Daneben sollte mit der Kamera das angeblich »Typische«, der Lokalkolorit, eingefangen werden. Mitunter kamen dabei Bilder zur Veröffentlichung, die bestehende nationale Vorurteile untermauerten. Eine Fotografie aus San Vito al Tagliamento mit der

Bildunterschrift »Venetianische Händlerinnen« zeigt zwei alte Frauen mit einem beladenen Wagen. Die Wanderhändlerinnen verkauften handgefertigte Gebrauchsgegenstände, darunter Holzlöffel, Schüsseln und Schöpfkellen, sogenannte »cazze«. Letztere brachten ihnen in Österreich den abschätzigen Namen »Katzelmacher« ein.

Kaum verwertet wurden Fotografien, die den Tod im Kriege zeigten, und wenn, dann wurden nur die getöteten Gegner präsentiert. Ebenso wenige Aufnahmen gibt es von den massiven Giftgaseinsätzen an der Isonzofront. Versteckte Hinweise auf den tödlichen Gaskrieg brachte die Kärntner Militärzeitung in Form von naturwissenschaftlichen Abhandlungen aus der Tierwelt. Darin wurden die Leser unterrichtet, dass Gasangriffe keine Erfindung des Ersten Weltkrieges seien, sondern dass der »Bombardierkäfer« diese Art der Kriegsführung schon lange wirksam ausübt.

Unmittelbar nach Kriegsende beging der Obmann der Villacher Sektion des Alpenvereines, Josef Aichinger, die österreichisch-italienische Gebirgsfront. In der Publikation »Die Julischen und Karnischen Alpen im Kriege« umriss Aichinger 1918 die enge Zusammenarbeit zwischen Alpenverein und Militärkommando. Zum ersten Mal waren k. u. k. Soldaten auf Schiern eingesetzt worden, trainiert wurden sie u. a. von Alpenvereinsmitgliedern. Die Hütten des Vereines dienten als wertvolle Militärstützpunkte. Indem der Gebirgssoldat gleichzeitig einem »heimtückischen Feind« und »übermächtigen Naturgewalten« gegenüberstand, erhielt das Blutvergießen in den Bergen eine nahezu mystische Verklärung. »Durchkommen oder Umkommen« lautete die pathetische Parole, wobei das alpine Kampffeld nicht nur von Aichinger zur spektakulären Naturkulisse eines brutalen Stellungskrieges hochstilisiert wurde: »Bis zu den höchsten Gipfeln, bis in die entlegensten Felswildnisse reichen die Stellungen und schmiegen sich den Zinnen und Graten an, als hätte sie die Natur selbst zur Verteidigung aufgerichtet.« Eindeutig von Menschenhand errichtet wurden die unzähligen Seilbahnen, die dem Transport von Proviant und

Kriegsgerät dienten. Die Seilbahntechnik erfuhr eine Revolutionierung, indem durch eine erhöhte Seilspannung die Lebensdauer der Drahtseile verlängert, die Anzahl der Stützen verringert und die Fahrtgeschwindigkeit gesteigert werden konnte. Neben den Seilbahnen erschienen Aichinger die ebenfalls in Kriegszeiten angelegten Klettersteige, Weganlagen und Militärbaracken für spätere, bergtouristische Zwecke nutzbar.

In Friedenszeiten begann ein allgemeiner Kriegstourismus, wobei das Schlachtfeld zum sakralen Ort nationaler Ehre erhöht wurde. Zur Steigerung des Fremdenverkehrs in der Habsburgermonarchie tauchten bereits im Dezember 1916 die ersten Pläne zur Herausgabe von Reiseführern zu den im Osten gelegenen Schlachtfeldern auf. Das Projekt geriet ins Stocken, da neben den Straßen und Bahnverbindungen auch die Hotels in einem erbärmlichen Zustand waren. Darüber hinaus dämpfte das Kriegsministerium die Erwartungen, da die Sicherheit des Reiseverkehrs aufgrund »nicht krepierter Geschosse, vergrabener Munition und verschütteter Gräben und Unterstände« nicht gewährleistet werden konnte.

Noch heute sind die Spuren des Stellungskriegs entlang der Isonzofront allgegenwärtig. Reiseliteratur (»Schauplätze des Gebirgskrieges«, »Auf den Spuren der Isonzofront«), Museen, Schautafeln, Soldatenfriedhöfe, Schützengräben und Denkmäler sind die ständigen Begleiter des Schlachtfeldtouristen. Karl Kraus hat in seinem Werk »Die letzten Tage der Menschheit« (1915–1922) die zukünftige Vermarktung geschichtsträchtigen Bodens vorweggenommen, wenn sich seine beiden Protagonisten, der Funktionär und der Redakteur, mit der Frage auseinandersetzen, welche Attraktionen den Fremden gezeigt werden könnten, nachdem alle Sehenswürdigkeiten vom Krieg zerstört wurden. Als Lösung erschienen dem Funktionär die »hervorragenden Kriegserinnerungen«, die in den Alpenländern einen Anziehungspunkt für das mitteleuropäische Reisepublikum bilden: »Wir geben uns der Hoffnung hin, daß der pietätvolle Besuch der Heldengräber und Soldatenfriedhöfe eine lebhafte Verkehrsbewegung zur Folge haben wird.«

Werner Koroschitz

AM BALKON
Rundwanderung bei Campeglio

Hart an der Grenze zwischen dicht besiedelter Ebene und bewaldetem Bergland schlängelt sich die Straße zwischen Faedis und Cividale. Nur einen Stock höher laden drei Dörfer mit schöner Aussicht, hübschen Häusern und guter Bewirtung zum Besuch.

Von Campeglio, einem unscheinbaren Straßendorf, gelangt man rasch in liebliche Gefilde. Sanfte Weinberge, ein Flüsschen und die Bauernhäuser von Raschiacco bestimmen das Bild. Steil, aber lohnend, ist der Aufstieg nach Costalunga, dessen liebevoll renovierte und blumengeschmückte Häuser sich zum Bilderbuchweiler fügen. Ein stiller Waldfriedhof und die romantischen Kaskaden des Torrente Grivo liegen auf dem Weg nach Valle di Soffumbergo, dem »Balkon Friauls«, dessen Panorama von den Julischen Voralpen bis zur Küste reicht. Gut erhaltene Steinhäuser und eine eigenwillige Kirche gruppieren sich um die gepflasterte Piazza. Ein bequemer Kammweg, den man als Lehrpfad der Flurnamen gestaltet hat, stellt die Verbindung nach Colloredo dar. Erste Reihe fußfrei sitzt man im Garten des Gasthauses, noch tiefer blickt man im Keller des benachbarten Weingutes. So stolpert man über einen Schleichweg nach Canale und von dort beschwingt zum Ausgangsort der Wanderung zurück.

HINWEISE ZUR WANDERUNG
LÄNGE: 15 km
ANSTIEGE: 400 m
GEHZEIT: Knapp 5 Std.
ANFORDERUNGEN: Mittel
KARTE: Tabacco-Wanderkarte 026, Prealpi Giulie – Valli del Torre, 1:25.000

Weingarten bei Campeglio

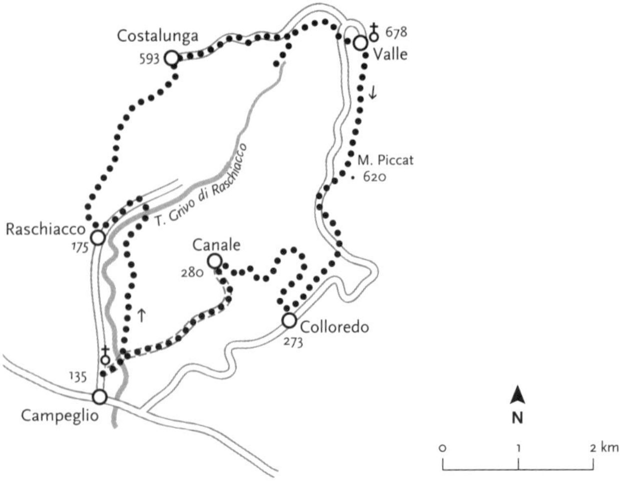

EINKEHRMÖGLICHKEITEN: Colloredo, Campeglio
ANFAHRT: A 23, Ausfahrt Gemona, dann auf der SS 13 Richtung Udine bis Artegna und weiter auf der SS 356 bis Tarcento. Von dort auf der SS 356 über Nimis, Attimis und Faedis nach Campeglio.

WEGBESCHREIBUNG

Ausgangspunkt ist der Parkplatz bei der **Kirche San Michele** in **Campeglio**. Man geht auf der Via San Rocco rechts an der Kirche vorbei, überschreitet alsbald eine Brücke und hält sich bei der darauffolgenden Gabelung links (Wegweiser »Costalunga«). Der Asphalt endet sogleich; geradeaus weiter in einen Karrenweg (Markierung). Kurzer Anstieg, dann sehr schön zwischen Weinkulturen bis zu einem Sträßchen; auf diesem nach rechts. Nach 20 m eine Gabelung, man hält sich links. Nach 150 m wendet man sich, dem Wegweiser »Costalunga« folgend, nach links. Man durchquert ein Wäldchen und erreicht eine **Häusergruppe**, die man, die Richtung beibehaltend, durchschreitet. Weiter auf einem Schottersträßchen, das nach gut 100 m über einen Bach führt und auf eine Querstraße trifft. Man geht links (keine Markierung) und erreicht nach 300 m **Raschiacco** (0:30 Std.).

Bei den ersten Häusern ein Verkehrsspiegel; man biegt nach rechts in eine Hauszufahrt, die beim Haus Nr. 33 endet. Man steigt rechts des Grundstücks zu einer **Weide** an und durchschreitet ein **Gatter**. Vertikaler Anstieg über die Wiese, an deren oberen Rand man ein weiteres **Gatter** durchschreitet. Man gelangt in den Wald. 30minütiger steiler Anstieg auf schmalem Pfad. Nach Überwindung der ersten Geländestufe weiter in sanftem Auf- und Ab. Nach wenigen Minuten wird eine Abzweigung nach links, dann eine nach rechts ignoriert. Gleich darauf weiter steil bergauf bis **Cosrtalunga** (1:30 Std.). Schöner Aussichtspunkt beim **Kirchlein** am nordwestlichen Ortsrand.

Man verlässt den Ort auf der Zufahrtsstraße in östlicher Richtung. Nach knapp 10 Min. eine Querstraße; man geht rechts und gelangt nach gut 5 Min. zu einer Abzweigung nach rechts. Kurzer Abstieg zum **Friedhof**, wo sich der Weg gabelt. Man geht rechts (Wegweiser »Campeglio«) und steigt 10 Min. bis zu einem **Bach** ab. Schöner Rastplatz oberhalb eines kleinen **Wasserfalls** (2:00 Std.).

Zurück zum **Friedhof**. [Anmerkung: Vom weiteren Abstieg nach Campeglio ist aufgrund der schlechten Wegbeschaffenheit unbedingt abzuraten!] Hier wendet man sich nach rechts und folgt dem Wegweiser bis **Valle** (2:30 Std.). Besichtigung des Orts.

Man verlässt das Dorf in südöstlicher Richtung, indem man den gelben Markierungspfeilen bzw. Wegweisern des **Percorso »Nel Pan«** folgt. Anfänglich schöner Panoramaweg, dann fast eben im Wald bis zum Markierungspunkt **»Križ«**, wo sich der Weg gabelt. Man hält sich rechts und wandert (in Gegenrichtung der gelben Pfeile) bequem bergab. Nach rund 10 Min. eine Gabelung; man geht geradeaus (Wegweiser »Colloredo«), erreicht bald den bewaldeten **Monte Piccat** und steigt von dort zur **Straße** ab (Bildstock). Man geht links und folgt kurz darauf dem Wegweiser »Colloredo« nach links. Stets der Markierung nach (die Straße noch einmal schneidend) bis **Colloredo** (3:45 Std.).

Beim Wegweiser 20 m oberhalb des ersten (höchstgelegenen) Hauses verlässt man die Markierung und wendet sich scharf nach rechts in einen ansteigenden **Forstweg**. [Zuvor empfiehlt sich jedoch der Abstieg ins Dorf und die Einkehr im Ristorante Giaiotto sowie ein kurzer Spaziergang zu den Weingärten südwestlich des Dorfes.]

Gut 10 Min. leicht ansteigend bzw. fast eben bis zu einer **Quellfassung**, wo der breite Weg endet. Man wendet sich nach links und steigt über einige Stufen zu einer Quelle ab. Auf schmalem treppenartigem Pfad rechts eines Bachs weiter bergab. Bald verbreitert sich der Weg, um sich kurz darauf mit einem von links kommenden Weg zu vereinigen. Geradeaus weiter bis **Canale** (4:15 Std.).

Von hier wandert man knapp 30 Min. auf kaum befahrenem Sträßchen talauswärts bis **Campeglio** (4:45 Std.).

AM WEGE

Costalunga | Vila | Cuestelungje

Leute mit ebensoviel Geschmack wie Geld haben sich des im 14. Jahrhundert gegründeten Weilers angenommen und die Häuser mit viel Sachverstand instand gesetzt. So drängt sich ein Schmuckstück an das andere, wovon die vorderste, nach Südosten ausgerichtete Reihe ein beneidenswertes Panorama genießt. Meterhohe Trockenmauern stützen die schmalen Terrassen. Unverputzt sind auch die meisten Hausmauern aus Steinquadern, die von unregelmäßigen Fenstern und Türen mit grob behauenen Rahmen durchbrochen sind. Besonders schön ist ein Wohnhaus aus dem Jahr 1880, das einen Eingang mit Rundbögen sowie einen Holzbalkon besitzt, der sich auf doppelte Steinsäulen stützt. Hübsch ist auch das bescheidene Kirchlein aus dem 16. Jahrhundert, das etwas abseits steht und im Gegensatz zu den übrigen Gebäuden im Verfall begriffen ist. Eine Mischmaschine, die vor Jahren für die Instandsetzung herangekarrt wurde, hat resigniert und rostet vor sich hin.

So friedlich wie heute ging es in Costalunga nicht immer zu. Eine Gedenktafel erinnert an ein Massaker, das hier von den Nazis am 29. September 1944 an neun Partisanen verübt wurde. Bis zu diesem Tag hatte das Dorf zur *zona libera orientale* gehört, die fast vier Monate lang von bewaffneten Widerstandskämpfern kontrolliert worden war. Das Gebiet maß rund 350 km² und umfasste neben zahlreichen Bergdörfern

In Valle di Soffumbergo

auch größere Ortschaften wie Faedis, Nimis und Attimis. Der Anfang war mit der Gründung einer Freischärlergruppe im Sommer 1943 in der Nähe von Stremiz im Grivo-Tal gemacht worden. Sie war der erste Partisanenverband im Lande und vereinigte sich nach der Kapitulation Italiens mit den kommunistisch dominierten »Garibaldi«-Brigaden. Während diese den bewaffneten Volksaufstand propagierten, vertraten die katholisch orientierten »Osoppo«-Brigaden das Konzept, den Kampf abseits der Siedlungen zu führen, um die Zivilbevölkerung nicht über Gebühr zu gefährden.

Die Uneinigkeit der beiden Gruppierungen verhinderte jede strategische Zusammenarbeit und beschleunigte ihre militärische Niederlage: Ende September 1944 zogen die Deutschen (die nach dem Sturz Mussolinis und der Kapitulation Italiens das Land okkupiert hatten) 29.000 Soldaten zusammen, um die *zona libera* wieder unter ihre Herrschaft zu bringen. 3.000 Partisanen leisteten erbitterten Widerstand, mussten sich aber bald geschlagen geben. Faedis, Nimis und Attimis wurden niedergebrannt; allein in Faedis fanden 16 Zivilp-

In Valle di Soffumbergo

ersonen den Tod und wurden 91 deportiert. In der Folge zogen sich die »Osoppo«-Brigaden ins Grivo-Tal zurück und wichen die »Garibaldi«-Truppen ins Collio-Gebiet aus, wo sie mit den Tito-Truppen kooperierten. Damit war der Streit der beiden Fraktionen aber nicht beendet. Im Februar 1945 kehrte eine Gruppe kommunistischer Partisanen nach Porzûs bei Attimis zurück, um 15 »Osoppo«-Mitglieder festzunehmen und die vermeintlichen Verräter bzw. Spione zu ermorden.

Valle di Soffumbergo | Podcerkvo | Val di Sofumberc | Scharfenberg

Neben dem wuchtigen, mit einer achtseitigen roten Kuppel ausgestatteten Glockenturm wirkt die dazugehörige Kirche fast zwergenhaft. Wie um den Größenunterschied auszugleichen, trägt sie eine kulissenartige Säulenreihe auf dem Giebel, was den Eindruck verrutschter Proportionen nur noch verstärkt. Das Gegenüber des ungleichen Paars, eine handvoll historischer Steinhäuser, bildet ein Halbrund und säumt einen großen, arenaförmigen Platz. Er ist das Herzstück der Ortschaft und im Herbst Schauplatz eines mehrtägigen Kastanienfestes, bei dem allerlei Maroni-Spezialitäten angeboten werden. Edelkastanien zählten einst zu den Hauptnahrungsmitteln des Gebietes, wusste man doch daraus Mehl zu gewinnen und dieses zu Brot zu verarbeiten. Kastanienbäume prägen noch heute die Wälder der Umgebung, wovon man sich u. a. auf einem schönen Lehrpfad zwischen Valle und Colloredo überzeugen kann. Die Hinweistafeln sind zweisprachig – italienisch/slowenisch – und der örtlichen Toponomastik, insbesondere den slowenischen Wurzeln der Flurnamen, gewidmet.

Im Übrigen profitiert Valle di Soffumbergo von seiner exponierten Lage, die ihm den Beinamen *Il balcone del Friuli* eingebracht hat. Den verdienen zwar auch seine Nachbardörfer (eigentlich die meisten Siedlungen auf den Hügeln entlang der friulanischen Ebene), doch zeichnet sich dieser »Balkon« durch besonders schönen Blumenschmuck aus. Es sind dies ausgedehnte und teilweise terrassierte Trockenwiesen, die im Sommer in aller Pracht erblühen und unzähligen Insektenarten – unter anderem der stolzen Gottesanbeterin – Lebensraum bieten.

Colloredo di Soffumbergo | Colorêt di Sofumberc

Hätte sich die Adria vor 35 Millionen Jahren nicht zurückgezogen, Colloredo wäre heute vielleicht ein Fischerdorf; so aber liegt ihm das Häusermeer der friulanischen Ebene zu Füßen und ist es von lieblichen Weingärten umgeben. Es befindet sich etwa in der Mitte der Colli Orientali del Friuli, einem Weinbaugebiet, das die gesamte Hügelkette im Osten der Provinz Udine umfasst, also von Tarcento (im Norden) bis Corno di Rossazzo (im Süden) reicht. Der ehemalige Meeresgrund – kalkhältiger Lehm- und Sandboden, Sedimente der urzeitlichen Lagune – und das milde Klima bil-

Trockenmauer mit Trittsteinen bei Valle di Soffumbergo

den die idealen Voraussetzungen für den Weinbau. Also haben Generationen von Winzern den Hügeln ihr Gepräge gegeben, indem sie zwischen 100 und 300 m Seehöhe Terrassen anlegten und Reben pflanzten. In Colloredo sind dies vorwiegend der Tocai friulano, der Pinot grigio, der Verduzzo friulano sowie Sauvignon und Merlot, die u. a. als »Monte Balcone« vermarktet werden. Um alle Sorten durchkosten zu können, empfiehlt sich ein mehrtägiger Aufenthalt; Gelegenheit zur Ausnüchterung bietet sich auf den Wanderwegen in der schönen Umgebung.

EINKEHR:

Agriturismo L'Uva e le Stelle. Stattliches Weingut mit modernem Weinkeller, schön eingerichteten Degustationsräumen und komfortablen Ferienwohnungen. »Hier können Sie Ihren Urlaub in familiärer Umgebung und in vollkommenem Relax verbringen«, verheißt die Homepage des Betriebes, die auch einen Eindruck vom herrschaftlichen Charakter des Hauses vermittelt, 0039/0432/711226, www.luvaelestelle.it.

Ristorante Giaiotto. Vielversprechende Speisekarte, gute Weine, Gastgarten mit Aussicht, 0039/0432/711050.

XIV. KÜHE, KATZEN UND KASTANIEN
Rundwanderung bei Montefosca

Südwestlich des Matajur, wo der Natisone ein enges Tal gegraben und damit einen Korridor nach Slowenien geschaffen hat, sind die Dörfer die Hänge hochgeklettert, um sich dort in kleinen Gruppen der Sonne zuzuwenden. Wie auf der Flucht vor solcher Geselligkeit, hat sich Montefosca auf eine Terrasse unter dem Monte Lubia zurückgezogen. Es ist die erste Station einer ungemein reizvollen Rundwanderung, bei der man die Valli del Natisone vor allem von oben, als sanft grünes Relief mit weißen Einsprengseln, erlebt.

Nachdem man sich auf dem Weg über dem Budrin-Graben aufgewärmt und im freundlichen Agriturismo von Čarni varh (wie man Montefosca im slowenischen Dialekt nennt) gestärkt hat, steigt man gemächlich zur Bocchetta di Masarolis, dem Übergang zum Tal des Torrente Chiarò, an. Ist man bisher zumeist im lichten Wald und zwischen Dolinen gewandert, öffnet sich nun der Blick. Im Norden taucht die Felsenkette des Monte Canin auf; im Süden schimmert die Adria über dem Dunst der friulanischen Ebene. Noch prächtiger ist das Panorama des knapp 1.000 m hohen Monte Craguenza, den man nach einem weiteren kurzen Anstieg erreicht. Er ist der Gipfel eines langgestreckten, unbewaldeten Rückens, über den sich im Sommer eine Blumenpracht sondergleichen ergießt. Sanft fällt der Weg nach Süden ab, fast schwebt man in Richtung Cividale. Frei wie sonst kaum ist die Sicht auf das östliche Hinterland. Der bequeme Rückweg führt über eine Handvoll beschaulicher Weiler, deren Namen – wie Cedarmaz oder Cocianzi – unverkennbar slowenischen Ursprungs sind. Kastanienbäume aus dem 18. Jahrhundert sind die Wegbegleiter des letzten Abschnitts.

In Montefosca

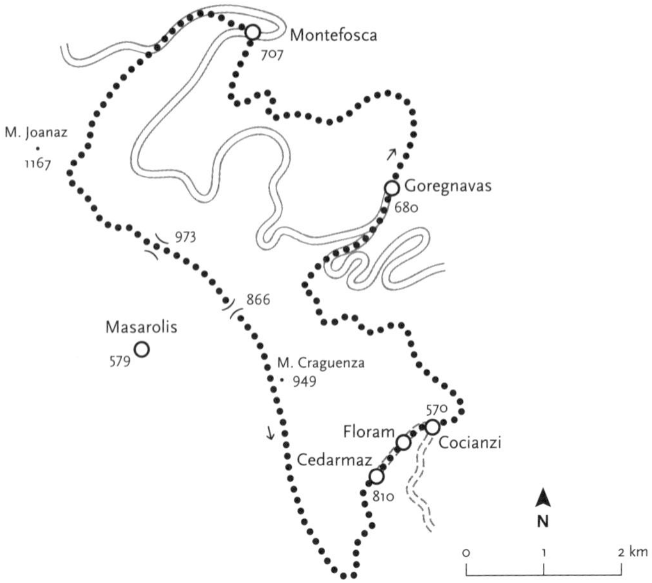

HINWEISE ZUR WANDERUNG

LÄNGE: 18 km

ANSTIEGE: 600 m

GEHZEIT: 5:30 Std.

ANFORDERUNGEN: Mittel

KARTE: Tabacco-Wanderkarte 041, Valli del Natisone – Cividale del Friuli, 1:25.000

EINKEHRMÖGLICHKEITEN: Montefosca

ANFAHRT: Von Cividale auf der SS 54 Richtung Kobarid (SLO); bei Loch (ca. 1 km nach Pulfero) nach links; 5 km auf schmalem Sträßchen bergauf über Erbezzo und Zapotocco nach Goregnavas.

WEGBESCHREIBUNG

Man folgt dem Sträßchen im oberen Ortsteil von **Goregnavas** bis zu dessen Ende. Weiter auf breitem, fast ebenem und markiertem Karrenweg in nordöstlicher Richtung (die links bergaufführende Markierung Nr. 723 wird ignoriert). Nach knapp 45 Min. verlässt man den Hauptweg, indem man sich, der Markierung folgend, nach rechts in einen absteigenden Pfad wendet. Man gelangt zu einem **Brücklein**, überquert den Bach und steigt auf einem alten Kulturweg bis **Montefosca** an (1:00 Std.).

Man betritt den Ort und wendet sich, die Markierung verlassend, auf einem asphaltierten Sträßchen nach links. Man gelangt zum westlichen Ortsrand (Kriegerdenkmal) und steigt zur Kirche ab, um den **Friedhof** zu besichtigen.

Man kehrt zum Denkmal zurück, geht links daran vorbei und gelangt ins **Ortszentrum**. Nach ca. 30 m wendet man sich nach links in einen Treppenweg (Markierung Nr. 744 und Nr. 753; zuvor empfiehlt sich allerdings der Besuch des Agriturismo alla Paesana am östlichen Ortsausgang). Aufstieg auf schönem, altem Weg. Nach 5 Min. eine Wegkreuzung; man geht geradeaus. Kurz darauf eine Abzweigung nach rechts, welche man ignoriert. Man erreicht ein Sträßchen, quert dieses, steigt weiter an und stößt erneut auf die Straße, welcher man bis zu einem **Sattel** (Wegkreuz) folgt. Eine Abzweigung nach rechts wird ignoriert.

Weiter auf der Straße in südwestlicher Richtung. Nach 200 m biegt man nach links in einen breiten, stark verwachsenen Weg (Markierung). Man gelangt nach 15 Min. zu einem kleinen **Bauernhaus** mit Stallgebäude, passiert dieses und wendet sich bei einem Querweg nach rechts, der sich unmittelbar darauf mit einem breiten Weg vereint; man geht geradeaus. Gleich darauf ein weiterer breiter Querweg, auf diesem nach links (die geradeaus weiterführende Markierung verlassend!). Bequemer Weg am bewaldeten Hang; gelegentliche schöne Blicke auf Montefosca. Man erreicht nach 30 Min. einen **Sattel**, wo man auf einen breiten, geschotterten Fahrweg trifft. Man folgt diesem, sich links haltend, Richtung Westen (keine Markierung).

Bald darauf eine Abzweigung nach links (Wegweiser »Calla«), welche man ignoriert (lohnend ein kurzer Abstecher). Man erreicht eine aufgelassene kleine Kaserne; weiter auf asphaltiertem Sträßchen. Kurz darauf biegt die Straße nach rechts; man geht geradeaus (Markierung). Kurzer Abstieg bis zu einem weiteren **Sattel**, dann 15minütiger Gegenanstieg auf schmalem Pfad bis zum höchsten Punkt der Wanderung (**Monte Craguenza**; 3:00 Std.). Empfehlenswerter Abstecher zum »Punto panoramico« (Wegweiser).

Weiter sanft bergab auf schönem Kammweg in südlicher Richtung. Weite Blicke. Nach 45 Min. ein **Querweg** (Infotafel Naturlehrpfad); auf diesem scharf nach links, die Markierung verlassend. Bald darauf ein breiter Querweg; auf diesem nach links bis **Cedarmaz** (4:00 Std.). Weiter auf Asphalt. Man passiert **Floram**, dann die Häusergruppe **Stonder** und gelangt nach **Cocianzi** (4:15 Std.).

Hier biegt die Straße scharf nach rechts; man geht geradeaus in ein Sträßchen. Der Asphalt endet kurz darauf, die Straße gabelt sich. Man geht rechts auf geschottertem Fahrweg, anfangs fast eben, dann in leichtem Auf und Ab. Uralte Kastanienbäume. Nach 15 Min. (Infotafel) eine Gabelung; man hält sich rechts. Nach weiteren 20 Min. erreicht man eine **Asphaltstraße**; auf dieser nach links. 15 Min. bergauf bis **Goregnavas** (5:30 Std.).

AM WEGE

Montefosca | Črni vrh | Monfoscje

Obwohl nur wenige Häuser ihr ursprüngliches Aussehen bewahrt haben, hat man das Gefühl, ein Dorf aus längst vergangenen Zeiten zu betreten. Noch immer ist der Ortskern, eine langgestreckte, von eng stehenden Häusern begrenzte Piazza, bäuerlich geprägt. Er diente einst als Freiluftstall, in dem das Weidetier die Nächte verbrachte; nicht alle Bauern besaßen überdachte Unterstände für ihr Vieh. Wo solche bestanden, öffneten sich diese zum Dorfplatz hin, wodurch den Ställen mehr Bedeutung zuzukommen scheint als den wesentlich kleineren Wohnhäusern.

Bis heute spielt die Viehhaltung in Montefosca eine gewisse Rolle, wie sich an den am Dorfplatz »ausgestellten« Milchkannen und anderen einschlägigen Gerätschaften ablesen lässt. Noch gibt es vier Vollerwerbsbauern, von denen drei die örtliche *latteria* am südwestlichen Ortsrand beliefern. Es ist dies aber nur der schwache Nachhall einer Zeit, als hier nicht weniger als 56 Bauern Viehzucht betrieben und das Dorf von weitläufigen Weideflächen umgeben war. Selbst die heute bewaldeten Steilhänge oberhalb der Ortschaft wurden

Montefosca

landwirtschaftlich genutzt. Ende des 19. Jahrhunderts hatte Montefosca fast 600 Einwohner; derzeit sind es knapp 50. Auffallend ist die Häufung des Familiennamens Cencig, wovon man sich am Friedhof und beim Kriegerdenkmal überzeugen kann. Das verweist zwar auf enge verwandtschaftliche Beziehungen, Rückschlüsse auf die Qualität des örtlichen Genpools sind aber unzulässig.

EINKEHR:

Agriturismo Al Paesana. Einfache Gaststätte am östlichen Ortsrand. Guter Kaffee, deftige Jause und günstige Zimmer. Gelegentlich wird auch aufgekocht. Wer ein paar Tage in freiwilliger Verbannung verbringen möchte, ist hier bestens aufgehoben. Maria Cencig, 0039/0432/726034 oder 726317.

Monte Craguenza | Kraguojnca | Cravuenze

Sie misst bis zu 120 cm, kann acht Kilogramm wiegen und ist so scheu, dass sie dem Wanderer kaum begegnen wird. Die Rede ist von der Europäischen Wild- oder Waldkatze, *Felis sil-*

Bei Cedarmaz

vestris silvestris, jenem seltenen Tier, das zwar der Hauskatze ähnlich sieht, mit ihr aber nur über zwei Ecken verwandt ist. Sie bevorzugt große Misch- und Laubwälder mit altem Baumbestand sowie offene Waldrandzonen, weshalb der Monte Craguenza mit seinen ausgedehnten Wiesen einen idealen Lebensraum darstellt. Jäger haben das Raubtier (eigentlich: den Beutegreifer) in Mitteleuropa fast ausgerottet, weil sie es für einen Konkurrenten hielten, der Rehkitze und sogar Hirschkälber reißen würde. In Wirklichkeit ernährt sich die Katze hauptsächlich von Wühlmäusen und anderen Kleintieren; nur im Winter »vergreift« sie sich gelegentlich an Hasen und Vögeln. Dann besteht die Chance, zumindest ihre Fußabdrücke im Schnee zu entdecken.

Cedarmaz | Čedarmaci | Cedarmaz

Zwei Bauern halten, jeder ökonomischen Vernunft spottend, die Stellung. Sie mähen die Wiesen des Monte Craguenza, verfüttern das Heu an ein paar Kühe und erwirtschaften mit deren Milch viel zu wenig, um ihre Häuser renovieren zu können. So bietet der Weiler ein fast malerisches Bild des Verfalls, zumindest aus der Sicht des Besuchers. Aber auch die Bewohner scheinen diesen Zustand dem sogenannten Fortschritt vorzuziehen: Erbittert wehren sie sich gegen einen projektierten Steinbruch, durch den der Ort mit einer LKW-tauglichen Straße erschlossen und der Umgebung eine riesige Wunde zugefügt werden würde. *No alla cava di Cedarmaz!*, Keine Grube in Cedarmaz!, hat ein Bauer auf sein Haus geschrieben. Die angebotene finanzielle Entschädigung für den Abriss seines Hauses hat er ausgeschlagen. Die Ironie der Geschichte besteht darin, dass der Mann in Belgien geboren wurde, wohin sein Vater nach dem Krieg ausgewandert war, um dort als Bergarbeiter sein Brot zu verdienen. Auch der Sohn hatte Arbeit im Bergbau gefunden, war aber vor wenigen Jahren in die Heimat seiner Eltern zurückgekehrt, wo er einen ruhigen Lebensabend zu verbringen hoffte.

XV. – XX. DIE LETZTEN TÄLER
Sechstägige Rundwanderung in den Valli del Natisone

Es gibt wohl keine schönere Form des Reisens als eine mehrtägige Weitwanderung, bei der man immer tiefer in eine Landschaft eintaucht und sich das Zeitgefühl allmählich verliert. Auch Friaul bietet dafür eine Reihe von Möglichkeiten, allen voran: die Valli del Natisone. Kaum ein Gebiet ist abgeschiedener und unversehrter als dieser von vier Tälern gegliederte und stillen Laubwäldern geprägte Landstrich an der Grenze zu Slowenien. Weist er auch auf den ersten Blick nicht die Lieblichkeit des Collio oder den spröden Reiz des Karst auf, bezaubert er vor allem durch sein lebhaftes Relief und seine unzähligen kleinen Bergdörfer. Die Wanderer erwartet keine Bilderbuchlandschaft, die an jeder Ecke Postkartenmotive aufweist, sondern eine nahezu unspektakuläre Gegend, die vor allem eines bietet – Ruhe. Wer sich mehrere Tage darauf einlässt, wird den Aufenthalt als große Bereicherung erleben und immer wieder zurückkehren wollen.

Ein weiterer Vorzug der Valli del Natisone besteht darin, dass sie mit Cividale ein attraktives kulturelles Zentrum besitzen, das alle gastronomischen Wünsche erfüllt und atmosphärisch besonders angenehm ist. Zudem liegt die Stadt strategisch so günstig, dass der Wanderer auch von den entlegendsten Orten rasch dorthin zurückkehren kann. Somit lassen sich Landschaftserlebnis, Kulturgenuss und Gaumenfreuden vortrefflich verbinden – die ideale Voraussetzung für einen gelungenen Kurzurlaub.

Die hier vorgeschlagene Weitwanderung ist ein sechstägiger Rundkurs mit Cividale als Ausgangs- und Endpunkt. Die meisten Etappenorte sind mit öffentlichen Bussen erreichbar, bieten aber selbst Übernachtungsmöglichkeiten und besitzen ausreichende gastronomische Einrichtungen, sodass man eine Woche gänzlich ohne Fahrzeug unterwegs sein kann. Bei Schlechtwetter oder im Falle höherer kulinarischer Ansprüche bleibt die Stadt in Reichweite.

Die Route verläuft weitgehend in der Nähe der Grenze zu Slowenien und damit fast durchwegs im gemischtsprachigen Gebiet. Sie deckt sich in einigen Abschnitten mit der *Alta via delle Valli del Natisone,* einem markierten Weitwanderweg, der von Prossenico im Norden nach Prepotto am Rande des Collio führt. Wo der Weg die Ortschaften umgeht und in höhere Regionen vorstößt (in denen man auf Selbstversorgung und Biwaks angewiesen wäre), bleibt man »auf halber Höhe« und wandert auf alten Verbindungswegen, ehemaligen Militär- oder kaum befahrenen Nebenstraßen von Dorf zu Dorf. Auch diese Abschnitte sind teilweise markiert oder beschildert, sodass die Orientierung wenig Schwierigkeiten bereitet.

Da sich ein Teil der Etappenorte im Tal befindet, sind täglich etliche Höhenunterschiede zu bewältigen, gilt es doch, die Hügelketten zwischen den einzelnen Natisone-Gräben zu überwinden und dabei manchen Aussichtspunkt zu erreichen. Dennoch halten sich die Anstrengungen in Grenzen, da die durchschnittliche Gehzeit nicht mehr als sechs Stunden beträgt, was immer wieder längere Rastpausen erlaubt. Zudem beflügeln der ständige Perspektivenwechsel und die Vielfalt des Ambientes. Denn mögen die Valli del Natisone auch auf den ersten Blick etwas einförmig erscheinen, hat doch jede Etappe ihren eigenen Charakter und erlebt man daher die Landschaft jeden Tag neu.

Foto Seite 223: Bei Mersino alto am Matajur

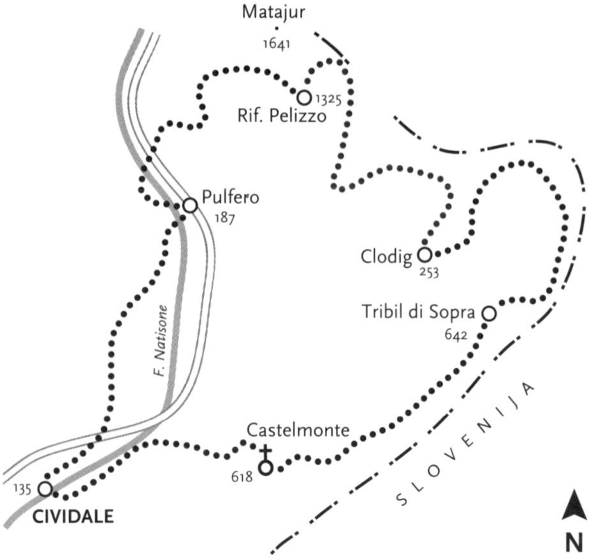

WICHTIGE INFOS UND ADRESSEN

KARTE: Tabacco-Wanderkarte Nr. 041, Valli del Natisone – Cividale del Friuli, 1:25.000

BUSVERBINDUNGEN: www.saf.ud.it oder SAF-Büro Cividale: 0039/0432/800915303

TAXI: Denis de Michieli, 0039/339/6591014 (Cividale)

ÜBERNACHTUNGSMÖGLICHKEITEN

CIVIDALE: *Locanda Al Pomo d'Oro,* Piazzetta San Giovanni, 0039/0432/731489, www.alpomodoro.com

ANTRO: *Gastaldia d'Antro,* 0039/0432/709247, www.gastaldiadantro.it

PULFERO: *Albergo Al Vescovo,* via Roma 67, 0039/0432/726375/76, www.alvescovo.com

SPECOGNIS (2 km nördlich von Pulfero): *Albergo Ristorante Alla Trota,* 0039/0432/726006, www.allatrota.com

MATAJUR: *Rifugio Guglielmo Pelizzo,* 0039/0432/714041,

www.assorifugi.it/guglielmopelizzo_rif.htm, geöffnet von Anfang April bis Mitte November

CEPLETISCHIS: *Casa Vacanza,* Cepletischis 11, 0039/0432/709756 (2 DZ, 1 EZ). Reservierungen auch über die *Taverna Orso Matto,* Vartača, 0039/0432/714242. Frühstück und Abendessen im *Orso Matto;* Wanderer werden auf Wunsch mit dem PKW abgeholt.

CLODIG: *Trattoria Alla Posta,* Appartement (2 DZ), 0039/0432/725000

B & B Mario Ruttar, (2 DZ) 0039/0432/725003

Osteria Alla Cascata (2 Dreibettzimmer), 0039/0432/725034

CLABUZZARO: *Osteria Al Colovrat,* 0039/0432/721104

Affittacamere La via delle Trincee, 0039/0432/700979 oder 721104 oder 0039/0331/5309542

TRIBIL DI SOPRA: Albergo diffuso, 0039/0432/724017 oder 0039/340/4948477, www.albergodiffusovallidelnatisone.it

B & B Rosa dei venti, 0039/0432/724116 (3 DZ, Küche nur auf Vorbestellung)

DUGHE: Agriturismo *La casa della rondini,* 0039/0432/724177

CASTELMONTE: *Albergo Casa del Pellegrino,* 0039/0432/731161 oder 0432/700636, www.ristorantecastelmonte.it.

Agriturismo Planina bei Castelmonte, 0039/330/240442

1. Etappe

ANLAUF
Wanderung von Cividale nach Pulfero

Der erste Tag der Rundwanderung steht im Zeichen eines der ältesten Heiligtümer der Valli del Natisone und vermittelt erste Eindrücke vom eigenwilligen Charakter ihrer Dörfer.

Begleitet vom tief eingeschnittenen Natisone verlässt man Cividale in östlicher Richtung, um bei Sanguarzo auf die Nordseite des Talkessels zu wechseln, wo das Kirchlein San Floreano mit seinem malerischen Friedhof den ersten Szenenwechsel markiert. Auf einsamen Wegen besteigt man einen einst vom Castello di Guspergo bewachten Rücken, dessen lichte Vegetation immer wieder Blicke auf Cividale und Torreano freigibt. Wie geschaffen für die Mittagsrast ist der Wiesenhang unterhalb der Kirche San Spirito. Der Abstieg erfolgt über das Bergdorf Spignon, von wo ein alter Kulturweg zur Höhlenkirche San Giovanni führt, für deren Besichtigung man sich unbedingt Zeit nehmen sollte. Im letzten, besonders bequemen Drittel der Wanderung macht man mit drei sehenswerten Ortschaften Bekanntschaft: mit Antro, das auf einer aussichtsreichen Terrasse sitzt, mit Lasiz, das von Obstgärten umgeben ist, und mit Cicigolis, dessen balkongeschmückte Häuser sich um den Dorfplatz drängen wie Theaterlogen um das Bühnenrund. Ein unscheinbares Straßendorf ist Pulfero, dessen geheime Qualitäten sich erst beim Besuch seiner Gaststätten offenbaren.

HINWEISE ZUR WANDERUNG
LÄNGE: 16 km
ANSTIEGE: 500 m
GEHZEIT: Gut 6:00 Std.

Aufgang zur Höhlenkirche San Giovanni d'Antro

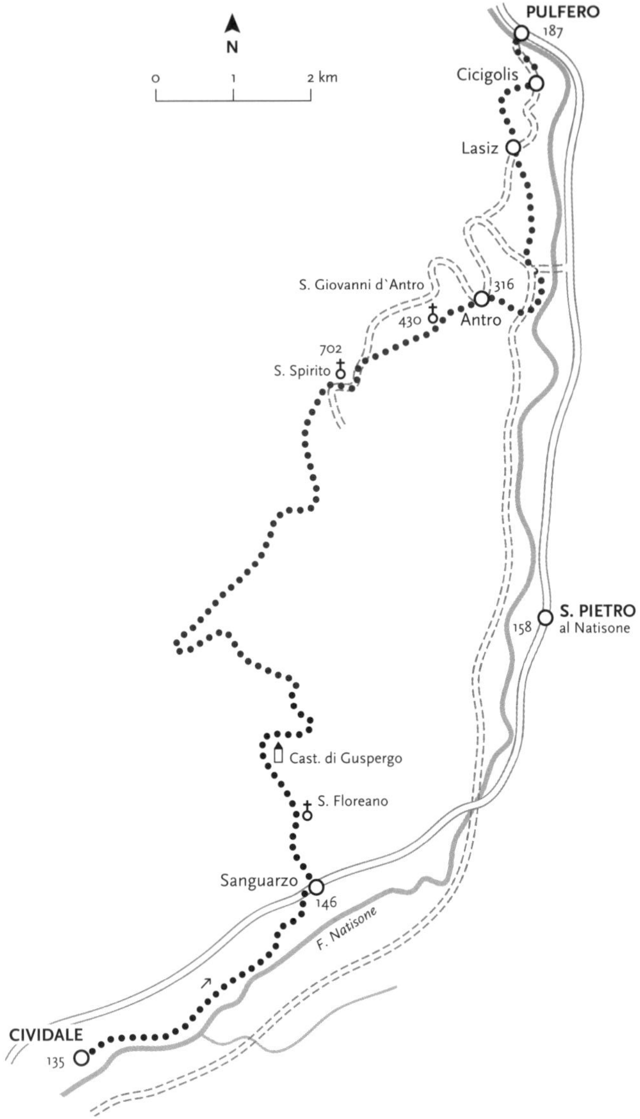
N
0
1
2 km
PULFERO
187
Cicigolis
Lasiz
S. Giovanni d'Antro
316
430
Antro
702
S. Spirito
S. PIETRO
al Natisone
158
Cast. di Guspergo
S. Floreano
Sanguarzo
146
F. Natisone
CIVIDALE
135

ANFORDERUNGEN: Mittel
KARTE: Tabacco-Wanderkarte 041, Valli del Natisone – Cividale del Friuli, 1:25.000
EINKEHRMÖGLICHKEITEN: Sanguarzo, Antro
ÜBERNACHTUNG: Pulfero
ANREISE: A 23, Ausfahrt Udine Nord; Wegweiser bis Cividale. Mit der Bahn bis Udine, von dort mit dem Regionalzug nach Cividale. Auskünfte: www.ferroviedellostato.it.
RÜCKFAHRT: Mit dem SAF-Bus von Pulfero nach Cividale. Auskünfte: www.saf.ud.it

WEGBESCHREIBUNG

Ausgangspunkt der Wanderung ist der **Tempietto Longobardo** östlich der Ponte del Diavolo in **Cividale** (entsprechende Wegweiser in der Innenstadt). Man folgt der Via Borgo Brosana oberhalb des **Natisone** flussaufwärts, durchschreitet einen Vorort und folgt dem Sträßchen bis zu einer Gabelung bei einem Bauernhof am Stadtrand. Man geht rechts. Bald endet der Asphalt. Man gelangt zu einer **Häusergruppe** und wendet sich beim Haus Nr. 22 nach rechts in einen untergeordneten Fahrweg. Schöner Feldweg bis zu einem Querweg; man geht rechts und erreicht die ersten Häuser von **Sanguarzo**, wo man sich nach links wendet und einer Straße bis zur **Hauptstraße** folgt. Man geht rechts, passiert bald die **Kirche** (0:45 Std.) und biegt nach 30 m in die Via San Floreano.

Man verlässt den Ort, hält sich kurz danach halbrechts und wandert auf das Kirchlein **San Floreano** zu. Besichtigung des **Friedhofs**. Man lässt die Kirche hinter sich, ignoriert kurz darauf eine Abzweigung nach links, passiert eine Häusergruppe (**Agriturismo** mit Übernachtungsmöglichkeit) und steigt auf geteertem Fahrweg einen bewaldeten Hügel hoch. 15minütiger Anstieg bis zu einer Abzweigung nach rechts, die zur Ruine des **Castello di Guspergo** führt (1:15 Std.). Besichtigung.

Zurück zum Fahrweg; in etlichen Serpentinen weiter bergauf bis zu einer Gabelung; man hält sich rechts. Bald darauf wieder eine Gabelung; man geht links. Schöner Hangweg; gelegentlich weite Blicke ins Tal. Laubwald.

Man gelangt zu einer **Kreuzung** (betonierter Wasserschacht) und geht nach links. 20 Min. auf bequemem Weg bis zu einer Mehr-

San Floreano

fachkreuzung. Man wendet sich scharf nach rechts in einen ansteigenden Weg (mehrere tiefe Spurrillen). Der Wald lichtet sich allmählich und man gelangt schließlich zu einer unbewaldeten **Hügelkuppe** mit Blick über Cividale und aufs Meer. Schöner Rastplatz (2:30 Std.).

Weiter im Wald bis zu einem breiten Querweg; auf diesem nach links. Man passiert ein zugemauertes **Häuschen** und ignoriert unmittelbar darauf eine Abzweigung nach rechts. 20 m danach ein Querweg; man geht links und stößt nach 30 m auf eine ehemalige Militärstraße; auf dieser nach rechts. Rund 30minütiger moderater Anstieg bis zu einer geschotterten Querstraße (Wegweiser »Tamoris«); auf dieser nach rechts. Nach 20 m hat man den **Sattel** erreicht. Man wendet sich nach links und folgt dem Wegweiser bis zur **Chiesa San Spirito** (3:45 Std.). Schöner Rastplatz am Wiesenhang unterhalb der Kirche.

Zurück zum Sattel. Man geht links, dem Wegweiser »Antro Landar« bzw. der entsprechenden Markierung folgend. Man erreicht das Dorf **Spignon** und steigt von dort sehr schön, aber etwas mühselig, auf dem markierten **Weg Nr. 752** zur Felsenkirche **San Giovanni d'Antro** ab (4:30 Std.). Besichtigung.

Weiter talauswärts bis **Antro** (4:40 Std.). Bei der ersten Gabelung rechts, dann zwischen **Kirche** und dem **Albergo** Gastaldia d'Antro hindurch. Auf gepflastertem Weg im Ort bergab, zwei Straßen querend sowie einen Brunnen und einen **Bildstock** passierend. Kurzer Abstieg im Wald bis zu einem verfallenen **Bildstock**. Gleich darauf eine Gabelung; man geht links und steigt bis ab. Man steigt bis zur **Hauptstraße** in **Kras** ab; auf dieser nach links [100 m rechts eine Einkehrmöglichkeit]. 100 m nach dem Ortsende wendet man sich nach rechts in einen abwärtsführenden Feldweg, dem man bis zu einem Querweg am **Natisoneufer** folgt; auf diesem nach links (200 m rechts ein schöner Rast- bzw. **Badeplatz** am Fluss). Der Weg wendet sich kurz darauf wieder vom Ufer ab und trifft auf eine Straßengabelung. Man geht geradeaus (Wegweiser »Spignon«), überschreitet einen Bach und wendet sich unmittelbar darauf nach rechts in einen geschotterten Fahrweg. Nach 20 m eine Gabelung; man geht links; gleich darauf wieder eine Gabelung; man geht rechts. Schöner Feldweg bis zu einer Querstraße bei **Lasiz** (5:30 Std.).

Man geht links, wendet sich nach 50 m nach rechts und gelangt zur **Kirche**, welche man rechts umgeht. Wenige Schritte bergab, dann halblinks in ein Sträßchen, das zum **Friedhof** führt, welchen man passiert. Geradeaus in einen Karrenweg, der zwischen Spalierobst in den Wald führt. Bald quert man ein Bächlein; der Weg gabelt sich, man hält sich rechts und gelangt zu einer **Lichtung**, wo der Weg endet. Man geht rechts und findet am Ende der Lichtung einen Weg; auf diesem nach links bergab bis zu einem Sträßchen; auf diesem nach links. Man erreicht **Cicigolis** (6:00 Std.) und folgt von dort einem Asphaltsträßchen bis zu einer Brücke, über die man nach **Pulfero** am anderen Ufer des Natisone gelangt (6:15 Std.).

Friedhof San Floreano bei Sanguarzo

AM WEGE

Castello di Guspergo | Cjistiel di Guspar | Auersperg

Ohne Hinweistafel würde man kaum vermuten, dass es sich bei dem kümmerlichen und fast zur Gänze überwucherten Gemäuer um die Reste einer einst mächtigen mittelalterlichen Burg handelt. Das Kastell kontrollierte im 13. Jahrhundert das Hinterland von Cividale, dessen Truppen 1364 zu seiner Zerstörung ausrückten, um die Bausteine für die eigenen Stadtmauern zu verwenden. So können heute der ehemalige Turm, der Burggraben und dessen Einfriedung nur erahnt werden. Und dennoch herrscht Leben: Unzählige Eidechsen huschen von Stein zu Stein, stets auf der Hut vor ihren Fressfeinden. Es sind dies die hier ansässige harmlose Äskulapnatter, die zwar bissige, aber ungiftige Zornnatter sowie die giftige Aspisviper, die sogar Wanderer außer Gefecht zu setzen vermag.

San Giovanni d'Antro | Sveti Ivan v Čele | San Zuan di Landri

Schon die Annäherung stimmt auf einen mystischen Ort

ein: Durch einen Laubwald geht es vorbei an Quellen, die aus dem Felsen sprudeln, und durch die Blätter sieht man von ferne ein Gebäude, das wie ein griechisches Kloster hoch am Berg zu kleben scheint. Das ist die Höhlenkirche San Giovanni d'Antro.

Die 86 Stufen einer Steintreppe führen zu einem soliden Tor, durch das man einen kleinen Vorhof betritt, links eine schöne Aussicht in das Tal des Natisone. Der Kirchenraum ist in die Höhle hineingebaut. Man sieht ein gotisches Presbyterium aus dem Jahr 1477, erbaut vom Baumeister Andrej von Lach, einen hölzernen Altar aus dem 17. Jahrhundert, sowie das Grab eines Diakons namens Felice. Als diesem 888 das Recht zugesprochen wurde, die Höhle als Einsiedelei zu nutzen, fand der Ort zum erstenmal schriftliche Erwähnung. Er dürfte aber schon vorher anderen Eremiten als Wohnung, den Römern als Verteidigungsanlage und den Menschen der Umgebung als Rückzugsort gedient haben.

Eine populäre Sage erzählt, wie die wunderschöne und offensichtlich kluge Königin Vida sich mit ihrem Volk vor den Hunnen in die Höhle flüchtete. Nachdem deren König Attila sie schon Monate belagert hatte, soll sie eine Faust voll Korn auf die Belagerer geworfen haben mit den Worten: »Zählt nach! Wir haben noch so viele Säcke wie die Anzahl dieser Körner!« Entmutigt zog Attila ab.

Im Eingang zum Höhlensystem, das sich hinter der Kirche ausdehnt, erinnert ein ausgestopfter Bär an noch frühere Bewohner. Knochenreste von Höhlenbären, die in der Höhle gefunden wurden, sind in einer Vitrine ausgestellt. In die Höhle kann man, auf Metallstegen und zum Teil über Wasser hinweg, 300 Meter weit vordringen. Das verzweigte Höhlensystem hat eine Gesamtlänge von 4 Kilometern und ist damit das fünftlängste Friauls. Es hat schon im 19. Jahrhundert großes speliologisches Interesse geweckt. Mit Hilfe eines selbst konstruierten Floßes versuchten zwei Studenten namens Peruzzi und Quarina im Jahre 1885 erstmals, den vorderen Höhlensee zu überwinden. Die Pioniere kippten aber bald ins Wasser und brachen ihre Expedition ab. Später wurden Reste prähistorischer Fauna in der Höhle gefunden, darunter ein seltener augenloser Käfer. Die Anlage ist an Sonntagen von 15.00 bis 17.30 Uhr geöffnet. Einen Schlüssel erhält man im Haus Nr. 172 in Antro, wenige hundert Meter nach der Grotte (Signora Maria, 0039/0432/709065).

Antro | Landar | Landri

Es liegt auf einer markanten Geländestufe am westlichen Natisoneufer und fällt durch ein mehrstöckiges Gebäudepaar mit weit auskragenden Dächern auf, das von hohen Böschungsmauern gestützt wird. Das stolze Ensemble hat mittelalterliche Wurzeln und wurde kürzlich nach allen Regeln der Kunst renoviert. Störend ist nur das allzu bunte Wandbild über dem Eingangsbereich. Wie die Gegenthese dazu nimmt sich der ausgeweidete Bildstock am unteren Ortsrand aus, dessen einziger Schmuck in pittoresk verkitteten Mauerrissen besteht. Sehenswert sind zudem die Häuser östlich der Kirche mit Elementen der traditionellen Volksarchitektur sowie ein Bauernhaus aus dem 17. Jahrhundert. Der italienische Name des Ortes leitet sich vom Lateinischen *antrum*, Höhle, ab, der slowenische vom friulanischen Wort *landeri*, das dieselbe Bedeutung hat.

EINKEHR:

Gastaldia d'Antro, schön gelegenes und aufwändig restauriertes Ristorante mit Übernachtungsmöglichkeit, 0039/0432/709247, www.gastaldiadantro.it.

Osteria All'Antica im benachbarten Dorf Cras, 0039/0432/709052, www.osteriallantica.com

Cicigolis | Ščigle | Cicigulis

Hölzerne Laubengänge sind in den Dörfern der Natisone-Täler ein prägendes architektonisches Element und somit nichts Außergewöhnliches. In Cicigolis zeichnen sich diese aber durch ihre ungewöhnliche Größe aus: Es sind ausladende, überdachte Balkone, die sich einander zuwenden und so den Eindruck einer besonders kommunikativen Ortschaft

Antro

vermitteln. Bis Anfang des 20. Jahrhunderts waren es mehrere kleine Handwerksbetriebe, die sich um den Dorfplatz reihten, heute wird nur noch eine Weinpresse betrieben. Bemerkenswert ist auch das langgestreckte Haus Nr. 31, dessen kunstvoll verzierter Außenaufgang gleich vier Wohneinheiten miteinander verbindet. Es stammt aus dem 18. Jahrhundert und wurde nach dem Erdbeben 1976 stilgerecht restauriert. Viel Sorgfalt hat man auch bei der Pflasterung der Gassen mit groben Flusssteinen walten lassen. Ein Motorrad hat daraus die Konsequenzen gezogen und ist auf ein asphaltiertes Flachdach am Ortsrand geflüchtet.

Pulfero | Podbonesec | il Pulfar | Rufenberg

Vier nackte Gestalten, die mit dem Schweißbrenner aus dickem Eisenblech geschnitten wurden, steigen an einer Betonsäule hoch und verfangen sich im Stacheldraht: so ungelenk und zugleich treffend gestaltet findet sich selten ein Kriegerdenkmal in der Region. Es steht am Eingang zum Ortszentrum, das im Wesentlichen aus einer Gasse besteht, die parallel zur Durchfahrtsstraße verläuft. Neben einer Apotheke, einer Bank und der Post findet man hier eine urige Bar, die neben einer Lotto-Annahmestelle zwei museumsreife Zapfsäulen unterhält. Das Wett- und Tankgeschehen – und damit wohl einen Gutteil des dörflichen Treibens – lässt sich von den Plastiktischchen an der Hauswand aus beobachten. Eine Ahnung vom ursprünglichen Ortsbild vermitteln ein leerstehendes Haus mit morschem Holzbalkon sowie ein Geschäftsgebäude urbanen Charakters, dessen Rollbalken für immer heruntergelassen wurden.

So weist nichts darauf hin, dass Pulfero auf eine fast fünftausendjährige Geschichte zurückblickt. Schon in vorrömischer Zeit nützte man den natürlichen Korridor am Fuße des Matajur als Handelsweg nach Norden. Er wurde 143 v. Chr. von den Römern zur Via Appia ausgebaut, die über die heutigen Ortschaften Cormons, San Pietro, Pulfero, Bovec und Tarvisio führte und damit Aquileia mit Virunum verband. Im 14. Jahrhundert wurde die Straße ein weiteres Mal befestigt und bei Pulfero von den Burgen bei Antro und Biacis überwacht. Reger Verkehr und üppige Zölle bescherten den Natisonetälern einigen Wohlstand. Neben dem Handel prägten aber vor allem kriegerische Ereignisse die Geschichte des Tales. So marschierten hier römische und französische Heere Richtung Alpen, wie auch die Einfallsroute zahlreicher Invasoren über Pulfero führte. Es waren dies etwa die Langobarden im 6. Jahrhundert oder die österreichisch-ungarische Armee mit ihren deutschen Verbündeten nach dem »Wunder von Karfreit«, der verheerenden 12. Isonzoschlacht im Ersten Weltkrieg.

Das neben der Höhlenkirche von Antro vielleicht interessanteste Kulturdenkmal der Gemeinde kann in Biacis, drei Kilometer südlich des Hauptortes, besichtigt werden. Es ist ein gravierter »Nachbarschaftsstein«, der verwitterte Überrest eines Tisches, um den sich im Mittelalter die Familienoberhäupter der Gegend versammelten, um rechtliche und administrative Angelegenheiten zu regeln. Er verweist auf den hohen Grad an Autonomie, den die Bauern in den Natisonetälern (und auch andernorts in Friaul) genossen. Den

Auf dem Weg nach Antro

Besuch wert ist auch das wohlproportionierte Kirchlein San Giacomo, das sich mit seinem zweibögigen Glockenturm besonders harmonisch in die Landschaft fügt.

EINKEHR:

Albergo Al Vescovo. Komfortable Gästezimmer mit Blick auf den Natisone, geschmackvoller Speisesaal, hervorragende Küche mit fantasievollem Bezug auf regionale Traditionen. Die sympathische und engagierte Wirtin Michela Domenis freut sich über jeden Gast; am allerliebsten sind ihr aber Wanderer. 0039/0432/726375/76, www.alvescovo.com.

Albergo Ristorante Alla Trota in Spegognis 2 km nördlich von Pulfero. 0039/0432/726006, www.allatrota.com

2. Etappe

DER LETZTE BERG
Wanderung von Pulfero zum Matajur

Der Matajur, einst erbittert umkämpfter Kriegsschauplatz, ist der südlichste Berg an der slowenisch-italienischen Grenze, der sich nennenswert über die Baumgrenze erhebt. Seine Besteigung lohnt sich nicht nur wegen der Fernsicht, sondern vor allem wegen der malerischen Dörfer, die sich an seinen Sonnenhängen eingenistet haben.

Der Tag beginnt mit einem Bauchaufschwung in Form eines einstündigen steilen Anstiegs von Loch Linder nach Mersino basso, das sich von der Welt abgewendet hat und dennoch Meeresblick genießt. Hat man diesen – stellenweise etwas dornigen – Weg geschafft, fallen die folgenden Abschnitte leicht: der zweite, wesentlich kürzere Anstieg zu den fünf Weilern von Mersino alto und dessen bequeme Fortsetzung zu den aufgelassenen Almen unterhalb des Gipfels. Ein alter Maultierpfad, der dem Gelände ebenso angepasst ist wie den Bedürfnissen des Wanderers, beflügelt den Schritt. Weite Blicke zur Küste und die vielversprechende Vorschau auf die kommenden Etappen prägen den letzten Abschnitt der Wanderung.

HINWEISE ZUR WANDERUNG
LÄNGE: 12 km [18 km]
ANSTIEGE: 1.200 m [900 m]
GEHZEIT: 5:30 Std.[7:00 Std.]
ANFORDERUNGEN: Gute Kondition und Ausdauer
KARTE: Tabacco-Wanderkarte 041, Valli del Natisone – Cividale del Friuli, 1:25.000
EINKEHRMÖGLICHKEITEN: Mersino basso

Stermizza am Matajur

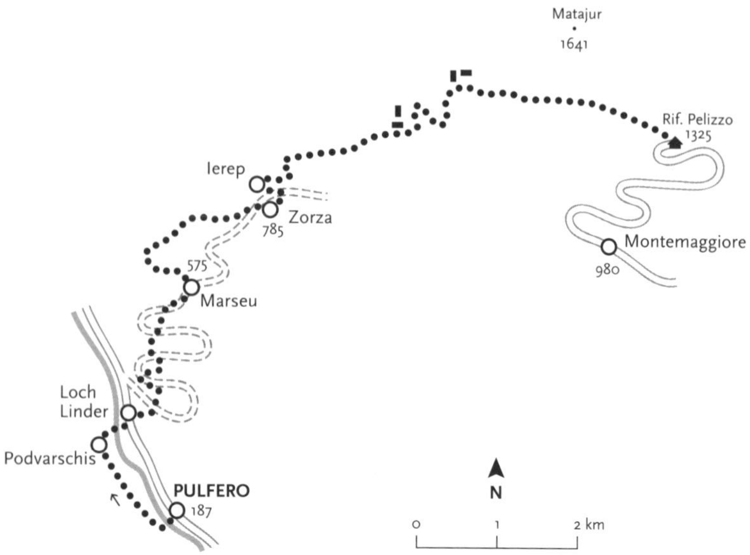

ÜBERNACHTUNG: Matajur [Vartača bei Cepletischis]
ANREISE: Von Cividale auf der SS 54 bis Pulfero. Busverbindungen: www.saf.ud.it
RÜCKFAHRT: Mit dem SAF-Bus von Cepletischis nach Cividale. Auskünfte: www.saf.ud.it. Das Schutzhaus am Matajur hat keine Busanbindung.
ANMERKUNG: Wer nicht im Schutzhaus am Matajur übernachten möchte, hat die Möglichkeit, von Mersino alto nach Montemaggiore und von dort weiter bis Cepletischis zu wandern, wo sich die nächste Übernachtungsmöglichkeit bietet (siehe Variante bzw. 3. Etappe). In diesem Fall beträgt die Gehzeit der 2. Etappe fast sieben Stunden, verkürzt sich aber die 3. Etappe deutlich.

WEGBESCHREIBUNG

Man wandert vom Ortskern in **Pulfero** auf der **Hauptstraße** taleinwärts, geht nach dem Albergo Al Vescovo nach links (Wegweiser »Montefosca«) über eine Brücke und wendet sich nach rechts. 15 Min. Asphalt entlang des Natisone bis **Podvarschis**, wo man nach rechts biegt, neuerlich den Fluss überquert und nach **Loch Linder** an der Hauptstraße gelangt (0:20 Std.); auf dieser nach links.

Nach 80 m – noch vor der Abzweigung nach Mersino – wendet man sich scharf nach rechts in ein Gässlein. Man durchschreitet eine **Häusergruppe** und wendet sich vor einer Hausruine nach links in einen ansteigenden alten Kulturweg. Aufstieg bis zur **Straße**, welche man quert. Weiter im Wald bergauf a**uf provisorisch markiertem Weg.** Man erreicht erneut die **Straße**, wendet sich nach links, um nach 20 m wieder nach rechts in den Fußweg zu biegen. Man quert ein drittes Mal die Straße, steigt weiter auf dem stark verwachsenen Weg an und hält sich, nachdem man eine Starkstromleitung unterquert hat, bei einer Gabelung rechts. Man gelangt, eine Straßenkehre rechts liegenlassend, zu einem verfallenen **Bildstock**. Weiter bergauf, nunmehr auf deutlicherem Weg, der ein weiteres Mal die Straße schneidet, um neuerlich auf diese zu treffen. Nun geht man rechts und wendet sich nach 20 m nach links in den alten Weg. Die Vegetation lichtet sich, terrassierte Wiesen, weite Blicke. Man passiert einen zweiten **Bildstock**, steigt zur **Straße** an (Ortstafel) und folgt dieser bergauf bis **Mersino basso** (1:30 Std.).

Man passiert die **Bar**, wendet sich nach gut 30 m scharf nach links und erreicht kurz darauf die **Kirche**. Man wendet sich dem Friedhof zu und steigt rechts des Treppenaufgangs auf schmalem Pfad an (nicht dem Wegweiser »Pozzera« folgen!). Links eines kleinen Grabens bergwärts bis **Pozzera** (1:45 Std.).

50 m vor dem ersten Haus eine kleine Wegkreuzung (betoniertes Kanalgitter): man geht scharf nach links. Kurz darauf, bei einem Heuschober, eine Gabelung; man hält sich links und passiert kurz darauf ein **verfallenes Haus**. Schmaler, aber deutlicher Pfad, der fast eben den Hang entlang führt. Weite Blicke. Man gelangt in den Wald und trifft, stets die Höhe beibehaltend, nach etwa 10 Min. auf den markierten **Querweg Nr. 725**.

Man geht rechts. 10minütiger steiler Anstieg bis zu einem **Fußballplatz**. Auf geschottertem Fahrweg nach rechts, die Markierung verlassend, bis **Clin** (2:30 Std.), wo man auf die Asphaltstraße trifft; auf dieser links bergauf bis **Zorza** (2:40 Std.). Man passiert die **Kirche**, gelangt nach **Medves** (2:45 Std.) und nimmt sofort eine Abzweigung scharf nach links (Wegweiser »Matajur«).

Nach 100 m ist man in **Ierep** angelangt. Unmittelbar nach der **Ortstafel** biegt man nach rechts in einen ansteigenden Treppenweg. Man gelangt neuerlich zur Straße und folgt nun dem markierten **Weg Nr. 725** (Wegweiser »Matajur«). Fünfminütiger steiler Anstieg bis zu einem asphaltierten **Sträßchen**; auf diesem nach rechts. Nach 20 m biegt man nach links in einen ansteigenden Weg, dem man bis zum markierten Querweg Nr. 725 folgt; auf diesem nach rechts. Gut 30 Min. auf schönem Maultierweg im Wald bergauf. Man erreicht die Häusergruppe **Začela** (3:45 Std.).

Weiter bergwärts auf markiertem Weg bis zu einer Wegkreuzung auf der **Marsinska planina** (4:45 Std.). Man geht rechts (Wegweiser »Rifugio Pelizzo«).

[**VARIANTE**: Man geht geradeaus und folgt dem markierten Weg Nr. 725 bis zum **Gipfel** des Matajur (5:45 Std.). Von dort auf markiertem Weg in südwestlicher Richtung bergab bis zum **Rifugio Pelizzo** (6:15 Std.).

Schöner, fast ebener Panoramaweg bis zum **Rifugio Pelizzo** (5:30 Std.).

AM WEGE

Mersino | Marsin | Mersin

Das Dorf besteht aus nicht weniger als neun Weilern, die jeweils mit einer eigenen Ortstafel gekennzeichnet sind und untereinander fast 250 Meter Höhenunterschied aufweisen. Wer den dornigen Weg von Linder im Tal nach Iuretig in Mersino basso geschafft hat, findet eine Handvoll geflickter Häuser vor, deren freundliche Bewohner sich neugierig nach dem Woher und Wohin erkundigen. Eine namenlose Bar, die man in dieser Abgeschiedenheit kaum erwarten würde, versorgt die Wanderer mit Kaffee. Heiligen- und Pornobildchen schmücken unschuldig die Wände. Der schnauzbärtige Moretti-Mann über dem Eingang schlürft sein Bier, als wäre

Mersino basso: Kirche

er hier aufgewachsen. Ein entfernt Verwandter schlichtet Scheiter unter den Balkon, dessen Geländersprossen er bereits im letzten strengen Winter verheizt haben dürfte.

Mersino alto, dessen Ortsteile auf so schöne Namen wie Zorza oder Oballa hören, besitzt den höchstgelegenen Fußballplatz der Valli del Natisone. Mangels ebener Flächen hat man das Spielfeld in den Hang gebaggert und steht eines der Tore so knapp am Abgrund, dass man Mitleid mit den Balljungen haben muss. Nicht minder spielverzögernd wirken die unzähligen, über den Rasen verstreuten Maulwurfshügel, die sich im Gegenlicht wie die Steine auf einem Go-Brett ausnehmen.

Im oberen Dorf, das von einem Kirchturm von fast städtischer Dimension überragt wird, hat sich ein alter Faschingsbrauch erhalten. Einige Männer stolzieren als bunte Hähne verkleidet von Haus zu Haus, andere treiben eine hölzerne Kuh durch die Gassen oder kostümieren sich als Weiblein mit Buckelkraxe. Das Besondere: Der Umzug geht fast lautlos vor sich, was dem Treiben eine merkwürdig ernste Note verleiht.

Monte Mataiur | Velika baba | Mataiûr
Mit 1.642 m ist der Matajur der mit Abstand höchste Berg der Valli del Natisone und bietet sich von seinem Gipfel ein Rundblick der Superlative. Über 1.300 Meter fällt er im Norden ins Soča-Tal ab, und keine Erhebung im Süden verstellt den Blick bis nach Istrien. Steigt er von italienischer Seite recht gemächlich an, verleihen ihm die schroffen Felswände im Nordwesten fast hochalpinen Charakter. Aber auch seine scheinbar sanften Hänge sind mit weißen Kalkfelsen durchwachsen oder von tiefen Dolinen zerfurcht. Jahrhundertelang waren die Flächen oberhalb der Waldgrenze – die sonnseitig bis unter 1.200 m reicht und den Berg wie einen Zweitausender erscheinen lässt – von der Almwirtschaft geprägt. Ihr einstiger Stellenwert lässt sich am sorgfältig gepflasterten Kulturweg ermessen, über den die Viehherden von Mersino alto auf die Weiden unter dem Gipfel getrieben wurden.

Die Almen, slow. *planine*, waren mit *casoni* bestückt, gemauerten Hütten, die sich da und dort zu kleinen Weilern mit slowenischen Namen wie *Začela* oder *Zadolina* vereinigten. Einige sind mehrteilig und reichen an die Größe von Bauernhäusern heran, andere vereinigen Stall, Scheune und Wohnraum unter einem Dach. Gemüsegärten und Hühnerställe ergänzten das Ensemble. Heute sind die meisten dieser Gebäude verwaist, sofern sie nicht in Ferienhäuser umfunktioniert wurden; nur in der Nähe des Rifugio Guglielmo Pelizzo unter dem Gipfel hält noch ein Bauer Kühe. Entsprechend vernachlässigt sind die Almböden, allenthalben verkrauten die Wiesen und kommen Büsche und Birken hoch. Nutznießer scheinen vor allem die Ameisen zu sein: So trifft man auf der *Marsinska planina* alle paar Schritte auf eines ihrer Hügelnester, manche davon von beachtlicher Größe. Wer in ihrer Nähe Rast macht, sollte seinen Proviant gut im Auge behalten.

Aufgrund seiner exponierten Lage kam dem Matajur im Ersten Weltkrieg eine besondere strategische Bedeutung zu. Die Italiener erschlossen den Berg mit einer Militärstraße, die sich von Livek im heutigen Slowenien die nordöstliche Flanke emporwindet. Sie diente dem Transport schwerer Artillerie, mit der Kobarid, dt. Karfreit, unter Beschuss genommen werden konnte. Während der 12. Isonzoschlacht stürmten deutsche Infanteristen trotz großer italienischer Übermacht den Gipfel und nahmen dabei 8.000 Soldaten gefangen. Das Kommando führte der damals 26jährige Erwin Rommel, der damit den Grundstein seiner Karriere legte. In einem Bericht des deutschen Großen Hauptquartiers liest sich das so: »Da rütteln Germanenfäuste an Italiens Grenzmauer. Gewaltige Schläge zerschmettern die Tore. In wenigen Stunden und Tagen stürzt das Werk zweieinhalbjähriger Blutarbeit Italiens in Trümmer. Deutschland und sein Bundesgenosse hetzen den Feind. (...) In ehernen Strichen zeichnet die Weltgeschichte das Weltgericht: die Züchtigung und den Zusammenbruch des Verräters!«

EINKEHR:
Rifugio Guglielmo Pelizzo, ambitioniert geführte Schutzhütte, die nicht nur Unterkunft und ausgezeichnetes Essen, sondern gelegentlich auch interessante Kulturveranstaltungen bietet. Mag das Haus von außen betrachtet auch kein architektonisches Kleinod sein, fühlt man sich trotzdem aufgrund der hübschen Inneneinrichtung (mit einer sehenswerten Sammlung verschiedenster Vogelnester) sowie der Freundlichkeit und Hilfsbereitschaft der Wirtsleute rundum wohl. 0039/0432/71404, www.assorifugi.it/guglielmopelizzo_rif.htm, geöffnet von Anfang April bis Mitte November.

Kirche von Stermizza mit Blick auf Masseris

IN DER BENEČIJA

Es sind die Vögel, die an diesem Ende der Welt den Ton angeben. Nicht jedoch, weil besonders exotische und laute Sänger unter ihnen wären. Drossel, Buchfink, Stieglitz und Amsel haben hier einfach keine Konkurrenz: Nur selten bellt irgendwo ein Hund, dringt einem das monotone Lamento einer fernen Kreissäge ans Ohr, hört man das Rauschen eines Wildbachs. Das letzte Brummen eines Automotors liegt ein paar Stunden zurück, nicht einmal Flugzeuge überqueren das waldreiche Hügelland, das bei den Einheimischen *Benecia* (Benečija) heißt.

Wir sind in den Valli del Natisone – einem schwer zugänglichen Tälerlabyrinth, das im Osten vom wuchtigen Monte Matajur begrenzt wird. Letzterer ist immerhin 1642

Meter hoch und immer dann zu sehen, wenn der Wanderweg einen der kahlen Bergrücken erklimmt. Hier oben wurde über Jahrhunderte das Vieh geweidet, an den Hängen war es oftmals zu steil und zu felsig – zumindest für Rinder und Schafe.

Kahl ist auch der Matajur selbst. Eine schmale, gut markierte Wegspur zieht sich durch Enzianwiesen aufwärts. Oben, auf dem kleinen Gipfelplateau, steht die italienische Kapelle, hinter der man die unsichtbare Grenze zu Slowenien überschreitet. Das Panorama ist fantastisch: Gegenüber, auf der anderen Seite des tief eingeschnittenen Soča-Tals, reckt sich der Krn in den azurblauen Himmel, der südlichste Zweitausender der Ostalpen. Nach Norden schaut man auf die Kette der Karnischen Alpen, nach Westen in das friulanische Tiefland. Und wer sich nach Süden dreht, ist vollends verzaubert. Zum Greifen nah liegt hier die Adria. Mit bloßem Auge sieht man die großen Frachter, die dem Hafen von Triest zustreben oder aufs offene Meer hinaussteuern. Auf der einen Seite dämmert die Küste Istriens im Dunst der Ferne, auf der anderen die Lagune von Grado.

Wer weiß, dass man sich hier oben an der legendären Isonzofront des Ersten Weltkriegs befindet, sieht die Naturschönheiten des Matajur mit gemischten Gefühlen. Für die Einheimischen selbst spielt das Thema indes überhaupt keine Rolle mehr. Die Identifikation mit den gedemütigten Italienern war in dieser Gegend denkbar gering. Die Benecia war nämlich immer schon slowenisches Siedlungsgebiet. Und die Slowenen hatten sich längst daran gewöhnt, unbeteiligt zwischen die Fronten großer Mächte zu geraten, hatten hier also nichts zu verlieren außer Leib und Leben.

Dass man sich im slowenischen Kulturraum bewegt, kann einem zwischen Cividale und Monte Matajur leicht verborgen bleiben. Fremde werden hier stets auf italienisch angesprochen – nur untereinander kommuniziert man in der Muttersprache. Andererseits genügt der Blick auf die Wanderkarte, um zu erkennen, dass die Valli del Natisone nur politisch, nicht aber ethnisch zu Italien gehören. Die mit zweisprachigen Ortstafeln versehenen Siedlungen heißen etwa Čeplesišče/Cepletischis oder Dolenj/Tribil. Kein Zweifel – das »richtige« Italien ist anderswo!

Kurz nach Ende des Ersten Weltkriegs begann die faschistische Repression. Genau wie in Südtirol italienisierten Mussolinis Kultur- und Unterrichtsminister die Orts- und Familiennamen und ließen den Gebrauch aller anderen Sprachen unter Strafe stellen, vor allem in der Kirche und in der Schule. Italiener zu sein war für die Slawen Friauls oberste Bürgerpflicht geworden. Nach dem Zweiten Weltkrieg nahmen die Spannungen noch einmal zu. Denn nun waren hier Tito-Partisanen aktiv, die das über Jahrhunderte zu Venedig gehörende Gebiet unter jugoslawische Herrschaft bringen wollten. Wer sich in dieser Zeit noch mit Stolz als Slowene zu erkennen gab, galt als Kommunist und potenzieller Vaterlandsverräter.

Der verschärfte Assimilierungsdruck spaltete die Bevölkerung nachhaltig: In diejenigen, die sich zu ihrer Herkunft bekannten, und diejenigen, die diese verleugneten. Zwar benutzten auch letztere im Alltag weiterhin ihre slowenische Mundart, nach außen taten sie aber so, als ob es sich bloß um einen regionalen Dialekt handelte, der mit der slowenischen Sprache jenseits des Eisernen Vorhangs nichts gemein hatte – ganz ähnlich wie in Kärnten, wo Menschen slowenischer Herkunft oftmals am lautesten gegen die Anerkennung ihrer sprachlichen Minderheit polemisierten.

Dass man in den Natisone-Tälern kaum noch slawische Töne hört, ist aber nicht nur das Produkt einer kollektiven Verstellung. In erster Linie liegt es daran, dass die Bevölkerung hoffnungslos geschrumpft ist. Wenn man in den abgelegenen Siedlungen überhaupt jemanden trifft, dann alte, nicht selten alleinstehende Menschen. Von den 16.195 Einwohnern, die hier 1951 gezählt wurden, ist gerade mal ein Drittel übrig geblieben. Aus den Dörfchen der höchstgelegenen Gemeinde Drenchia/Dreka sind sogar neun von zehn Bewohnern abgewandert.

Hauptursache für den Exodus war die banale Tatsache, dass es nach dem Zweiten Weltkrieg hier oben keine Arbeit mehr gab. Ganze Familien zogen nun hinunter in die Industriegebiete der friulanischen Tiefebene, wenn sie nicht gleich in die Schweiz und nach Belgien emigrierten oder sogar nach Australien und Argentinien.

Inzwischen ist der Rückzug des Menschen auch im Landschaftsbild ablesbar. Zwar hat jedes Dorf seinen Straßenanschluss, die schmalen Asphaltbänder sind aber schon vom nächsten Hügel aus nicht mehr zu erkennen. Von dort betrachtet ragen die Dörfer ohne erkennbare Verbindungen aus dem Wald – wie Inseln der Zivilisation in einem endlosen Ozean aus Chlorophyll. Nur in wenigen Orten werden noch die steilen Obstbaumwiesen gepflegt und freigehalten. Andernorts wächst alles langsam zu, selbst die einstigen Lebensadern des Tals, die gut befestigten Saumpfade, verschwinden nach und nach im immer dichter werdenden Gestrüpp.

Für den Wanderer hat dies eine ganz eigentümliche Wirkung. Statt sich die Valli del Natisone von einem gut beschilderten Wegenetz aus zu erschließen, taucht er tiefer und tiefer in sie ein – in eine Welt, in der sich der Unterschied zwischen Kultur und Natur zunehmend verwischt, in der sich auch jene Souveränität auflöst, mit der Touristen gewöhnlich nur ihren vorher festgelegten Reiseplänen folgen und deshalb vor Ort gar nicht wirklich ankommen. Konfrontiert wird man hier nicht nur mit der Agonie einer fremden Kultur, sondern auch mit der Vergänglichkeit von Kultur überhaupt.

Anderswo im Alpenraum hatte sich spätestens in den 1960er Jahren der Fremdenverkehr etabliert und für die bitter nötigen Nebenverdienste gesorgt. Nicht jedoch in den Natisone-Tälern. Weil es hier weder spektakuläre Gipfel noch markante Schluchten und Wasserfälle gab, beschränkte sich der Tourismus stets auf den sonntäglichen Ausflugsverkehr, der bei schlechtem Wetter vollständig ausblieb. Zudem verloren die Bergdörfer durch das schwere Erdbeben von 1976 einen Teil ihres nostalgischen Reizes. Weniger allerdings durch das tektonische Ereignis selbst als durch den Wiederaufbau. Denn das den Katastrophenopfern zur Verfügung gestellte Geld wurde fast immer für unangepasste Modernisierungen verwendet. Noch einmal hatten sich die Bergler der Illusion hingegeben, durch die Beseitigung des Alten und Traditionellen mit den Entwicklungen in den Tiefebenen Schritt halten zu können. Das Ergebnis sind hässliche Metallfenster und Haustüren aus Aluminium und Sicherheitsglas. Alt und Neu bilden seither eine bizarre Mixtur. Die Authentizität der Siedlungen liegt heute in ihren baulichen Widersprüchen.

Erst seit wenigen Jahren gehen von den Natisone-Tälern wieder touristische Lebenszeichen aus. Mit dem Mut der Verzweiflung hat man hie und da das *alberghi diffusi*-Modell übernommen, das im nördlichen Friaul schon länger erfolgreich ist: Statt neue Infrastrukturen zu schaffen, wurden funktionslos gewordene öffentliche Gebäude wie Schule oder Rathaus renoviert und mit Küche und Speisesaal versehen. Ausschließlich von Einheimischen betreut, sind derartige Einrichtungen stark im Territorium verankert. Komplettiert wird das Angebot von Zimmern und Ferienwohnungen, die verstreut in den Weilern liegen. Rund um das weltferne Tribil di Sopra sind auf diese Weise jetzt einige wundervolle Quartiere entstanden, die man über die Telefonzentrale der *alberghi diffusi* buchen kann. Wer unter der sozialen Profillosigkeit des globalisierten Gastgewerbes leidet, kann hier aufatmen. In den Valli del Natisone trifft man ausschließlich Menschen, die die einsamen Berglandschaften als ihre Heimat empfinden.

Die fünfte Etappe des hier empfohlenen Rundwegs führt ohne allzu große Höhenunterschiede von Tribil di Sopra über einen aussichtsreichen Gratrücken zum Wallfahrtsort Castelmonte, der weithin sichtbar auf einem Felssporn thront. Nach Norden schaut man in das Stillleben der Natisone-Landschaft, nach Süden in den nicht minder grünen Graben der Idrija, der die Grenze zu Slowenien markiert. Dass drüben ein anderes Land liegt, mag man gar nicht glauben, dass die Grenze über Jahrzehnte hermetisch abgeriegelt war, erst recht nicht. Wenn irgendwo die Künstlichkeit nationaler Grenzen deutlich wird, dann hier, in der Slavia Veneta, wie die Benecia bei den Italienern genannt wird.

Auf dem Höhenzug laden immer wieder pastorale Bergwiesen zur aussichtsreichen Rast ein. Dazwischen geht es durch Waldstücke, in denen kaum ein Baum steht, der nicht von Schlingpflanzen umwuchert wäre. Die Artenvielfalt ist atemberaubend: Von Ahorn, Birke, Hainbuche, Eberesche, Weißdorn, Esskastanien und Mehlbeeren ist bis hin zur Flaumeiche alles in bunter Mischung vertreten. Smaragdeidechsen huschen ins Gebüsch, Tümpel sind mit Kammmolchen besetzt, oben kreist ein Milan. Auch das Meer blitzt wieder in der Ferne. Vom Dauerrauschen der Zivilisation, das einen heute selbst in den letzten Winkel der Alpen verfolgt, bleibt man dagegen völlig verschont.

Langsam begreifen wir den kryptischen Satz, den uns unser Gastgeber in Tribil mit auf den Weg gegeben hat: »Qui il silenzio fa rumore!«. Die Stille des Tals ist tatsächlich mehr als die Abwesenheit von Geräuschen. Sie hat eine ganz eigene Kraft, die einen auf höchst angenehme Art gefangen nimmt.

Gerhard Fitzthum

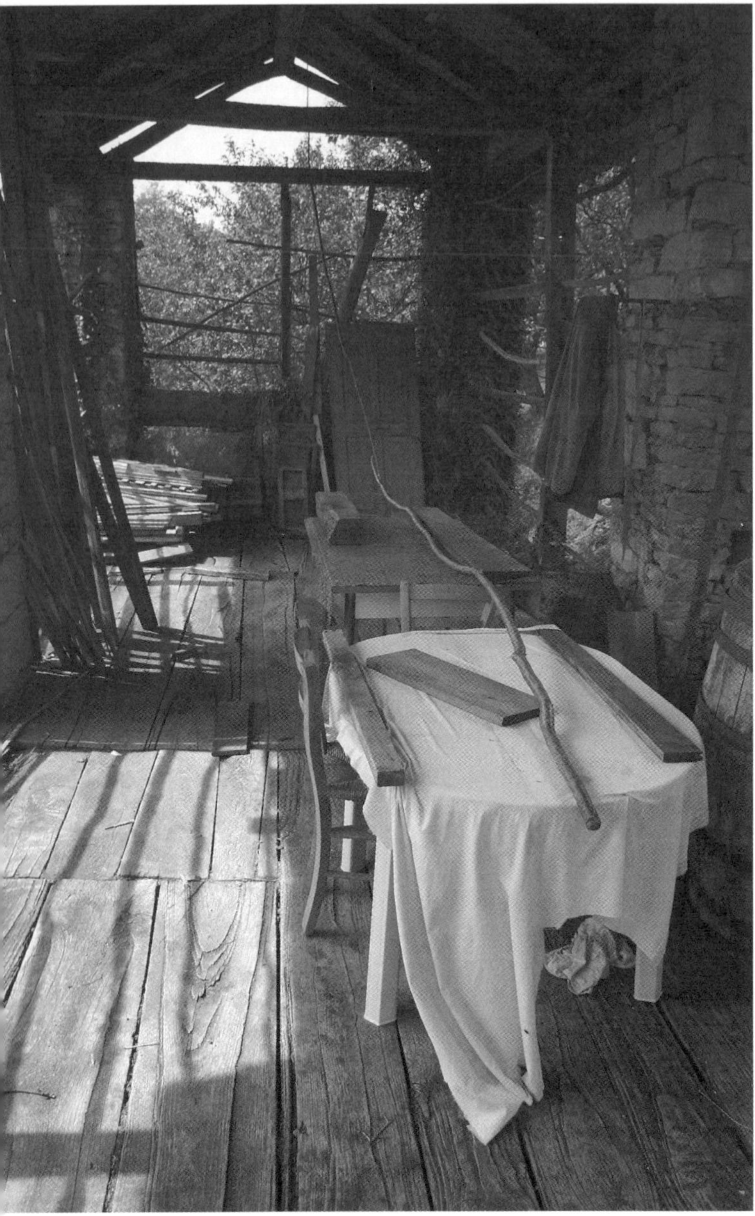

3. Etappe

GROSSER SPRUNG

Wanderung vom Matajur nach Clodig

Sechs Bergdörfer, eines eigenwilliger als das andere, sind die prägenden Elemente dieser nicht ganz schmerzfreien Etappe.

Sie beginnt mit einem Anstieg zur aussichtsreichen und geschichtsträchtigen »Via Rommel« unter dem Gipfel des Matajur, von wo man sich fast vertikal nach Masseris fallen lässt, das mit seinen balkongeschmückten, dicht gedrängten Häusern zu den schönsten und größten Ortschaften des Gebietes zählt. Dus und Ielina sind ebenso freundliche Stationen auf dem Weg. Strategisch günstig hält an der Vartača, einem Sattel, den man nach der Durchquerung eines Grabens erreicht, ein Wirtshaus offen. Bequem geht es weiter bis Cepletischis, den einsamen, von ausgedehnten Terrassen umgebenen Grenzort. Auch Polava, dessen Steinhäuser sich einem stillen Talgrund zuwenden, liegt auf verlorenem Posten. Man holt Luft und kämpft sich zu einem bewaldeten Sattel hoch. Umso schöner ist der Abstieg nach Topolò, dem vielleicht interessantesten Dorf der Region. Wer sich Zeit nimmt, wird zwischen den sorgfältig renovierten Häusern zahlreiche Spuren zeitgenössischen Kunstschaffens entdecken. Gelungen ist auch die Mischung aus alter Bausubstanz und moderner Architektur im Nachbardorf Sèuza. Bestens bewirtet wird man in Clodig, dem Zielort im Tal.

HINWEISE ZUR WANDERUNG
LÄNGE: 18 km
ANSTIEGE: 700 m
GEHZEIT: 6:00 Std.
ANFORDERUNGEN: Ausdauer

Scheune in Ielina

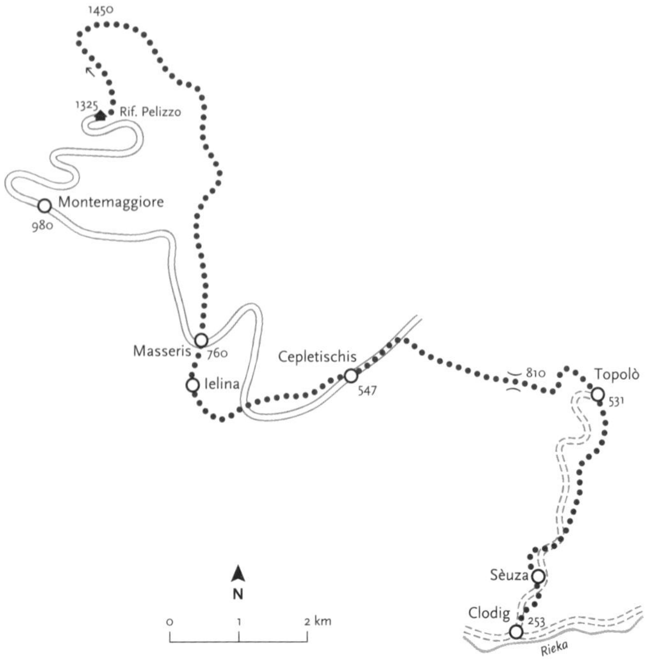

KARTE: Tabacco-Wanderkarte 041, Valli del Natisone – Cividale del Friuli, 1:25.000
EINKEHRMÖGLICHKEITEN: Vartača
ÜBERNACHTUNG: Clodig [Vartača]
ANREISE: Das Schutzhaus am Matajur hat keine Busanbindung.
RÜCKFAHRT: Mit dem SAF-Bus von Clodig nach Cividale. Auskünfte: www.saf.ud.it.

WEGBESCHREIBUNG

Man steigt vom **Rifuggio Pelizzo** zur kleinen **Sternwarte** ab und biegt, die Straße verlassend, scharf nach links in einen markierten Weg (Wegweiser »Fonte Skrilla«). 15 Min. leicht ansteigend bis zu einer Gabelung; man geht links. 30-minütiger steiler Anstieg bis zu einem breiten Querweg, der sogenannten **»Via Rommel«** (0:45 Std.). Man geht rechts, dem markierten Weg Nr. 736 folgend (Wegweiser »Cepletischis«). Eine Stunde teils bequem, teils steil bergab bis zu einer weiteren **Gabelung**. Man hält sich rechts (Wegweiser »Masseris«) und steigt der Markierung Nr. 736a folgend bis **Masseris** ab (2:15 Std.).

Abstieg vom oberen Ortsrand zur Straße; auf dieser nach rechts. Nach 100 m wendet man sich in ein betoniertes Sträßchen nach links. Abstieg zwischen den Häusern (im Zweifel links halten) bis zur Straße am unteren Ortsrand; auf dieser nach rechts. Die Straße beschreibt eine Linkskurve. 20 m nach dem letzten Haus wendet man sich nach rechts in einen Wiesensteig (betonierter **Wegweiser »Ielina«**). 5minütiger Abstieg auf schmalem Pfad, bis man erneut auf die Straße trifft. Auf dieser einige Schritt nach links, dann nach rechts, weiter bergab auf schönem Treppenweg bis zum Weiler **Ielina** (2:30 Std.).

Beim ersten Haus geradeaus bis zum Dorfbrunnen. Von hier über eine Treppe bergab bis zu einem Haus mit amtlicher Anschlagtafel; an diesem rechts vorbei, dem **Wegweiser »Vartača«** folgend, in einen abwärts führenden Treppenweg. Auf schönem Pfade, zwei Gatter durchschreitend, steil bergab. Man gelangt in den Talgrund, überschreitet bei einem Rastplatz ein **Brücklein** und steigt am Gegenhang bis zu einer Gabelung an (Wegweiser »Tercimonte«). Hier hält man sich links und gelangt nach kurzem Anstieg zur Taverna »Orso matto« an der **Hauptstraße** (3:00 Std.). Einkehr.

Man überquert die Hauptstraße, um halbrechts auf schmalem Weg oberhalb der Straße weiterzuwandern. Nach 15 Min. ein breiter Querweg; man geht rechts. Man erreicht **Cepletischis** und steigt zur **Kirche** an der Hauptstraße ab (3:20 Std.).

Auf der Straße nach links (Markierung Nr. 745). 15 Min. Asphalt bis **Polava**, wo man sich, der Markierung folgend, nach rechts wendet, ins Tal absteigt und einen **Bach** quert. 45minütiger kräfteraubender Anstieg (300 Höhenmeter) bis zu einem bewaldeten **Sattel**. Von dort auf schönem, markiertem Kulturweg moderat bergab bis **Topolò** (5:00 Std.). Besichtigung.

Man steigt von der **Kirche** von Topolò über Treppenwege vertikal durch den Ort ab, wendet sich am unteren Ortsrand nach rechts und gelangt zum **Dorfparkplatz**. Man biegt nach links in die Straße Richtung Tal, verlässt diese aber schon nach wenigen Metern, indem man auf einem links abzweigenden, leicht abwärts führenden Weg weiterwandert. Vorbei am **Haus Nr. 104**, dann moderat bergab den Hang

In Masseris

entlang. Der Weg führt in den Wald, wo man etwa 10 Min. bis zu einem breiten Querweg absteigt; auf diesem nach rechts. Nach weiteren 10 Min. gelangt man zur **Straße**, auf dieser nach links. Weiter bergab. Nach 500 m eine scharfe Linkskurve; man geht halbrechts und folgt einem Pfad bis **Sèuza** (5:45 Std.). Auf gepflastertem Sträßchen durch den Ort bergab bis zur Straße, welche man quert. Weiter auf einem Sträßchen bergab bis zum tiefstgelegenen Haus des Ortes, wo man neben einer **Palme** einen alten Weg betritt, der erst in einen Graben und dann erneut zur Straße führt. Auf dieser bergab bis zur **Hauptstraße**; man geht links und erreicht **Clodig** (6:15 Std.).

AM WEGE

Masseris | Mašera

Das verwinkelte Dorf macht im Gegensatz zum düsteren Montemaggiore, dem benachbarten und höchstgelegenen Ort der Valli del Natisone, einen ausnehmend freundlichen Eindruck. Dicht an dicht kleben die Häuser am Steilhang, einige aufwändig renoviert, andere malerisch verfallen, und alle mit wunderbarer Aussicht auf die Umgebung und ins Tal. Zum heiteren Bild trägt vor allem der Umstand bei, dass man beim Rundgang nicht nur auf schwanzwedelnde Hunde, sondern auch auf fröhliche Kinder trifft. Bemerkenswert ist das mächtige dreigeschoßige Haus mit L-förmigem Grundriss oberhalb der Hauptstraße. Es stammt aus dem 18. Jahrhundert und hebt sich durch elegante Steinsäulen und eine ungewöhnliche Eckloggia von seiner Umgebung ab.

Cepletischis | Čeplešišče | Cepletiscjis

Piazza Italia nennt sich stolz das erweiterte Straßenstück zwischen dem Kirchturm und der aufgelassenen Kaserne, die den unaussprechlichen Ort als ehemaligen Grenzposten ausweist. Ein Kriegerdenkmal und drei Fahnenstangen geben ein patriotisches Stück. Der Soufflierkasten, ein betoniertes Wartehäuschen, das mit einem einzigen Sessel bestückt ist, steht leer. Der Bus hat Verspätung; kein Publikum in Sicht.

Polava | Polave | Polava

Der kleine Weiler nordöstlich von Cepletischis ist Sitz des buddhistischen Zentrums »Cian Ciub Ciö Ling«, das 1990 von Ghesce Yesce Tobden, einem tibetischen Mönch, gegründet wurde. Ausgewählt wurde der Ort wegen seiner einsamen Lage am Fuße des Matajur, der den »Erleuchteten« angeblich an einen Berggipfel seiner Heimat erinnerte. Das Zentrum umfasst drei alte Steinhäuser, die stilgerecht renoviert wurden und bis zu 50 Jünger beherbergen können. Bunte Fähnchen und ein kleiner Tempel mit Buddha-Statue zieren den Garten. Freundliche Menschen reparieren eine Trockenmauer. Auch der Nachbar hat sich vom Lächeln des Buddha anstecken lassen.

Topolò | Topolove | Topolò

Schon allein dieses Dorf ist den dreitägigen Fußmarsch von Cividale aus wert. Es liegt auf rund 550 m Seehöhe an einer sonnigen Schulter nahe der Grenze und verkörpert in vielerlei Hinsicht den Idealfall eines Dorfes der Valli del Nati-

In Topolò

sone. Dem Typus nach ein *villaggio addensato,* d. h. verdichteter Ort, hat es den Umriss eines gleichschenkeligen Dreiecks, an dessen Scheitelpunkt die Kirche thront. Es umfasst rund 100 Gebäude, die wegen des starken Gefälles fast übereinander zu stehen scheinen. Nur an einer Stelle schiebt sich eine unverbaute »Bucht«, *briaska* genannt, zwischen die Häuser und teilt das Dorf in einen oberen und unteren Teil. Ein vertikal verlaufender Treppenweg bildet die Hauptverkehrsachse, noch schmäler sind die labyrinthisch verlaufenden Seitengassen. Autos und Zweiräder haben hier nichts verloren.

Die Siedlungsstruktur ist das Ergebnis einer jahrhundertelangen Entwicklung, die im Mittelalter ihren Anfang nahm und Mitte des 19. Jahrhunderts im Wesentlichen abgeschlossen war. War das Dorf um 1600 ein loser Verband von einigen wenigen Bauernhäusern, die von landwirtschaftlichen Flächen umgeben waren, entstanden infolge der Erbteilungen immer neue Zubauten und Expposituren, die schließlich zu fast urbaner Dichte zusammenwuchsen.

Wie das Dorf, veränderten auch die Gebäude ihre Gestalt; kaum ein Haus, das nicht mehrere Metamorphosen erlebte. Die »Urzelle« bestand zumeist aus einem einzigen engen, von vier Mauern begrenzten Allzweckraum. Hier wurde gearbeitet, gekocht, gegessen und geschlafen, manchmal am bloßen Boden und nur gewärmt vom Vieh. Mit der ersten Aufstockung erfolgte die räumliche Trennung von Stall (im Erdgeschoß) und (darüberliegendem) Wohnraum. Gleichzeitig hielt die offene Feuerstelle, *ognijšče* genannt, Einzug, deren Rauch sich durch die Ritzen in der Decke verflüchtigte. Erst im späten Mittelalter erfuhr der Wohnbereich eine wesentliche Erweiterung: Neben der Schwarzküche, *črna kuhinja*, entstand das Esszimmer, *izba*, das erstmals ein (von der Küche aus) temperiertes und dennoch »rauchfreies« Wohnen erlaubte.

Der nächste Entwicklungsschub vollzog sich mit der Errichtung gemauerter Herde sowie dem An- oder Einbau des Kamins, der das Dachgeschoß vom Rauch befreite. Auf diese Weise konnte nun eine dritte Etage aufgesetzt und als Schlafbereich genützt werden. Flache Ziegeldächer lösten nun die alten, viel stärker geneigten Strohdächer ab. Erreicht werden die Wohnebenen über Außentreppen und hölzerne Laubengänge, die manchmal kunstvoll verziert sind und zugleich die Fassade gliedern. Sie gehen auf das 17. Jahrhundert zurück und stellen wohl das markanteste Stilelement der regionalen Baukultur dar. Eindeutig slowenischer Herkunft sind die *kozolci*, offene Heuspeicher, die man am Ortsrand findet und zumeist dem Verfall preisgegeben sind.

Während der historische Ortskern von Topolò weitgehend erhalten blieb, ist die alte Kulturlandschaft in der Umgebung des Dorfes fast völlig verschwunden. Von ein paar Gemüsegärten abgesehen, wird kaum noch Landwirtschaft betrieben. So rückt der Wald, wie bei den meisten Dörfern der Region, bis an den Ortsrand heran und überwuchert Macchia die ehemaligen Wiesen und Felder. »La lotta contro il bosco – boj proti gozdu«, der tägliche Kampf gegen den Wald scheint endgültig verloren. Historische Aufnahmen zei-

In Sèuza

gen, dass Topolò bis Anfang des 19. Jahrhunderts von zahlreichen Weiden, Äckern, Obstgärten und Weinkulturen umgeben war. Die von kunstvoll geschlichteten Trockenmauern gestützten Terrassen reichten weit ins Tal hinab und gliederten auch die steilen Hänge südwestlich des Dorfes. Angebaut wurden hauptsächlich Mais, Buchweizen, Gerste und Bohnen sowie Äpfel, Birnen und Pfirsiche. Kühe und Schafe lieferten Milch, Fleisch und Wolle. Dienten diese Produkte hauptsächlich der Selbstversorgung, wurden Edelkastanien und Holz ins Tal geliefert.

Im Vergleich des französischen Katasters (1811) mit dem österreichischen (1835) und italienischen (1936) Kataster lassen sich bemerkenswerte Änderungen des Grundbesitzes ablesen. Bis Mitte des 19. Jahrhunderts befanden sich die Weiden und Wälder im demokratisch verwalteten Gemeinschaftsbesitz (*kamunja*), um dann »privatisiert« und damit parzelliert zu werden. In der Folge verlegte man sich immer mehr darauf, die Tiere in Ställen zu halten, was eine beträchtliche Mehrarbeit verursachte. Auch die Äcker und Gärten erfuhren durch wiederholte Erbteilung eine zunehmende Fragmentierung, wodurch oft eine einzige Terrasse in winzige Grundstücke zerfiel.

Da die Bauern unter solchen Voraussetzungen (sowie den ungünstigen klimatischen Bedingungen) kein Auskommen hatten, waren die meisten Familien seit jeher auf ein Nebeneinkommen angewiesen. Also verließen viele Männer in den Wintermonaten das Dorf, um als *guzieruci*, fahrende Händler und Hausierer, ihr Brot zu verdienen. Sie zogen mit schweren Holzkisten, *krošnje*, auf dem Rücken von Haus zu Haus und boten gestickte Tücher, Strickwaren oder Devotionalien feil. Ausgestattet mit Reisedokumenten, die für ganz Europa gültig waren, verschlug es sie dabei bis Böhmen, Ungarn und sogar nach Russland. Die größten und schönsten Häuser Topolòs entstanden in der Zeit zwischen 1700 und 1850, als es einige *guzieruci* zu relativem Wohlstand brachten.

Ende des 19. Jahrhunderts, als Topolò mit über 500 Bewohnern die höchste Einwohnerzahl erreicht hatte und damit eines der größten Dörfer der Valli del Natisone war, wendete sich das Blatt: Der Straßenhandel fand aufgrund politischer Veränderungen ein Ende; viele Familien verarmten und hatten kaum genug zu essen. Mit dem Hunger setzte – wie in der gesamten Region – eine Auswanderungswelle ein, in deren Folge das Dorf zu verwaisen drohte. Vor dem Ersten Weltkrieg suchten die Menschen hauptsächlich in Amerika, konkret in den USA, in Brasilien und Argentinien, ihr Glück. In der Zwischenkriegszeit emigrierten viele Männer nach Frankreich und Belgien, um im Bergbau zu arbeiten, während sich die jungen Frauen in Mailand, Rom oder Neapel als Dienstmädchen verdingten. Später waren Deutschland und die Schweiz das Ziel der Arbeitssuchenden. Die Bevölkerung schrumpfte auf rund 40 Personen.

Obwohl *topolou* erst 1321 in die Geschichtsschreibung Eingang fand, gehen seine Ursprünge vermutlich auf die slawische Kolonisierung zwischen 700 und 1000 n. Chr. zurück. Fest steht, dass der Ortsname in der slowenischen Bezeichnung für Pappel, *topol* bzw. mundartlich *tapù*, wurzelt. Auch die Namen der vier »Urfamilien«, Gariup, Filipig (bzw. Filipič), Schuoch (Skok) und Rukli, sind slowenischen Ursprungs (letzterer allerdings mit rätselhafter »deutscher« Endung). Bis ins 18. Jahrhundert wurden Ehen hauptsächlichen zwischen Angehörigen dieser Familien geschlossen, und bis heute sind dies die häufigsten Namen im Ort. Die ethnische Herkunft der *topolesi* dokumentiert auch ein Bericht aus dem Jahr 1912 anlässlich eines Besuches des Präfekten von Udine: »Die Gemeinde von Grimacco [der Topolò angehört, Anm.] befindet sich in einem Berggebiet. Sie hat (...) cirka 1.700 Einwohner, die alle Slowenen sind und auch slowenisch sprechen. Ihre Sitten und Gebräuche sind jenen der angrenzenden Gebiete von Österreich-Ungarn ähnlich.«

Dass sich diese Kultur über die Jahrhunderte erhalten konnte, ist unter anderem den Venezianern zu verdanken, die den *slavi* weitgehende Autonomie gewährten, wofür sich diese mit der Sicherung der Ostgrenze gegen die Österreicher erkenntlich zeigten. Sie werden seither als *beneški Slovenci* bezeichnet. Wenig Freiheiten genoss die Bevölkerung unter der Herrschaft der Österreicher zwischen 1797 und 1807. Nach dem Anschluss Venetiens an das Königreich Italien im Jahr 1866 waren es vor allem die örtlichen Priester, die sich dem zunehmenden Assimilationsdruck der Italiener entgegen stellten. So ist in der Pfarrchronik etwa der Versuch der Gründung einer slowenischen Genossenschaftsbank durch den Kaplan von Topolò im Jahr 1910 dokumentiert. Widerständig zeigten sich auch der Bürgermeister und die Mehrzahl der Gemeinderäte von Grimacco einschließlich der Vertreter von Topolò, als sie 1924 aus Protest gegen die aufgezwungene Ehrenbürgerschaft Benito Mussolinis ihr Amt zurücklegten. Der öffentliche Gebrauch der slowenischen Sprache war zu dieser Zeit untersagt.

An ein tragisches Ereignis im Jahr 1944 erinnert ein Grabstein am Friedhof von Topolò. Am 19. November fiel ein deutsches Kommando in die Ortschaft ein und tötete sieben jugoslawische Partisanen, die sich nach einem Überfall auf

Wehrmachtssoldaten hierher geflüchtet hatten. Sechs der Opfer sind namentlich bekannt: Rado Jerina, Milan Kocman, Palmiro Lesica, Ivan Mužina und Leopold Miklič. Fünf weitere Freiheitskämpfer wurden bei dem Schusswechsel verletzt, konnten aber fliehen.

Dass der militärische Widerstand gegen die Nazis in Topolò und Umgebung breite Unterstützung fand, geht aus den Erinnerungen des slowenischen Partisanen Lev Svetek hervor, die 1987 unter dem Titel »Pri svojih na svojem« (»Bei den Eigenen auf eigenem Boden«) veröffentlicht wurden. Er schildert darin (frei übersetzt) folgende Begegnung:

»Im Juli 1944 kamen wir zu einer abgelegenen Mühle in der Nähe des Dorfes Topolò. Wir dachten, sie sei unbewohnt, aber als wir näher kamen, wurden wir von Kindern umringt. Dann erschien der Vater, ein Müller mit Schnurrbart und knochigem, erschöpftem Gesicht. (...) Unter den Kindern, die wohl noch nie einen Partisanen gesehen hatten, zieht ein kleines, kaum sechsjähriges Mädchen mit großen intelligenten Augen meine Aufmerksamkeit auf sich. Es grüßt auf Slowenisch und antwortet präzise auf meine Fragen. (...) ›Das ist noch gar nichts‹, ruft der Vater voller Stolz, ›unsere Maria geht noch nicht zur Schule, aber sie kann besser lesen als ältere Kinder. Überzeugen Sie sich!‹ Ungläubig nehme ich aus meiner Tasche einen Band von Gregorčič und schlage das Gedicht ›Der glückliche Hirte‹ auf. Das Mädchen blickt auf den Titel und liest es fast fließend vor. Ich fühle mich bestätigt: Hier wohnt eine geistreiche slowenische Bevölkerung, die vernachlässigt und ihrer ethnischen Rechte beraubt wurde. Wir verabschieden uns von dem slowenischen Müller, und er verspricht, am nächsten Tag zur Versammlung der Partisanen in Clodig, von der alle Dorfbewohner wissen, zu kommen. Die kleine Maria läuft mir nach, zupft mich am Ärmel und fragt: ›Genosse, verkaufst du mir das Buch mit den schönen Gedichten?‹ Ich schaue in die großen bittenden Augen des Kindes, und auch meine werden nass. Dann schenke ich ihr den Band. ›Nimm diese Gedichte, die unsere Heimat und eine bessere Zukunft der Slowenen besingen. Lass sie auch deine

Geschwister und andere Kinder lesen, mit denen Du vielleicht schon bald in eine slowenische Schule gehen wirst.‹«

Die Hoffnung auf die Vereinigung des Gebietes mit Jugoslawien nach dem Krieg sollte sich nicht erfüllen. Titos Ansprüche auf Italiens Gebiete mit slowenischem Bevölkerungsanteil (mit dem Tagliamento als Westgrenze) fanden bei den Alliierten keine Unterstützung. Eine scharf bewachte Grenze lief in nur zwei Kilometer Entfernung an Topolò vorbei. Und wieder machte sich, wer sich der slowenischen Sprache bediente, verdächtig. Die Pfarrchronik berichtet von ständigen Spannungen zwischen italienischen Grenzwachen und der Dorfbevölkerung, die im Jahr 1964 in der Verhaftung mehrerer Jugendlicher gipfelten. Ihr »Vergehen«: das unbotmäßige Singen slowenischer Lieder ...

Heute ist die Zweisprachigkeit in Topolò fast wieder zur Selbstverständlichkeit geworden. Dazu hat nicht zuletzt die Kulturinitiative »Stazione di Topolò/Postaja Topolove« beigetragen, die 1994 von Donatella Ruttar und Moreno Miorelli gegründet wurde und sich binnen weniger Jahre vom regionalen Kulturveranstalter zum internationalen Festival zeitgenössischer Kunst entwickelt hat. Es findet alljährlich im Juli statt und lockt mittlerweile tausende Besucher an diesen entlegenen Ort. Beteiligt sind bildende Künstler, Filmemacher, Musiker und Literaten aus ganz Europa, von denen einige bereits Stammgäste sind und oft für mehrere Wochen bleiben. Geboten werden Installationen im öffentlichen Raum, Performances, Filmvorführungen und Lesungen, wobei das Augenmerk auf künstlerischen Beiträgen liegt, die vor Ort entstanden sind und sich mit dem unmittelbaren kulturellen und sozialen Umfeld auseinandersetzen. So legen die Veranstalter besonderen Wert auf die Einbeziehung der örtlichen Bevölkerung und die Respektierung ihrer Bedürfnisse, ohne dabei aber künstlerische Kompromisse einzugehen oder provinziell zu sein. Vielmehr scheint die »Behutsamkeit«, mit der die künstlerischen Interventionen vorgenommen werden, zum Qualitätsmerkmal der »Stazione di Topolò/Postaja

Spurenelemente von Kunst in Topolò

Topolove« geworden zu sein. Der besondere Geist des Festivals lässt sich auch außerhalb der Spielzeit erspüren, trifft man doch allenthalben auf Spurenelemente der Kunst. Dazu gehören manch rätselhafte Schriftzeichen und ein auffällig gefärbelter Brunnen ebenso wie diverse Landart-Arbeiten entlang revitalisierter Kulturwege. Ausführlich dokumentiert sind die Aktivitäten in den wunderbar gestalteten Publikationen der »Stazione«. Nähere Informationen liefert auch das Internet unter www.stazioneditopolo.it.

Beobachteten die Dorfbewohner das Festival anfänglich skeptisch, ist die Akzeptanz mittlerweile groß. Denn es ist augenscheinlich, dass Topolò von der »Stazione« profitiert. Einerseits bringt die Vermietung von Zimmern bescheidene Einnahmen, andererseits hat das öffentliche Interesse zu einer Aufwertung des Standortes und entsprechenden Investi-

Brauchtum bei Clodig

tionen geführt, die sich in einer Reihe von revitalisierten Häusern sowie den aufwändig sanierten Wegen manifestieren. So präsentiert sich Topolò, das noch vor zwei Jahrzehnten vom völligen Aussterben bedroht war, heute als vergleichsweise lebendiges Dorf, das sogar einen Zuwachs an Einwohnern verzeichnet. Mit dem »Aufschwung« hat der Ort zwar etwas an morbidem Charme eingebüßt, doch gehört er immer noch zu den malerischsten Dörfern der Region. Beim Rundgang trifft man an jeder Ecke auf ein architektonisches Kleinod, das den Respekt der Bewohner vor der Baukultur ihrer Vorfahren verrät. Selten findet man so viele geschmackvoll renovierte Häuser wie hier.

EINKEHR:

Ferienwohnungen und Fremdenzimmer werden in Topolò von folgenden Personen angeboten:

Aldo Trusgnach, 0039/0432/725076; Alfonso Trusgnach, 0039/0432/725075; Carla Loszach, 0039/0432/725014; Italo Rucli, 0039/339/7936035; Romilda Filipig, 0039/0432/725067.

Clodig | Hlodič | Clodiç

Mindestens zwei Gründe gibt es, sich auf diesen Ort zu freuen, obwohl er auf den ersten Blick eher den Eindruck eines traurigen Straßendorfes macht. Die erste Attraktion ist das *Museo della Civiltà Contadina* am östlichen Ortsausgang. Es verbirgt sich in den Kellerräumen des Wohnhauses der Familie Ruttar und enthält eine schier unglaubliche Menge an Objekten, die die regionale Alltagskultur der letzten Jahrhunderte dokumentieren. Von verschiedensten Werkzeugen und Haushaltsgeräten über Kleidungsstücke und Masken bis zu diversem Kriegsmaterial ist so ziemlich alles vorhanden, was sich an Erinnerungsstücken sammeln lässt. Das mag im Einzelnen nichts Weltbewegendes sein, entfaltet aber in seiner Gesamtheit eine beachtliche Wirkung. Besonders eindrucksvoll ist die kunstvolle serielle Anordnung der Objekte, die jede Redundanz in rhythmische Bilder verwandelt. So kann etwa eine Sammlung von über tausend verschiedenen Schlüsseln bewundert werden, die, penibel aneinandergereiht, wie geheimnisvolle Schriftzeichen wirken. Und hunderte Bohrer, die eine ganze Wand für sich in Anspruch nehmen, fügen sich zur vielstimmigen Partitur. Das Wundersame ist dabei, dass durch ihre Masse die Individualität der Dinge umso deutlicher hervortritt. Collezione Mario Ruttar, www.comune.grimacco.ud.it, 0039/0432/725003.

EINKEHR:

Trattoria alla Posta. Sie ist der zweite große Pluspunkt der Ortschaft. Donna Maria (Primosig) kocht wie der Teufel, kennt Gott und die Welt und lässt es auch jeden wissen. Legendär sind ihre mehrgängigen Überraschungsmenüs, bei denen sie traditionelle slowenische Rezepte mit friulanischen Elementen auf das Köstlichste zu verknüpfen weiß . Ein weiterer Vorzug sind die schönen Appartements, die Frau Maria im Haus um die Ecke vermietet. Voranmeldung. Dienstag und Mittwoch geschlossen, 0039/0432/725000.
Trattoria alla Cascata. Schlichte Küche und Zimmer, 0039/0432/725034.
B & B Mario Ruttar. Mit zwei besonders geschmackvoll eingerichteten Doppelzimmern bietet die »Museumsfamilie« die komfortabelste Unterkunft in Clodig, 0039/0432/725003.

4. Etappe

GANZ AUSSEN
Wanderung von Clodig nach Tribil di sopra

Es ist die längste, aber auch schönste Etappe der Rundreise in den Valli del Natisone. Man bewegt sich dabei stets in unmittelbarer Grenznähe, wo der Übergang zwischen Italien und Slowenien fast fließend scheint. In der ersten Hälfte der Wanderung klappert man ein verträumtes Bergdorf nach dem anderen ab; im Schlussteil taucht man zur Idrija ab, wo man in fast unberührter Natur und völliger Einsamkeit talauswärts wandert.

Sverinaz, zu dem man von Clodig über einen alten Kulturweg ansteigt, ist das erste in einer Reihe von Dörfern, die in den Steilhang gebaut sind und von den Bauern trotz widriger Umstände nicht aufgegeben werden. Schön ist die Aussicht in Oznebrida am kahlen Sattel vis-á-vis von Topolò sowie in Cras, dem kleinen Nest an der benachbarten Schulter. Von der Bergkirche Santa Maria führt der Weg in den Wald und unter schroffen Felsen nach Lase, wo es eine Anhäufung eigentümlicher Hütten aus Stein, Holz und Blech zu besichtigen gibt. In Rufweite befinden sich Drenchia di sotto, Trinco und Zuòdar, die weiteren Stationen auf dem Weg nach Clabuzzaro. Der Blick öffnet sich gen Osten, die Zeit hält inne, und Cividale liegt am anderen Ende der Welt.

HINWEISE ZUR WANDERUNG
LÄNGE: 21 km
ANSTIEGE: 850 m
GEHZEIT: 6:30 Std.
ANFORDERUNGEN: Ausdauer und Trittfestigkeit
KARTE: Tabacco-Wanderkarte 041, Valli del Natisone – Cividale del Friuli, 1:25.000

In Drenchia

EINKEHRMÖGLICHKEITEN: Clabuzzaro
ÜBERNACHTUNG: Tribil di sopra
ANREISE: SAF-Bus von Cividale nach Clodig
RÜCKFAHRT: SAF-Bus von Tribil di Sopra nach Cividale. Auskünfte: www.saf.ud.it

WEGBESCHREIBUNG

Man geht von **Clodig** auf der Straße taleinwärts und hält sich bei der Gabelung am östlichen Ortsrand (Wegweiser »Drenchia«) rechts. Nach etwa 100 m wendet man sich nach links in einen ansteigenden Weg. 10minütiger Anstieg bis **Sverinaz** (0:15 Std.); bei einem Quersträßchen rechts bergauf, den Ort durchschreitend. Der Asphalt endet; man geht geradeaus bis zu einem Brunnen, dann auf breitem Hangweg weiter taleinwärts. Nach gut 5 Min. eine Gabelung; man geht links und wandert 45 Min. auf geschottertem Fahrweg etwas eintönig, aber bequem bergauf. Man erreicht den Hügelkamm, wendet sich auf einer asphaltierten Querstraße nach rechts und gelangt nach **Oznebrida** (1:15 Std.). Schöner Aussichtshügel rechts oberhalb der Ortstafel.

Man durchschreitet das Dorf und wendet sich nach der ersten Leitplanke am Ortsende nach rechts in einen Steig. Schmaler, fast eben verlaufender Hangweg, der sich bald verliert. Man steigt weglos einige Meter ab und trifft auf einen von unten kommenden Parallelweg; auf diesem nach links. Man passiert einen Brunnen und trifft kurz darauf auf ein Sträßchen; auf diesem nach rechts bis **Cras** (1:30 Std.).

Im Ortskern wendet man sich nach links und steigt über einen Treppenweg zur **Straße** an, welche man quert. Man geht rechts am neuen Gemeindeamt vorbei und betritt einen markierten Treppenweg, der sich bereits nach wenigen Metern gabelt. Man hält sich (die Markierung verlassend) links und steigt zur **Kirche Santa Maria** an.

Nach Besichtigung des Friedhofs auf der **Zufahrtsstraße** bergab. Nach 200 m wendet man sich nach links in einen abwärts führenden, markierten Pfad. 20 Min. auf schönem, teilweise etwas ausgesetztem Weg im bewaldeten Steilhang (Vorsicht bei Nässe!). Man trifft auf einen breiten Karrenweg, geht rechts und steigt kurz zu einer Kuppe an, wo man sich vor einer Holzblechhütte nach links wendet und nach **Lase** absteigt (2:30 Std.). Man besichtigt die Holzhütten am westlichen Ortsrand, durchschreitet das Dorf und verlässt selbiges auf der **Zufahrtsstraße**.

Man gelangt zur **Hauptstraße** und geht links. Nach 500 m wendet man sich nach rechts in ein Sträßchen (Wegweiser »Drenchia inferiore«). Man erreicht **Drenchia** (3:00 Std.), hält sich bei einer Gabelung im Ort links und folgt beim Haus Nr. 7 einem Treppenweg bergauf. Am östlichen Ortsrand steigt man nicht zur Straße auf, sondern folgt einem terrassierten Wiesenweg bis **Trinco** (3:10 Std.). Man durchschreitet die Häusergruppe auf einem Sträßchen, das sich am Ortsende mit der Hauptstraße vereinigt. Kurz davor wendet man sich nach rechts in einen Steig, der nach **Zuòdar** (3:15 Std.) führt. Weiter auf einem Asphaltsträßchen, das nach 500 m in die Hauptstraße einmündet. Auf dieser geradeaus. Nach 5 Min. nimmt man eine Abzweigung nach links, um nach weiteren 5 Min. **Clabuzzaro** zu erreichen (3:45 Std.).

In Sverinaz

Am Ortsbeginn eine Gabelung; man geht rechts, passiert das Dorf und gelangt zu einem **Sattel**, dem höchsten Punkt der Wanderung. Blick nach Slowenien. Schöner Rastplatz.

Man folgt der Straße bis zu deren Ende (Parkplatz am Ortsrand) und setzt die Wanderung auf geschottertem Fahrweg (Fahrverbot) fort. Moderater Abstieg. Nach 5 Min. eine Gabelung; man hält sich links. 15 Min. in Serpentinen bergab, dann hoch über dem Idrija-Fluss talauswärts. Man erreicht den **Talgrund** (4:30 Std.) und durchschreitet die **Furt** eines Zuflusses der Idrija (unmittelbar davor eine Abzweigung nach rechts, welche man ignoriert). Weiter talauswärts. Nach gut 15 Min. eine weitere Abzweigung nach rechts, die man wieder ignoriert. Nach 25 Min. wendet man sich nach rechts in einen ansteigenden Weg. Gut einstündiger Anstieg bis zum markierten **Höhenweg Nr. 747** am Hügelkamm; auf diesem nach links. 10 Min. auf bequemem Weg links der Straße (zu welcher man *nicht* absteigt!) bis **Tribil di sopra** (6:15 Std.).

AM WEGE

Drenchia | Dreka | Drencje

Ein großer verwaister Gasthof erinnert an Zeiten, als es hier noch ein Dorfleben gab. Heute erschöpft sich dieses in gelegentlichen Besuchen des überdimensionierten neuen Gemeindeamtes, das man nebenan, wie zum Trotz und mit EU-Förderung, hingeklotzt hat. Drenchia ist die östlichste und kleinste Kommune der Valli del Natisone und hat aufgrund ihrer Rand- und Höhenlage verstärkt mit Abwanderung und Verödung zu kämpfen. So sank die Einwohnerzahl in den letzten 40 Jahren von 1.200 auf weniger als 200 Personen, die sich auf 18 winzige Dörfer verteilen. Das Durchschnittsalter liegt bei 65 Jahren. Der ökonomischen Situation entsprechend sind hier auch die meisten Häuser etwas kleiner und bescheidener als anderswo.

Die stimmungsvollsten Orte liegen wie aufgefädelt an den Hängen des Monte Colovrat und sind durch alte Kulturwege miteinander verbunden. Hervorzuheben sind Drenchia di Sotto mit seinen hübsch gepflasterten Gässlein, Trinco, in dem es ein kleines Bauernmuseum zu besichtigen gibt, sowie Zuòdar, das in seiner penibel geordneten Ärmlichkeit berührt. Dazwischen liegen unglaublich steile Wiesen, die zum Teil immer noch bewirtschaftet oder zumindest gemäht werden. Ein paar Schafe, viele Hunde und noch mehr Katzen leisten den verbliebenen Bewohnern Gesellschaft. Und zählt man die Krautköpfe hinzu, die im Herbst die Gärten bevölkern, erscheint die Gegend gar nicht mehr so einsam.

Wanderern bietet Drenchia neben seinen malerischen Dörfern und stillen Laubwäldern einen wunderbaren Aussichtsberg, den Monte Colovrat. Er ist der Grenzwall zum Isonzotal und war ein beiden Weltkriegen Schauplatz erbitterter Kämpfe. Der Aufstieg empfiehlt sich vom Passo Solarie aus, dem kleinen Grenzübergang nach Slowenien, wo ein Grabstein an den ersten gefallenen Italiener des Ersten Weltkrieges namens Riccardo di Giusto erinnert. Weitere Kriegsdenkmäler und zahlreiche Schützengräben liegen entlang der Alta via delle Valli del Natisone, die in diesem Abschnitt in eine Höhe von über 1.100 m vordringt. Schöner als die Kriegsrelikte ist aber der Blick nach Süden, der an klaren Tagen bis Grado und Istrien reicht.

EINKEHR:

Casa Vacanze Mariza, 0039/0432/721001, www.casavacanzemariza.com

Clabuzzaro | Breg | Clabuçâr

Es ist mit 802 Höhenmetern die höchstgelegene Ortschaft der Gemeinde Drenchia und liegt auf einem Sattel abseits der Höhenstraße der Valli del Natisone. Das Dorf selbst bietet wenig Heimeliges, sind doch die meisten Häuser weiß oder grau verputzt und entsprechen sie fast nur noch im Grundriss der alten Form. Und so weltabgewandt der (nur über eine Stichstraße erreichbare) Ort in geografischer Hinsicht ist, so verschlossen wirken auch seine Bewohner. Umso lieblicher ist die Umgebung, seien es die sanften Wiesenhänge unterhalb des Dorfes, sei es das einsame Idrija-Tal im Osten, das hier die einst hermetische und heute durchlässige Grenze zu Slowenien darstellt.

EINKEHR:

Osteria Al Colovrat. Einfaches Gasthaus mit schnörkelloser Küche. Am besten schmeckt es auf der windgeschützten Aussichtsterrasse. Nur am Wochenende, 0039/0432/721104.

Bed & Breakfast La via delle Trincee, 0039/0432/700979 oder 721104 oder 0039/331/5309542.

Tribil di sopra (superiore) | Gorenji Tarbilj | Tribil Disore

Es ist weniger das Ortsbild als die wunderbare Lage, die den Besucher sofort anspricht. So überblickt man vom Kirchenhügel einen Gutteil der Dörfer der Valli del Natisone im Nordwesten mit dem Matajur als majestätischer Kulisse und hat man im Südosten den dünn besiedelten Kanalski Kolovrat Sloweniens als Vis-à-vis. Auch das Bergdorf selbst hat sehenswerte Seiten. Neben dem stattlichen Kirchturm und ei-

Holz- und Heuhütten in Lase

ner Handvoll hübsch renovierter Steinhäuser sind es vor allem die gepflegten Haus- und Feldgärten, die die Besichtigung lohnen. Dazu kommt manches Stilleben des Niedergangs wie ein mit Klebeband versiegelter Briefkasten oder ein ausgeweideter Cinquecento.

EINKEHR:

Eine einfache Herberge im 1. Stock der ehemaligen Schule bietet 25 Schlafplätze. Wandergruppen können hier auf Vorbestellung eine Mahlzeit bekommen. Im Dorf warten aber auch einige schöne Ferienwohnungen und Fremdenzimmer auf Gäste. Alle Unterkünfte vermittelt das sogenannte »*Albergo Diffuso*«, www.albergodiffusovallidelnatisone.it, 0039/0432/724017 oder 0039/340/4948477.

B & B Rosa dei venti. Drei Doppelzimmer, Kochen auf Vorbestellung, 0039/0432/724116.

La casa della rondini. Freundlicher Agriturismo im Nachbarort Dughe, 15 Gehminuten ab dem Friedhof an der Straße unterhalb von Tribil di sopra (Wegweiser »Oblizza«). Essen nur am Wochenende oder auf Vorbestellung, zwei Gästezimmer, 0039/0432/724177.

Trockenmauern: Ständige Wegbegleiter in Friaul

KLEINE MAUERKUNDE

Muretti a secco, Trockenmauern, können eine Höhe von drei und mehr Metern erreichen und sind nicht nur in Friaul ein landschaftsprägendes Element. Ihre Funktion besteht in der Begrenzung von Grundstücken, der Gewinnung und Stabilisierung von Äcker- und Weideflächen sowie der Terrassierung von Hängen. Außerdem sorgen sie für ein günstiges Mikroklima, indem sie des Nachts die gespeicherte Sonnenwärme abstrahlen und das Auskühlen der Obst- oder Weinkulturen verzögern. Im offenen Gelände dienen sie dem Windschutz. Obwohl aus losen Steinen geschichtet, sind Terrassentrockenmauern auf Dauer viel haltbarer als Steinmauern, die mit Mörtel verfugt wurden. Der Grund besteht in ihrer horizontalen Durchlässigkeit, die bei anhaltenden Niederschlägen (durch die es zu einer Sättigung des Bodens kommt) den seitlichen Wasserdruck gering hält. Trockenmauern sind außerdem frostsicher, weil sie der Ausdehnung gefrorenen Wassers »elastisch« nachgeben können. Das trifft auch auf die Durchdringung mit Wurzelwerk zu. Indem sie auf diese Weise Hangrutschungen hintanhalten, wirken Trockenmauern auch der Bodenerosion entgegen. Oft in jahrelanger Arbeit und in mehreren Bauphasen errichtet, überdauern sie Jahrhunderte. In Friaul hat sich überdies gezeigt, dass Trockenmauern – im Gegensatz zu Steinhäusern – selbst stärksten Erdbeben trotzen können. Von manchen irischen Trockenmauern nimmt man an, dass sie 5.000 Jahre alt sind. Noch älter ist die Chinesische Mauer, die, zumindest teilweise, ebenfalls ohne Mörtel auskommt.

Ähnlich den alten gepflasterten Kulturwegen drohen viele *Muretti a secco* allmählich aus dem Landschaftsbild Friauls zu verschwinden. Einerseits werden sie in manchen Gegenden vom Wald überwuchert, andererseits gibt es kaum noch Bauern, die sich die Mühe ihrer Erhaltung machen. Auch finden sich immer weniger Menschen, die die alte Kulturtechnik des Mauerbauens beherrschen. Andernorts ist das Bewusstsein um den Wert dieser Bauwerke weiter entwickelt. So ist es etwa in den Cinque Terre in Ligurien gesetzlich verboten, Trockenmauern durch Beton zu ersetzen und wird ihre Pflege finanziell gefördert. Und in Mallorca unterstützt die EU ein Projekt zur Wiedererrichtung von *marges* sowie die Ausbildung von Jugendlichen zum *mestre marger.* Auch für Touristen werden da und dort Trockenmauer-Workshops angeboten.

Ihre Schönheit verdanken historisch gewachsene Trockenmauern ihrer »organischen« Struktur. Stets werden Natursteine aus der Umgebung verwendet, manchmal grob behauen, häufiger aber in ihrer Form belassen. Je nach Material sind sie schichtförmig oder wie ein dreidimensionales Mosaik zusammengesetzt. Je unregelmäßiger die Steine, man denke an die inhomogenen Kalkbrocken des Karst, desto kunstvoller die Bauweise. Wer je versucht hat, eine beschädigte Trockenmauer zu reparieren, ahnt, wieviel Erfahrung und Kunstfertigkeit für die Errichtung erforderlich waren. Die Arbeit erfordert aber auch viel Kraft: Bei einer Mauerhöhe von einem Meter muss pro Laufmeter durchschnittlich eine Tonne Material herangeschafft werden. Selbst routinierte Handwerker benötigen mindestens einen Tag, um diese Menge zu verarbeiten.

Die Kunst des Mauerbauens besteht darin, die Steine möglichst satt, d. h. fugendicht, aufeinander zu legen. Denn als Bindemittel dient einzig die Reibung. Je weniger Hohlräume, desto stabiler die Mauer. Weiters muss darauf geachtet werden, dass die Steine versetzt platziert sind, damit keine vertikalen Stoßfugen entstehen, die mehrere Schichten durchlaufen. Drittens sollen die Steine möglichst waagrecht aufeinanderliegen oder sich andernfalls so verkeilen, dass keine seitlichen Kräfte entstehen, durch die sie aus der Mauer herausgedrückt werden können. Und schließlich müssen die Steine so geschichtet werden, das sich die Mauer nach oben hin verjüngt, wobei die Neigung zur Mitte etwa 80° beträgt.

Klassische Trockenmauern werden zumeist doppelwandig gebaut; im Wesentlichen finden dabei fünf Bauelemente Verwendung. Der Sockel wird von großen Fundamentsteinen gebildet, die unter der Erdoberfläche aufliegen. Die von außen sichtbaren Läufer sind in regelmäßigen Abständen durch sogenannte Ankersteine verbunden, das sind schwere, längliche Quader, die quer zur Mauer liegen und diese vollständig durchdringen. Bei Stützmauern reichen die Ankersteine ins Erdreich. Als Futter dienen Füllsteine, die jedoch nicht einfach zwischen die Mauerwände geschüttet, sondern ebenfalls sorgfältig geschichtet werden. Die Mauerkrone ist einreihig und besteht aus Decksteinen, die häufig vertikal ausgerichtet sind und durch schmale Keile aneinandergepresst werden. Dazu kommen bei Bedarf besonders große Ecksteine sowie Trittsteine, die aus der Mauer hervortreten und treppenartig versetzt sind.

Wanderer werden feststellen, dass Trockenmauern nicht nur ästhetisch reizvoll sind, sondern auch von botanischem und zoologischem Interesse. Ähnlich der natürlichen Steinschuttflur oder dem ungeordneten Lesesteinhaufen stellen Trockenmauern einen wertvollen Lebensraum für seltene

Pflanzen und bedrohte Tiere dar. Es sind dies besonders anpassungsfähige Lebewesen, die mit Trockenheit und großen Temperaturunterschieden gut zurechtkommen. Als Pioniere treten Algen, Flechten und Moose auf, deren Pölster der giftigen Fetthenne, dem heilsamen Zimbelkraut und anderen Mauerpflanzen als Unterlage dienen. Noch vielfältiger ist aber die Fauna, die die Hohlräume einer Trockenmauer bewohnt. Während die Eidechsen kaum zu übersehen sind, macht sich die Blindschleiche rar und bekommt man die giftige Aspisviper nur selten zu Gesicht. Das gilt auch für Kleinsäugetiere wie das Mauswiesel, das kleinste aller Raubtiere, das hier ebenfalls lebt. Weniger scheu sind die Wirbellosen, die das Mauerwerk bewohnen. Bei den Spinnentieren reicht die Palette von der winzigen Samtmilbe über die Wolf-, die Spring- und die Winkelspinne bis zum Weberknecht. Zu fürchten hat man nur die Wanderspinne, deren Biss sehr unangenehm werden kann. Keine Gefahr geht von den Mauerbienen, den Steinhummeln sowie den Lehm- und Pillenwespen aus, die zwischen den Steinen Nester aus Lehm bauen. Harmlos sind auch die Käfer, die sich in den Mauerritzen verstecken. Etwas Abstand halten sollte man aber von der kupferfarben schillernden Körnerwarze, die mit einer Höchstgeschwindigkeit von 0,6 km/h zu den schnellsten Laufkäfern der Welt gehört und bei Gefahr ihren scharfen Magensaft bis zu 25 Zentimeter weit spritzen kann.

Gerhard Pilgram

5. Etappe

DEN KAMM ENTLANG

Wanderung von Tribil di sopra nach Castelmonte

Verglichen mit dem Pensum des Vortages ist diese Etappe beinahe ein Spaziergang. Weder sind (vom heftigen Schlussanstieg abgesehen) übermäßig große Höhenunterschiede zu überwinden, noch ist die Strecke sonderlich lang. Doch so schonend der Weg für die Beine ist, so viel gibt es für die Augen zu tun: Immer wieder bietet sich dem Wanderer ein großartiges Panorama und ändern die Hügelketten der Valli del Natisone ihre Gestalt. Kaum glaubt man, die einzelnen Ortschaften auf den umliegenden Hängen und Kämmen identifiziert zu haben, erscheinen weitere Dörfer und geben neue Rätsel auf. Gelegentlich überblickt man fast das gesamte Natisone-Gebiet und damit einen Großteil der sechstägigen Rundwanderung, dann verliert man sich wieder im Wald, um plötzlich die Primorska, das slowenische Küstenland im Osten, auf dem Präsentierteller serviert zu bekommen.

Wichtigste Stationen sind die versteckten Dörfer Gnidovizza und Klinac sowie Planino bei Tribil di sotto, die letzten großen Bergwiesen der Valli del Natisone mit einem wunderbaren Blick auf die Region. Weitere Wegmarken bilden die Kirchlein San Giovanni und San Nicolò, wovon ersteres kühn über einem Abgrund wacht und zweiteres einen hübschen Dachreiter besitzt. Zielort ist Castelmonte, das als ältestes Marienheiligtum Italiens gilt und seinen Reiz dem kompakten Ortsbild sowie den unzähligen Votivgaben frommer Pilger verdankt.

HINWEISE ZUR WANDERUNG
LÄNGE: 14 km [22 km]
ANSTIEGE: 350 m [500 m]

San Nicolò

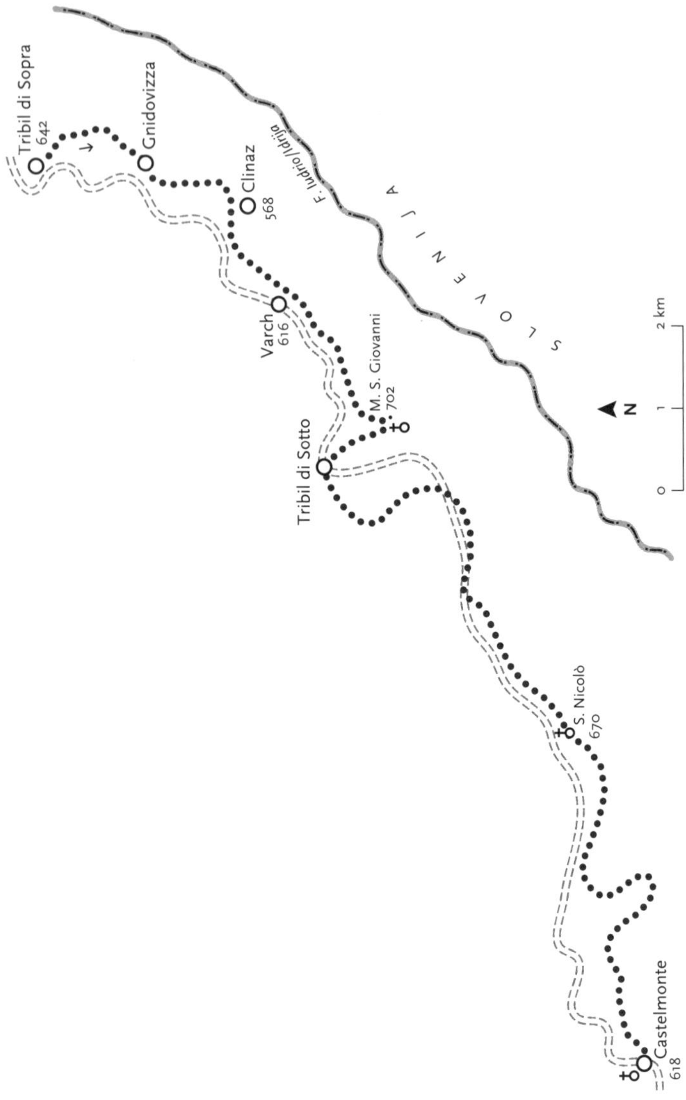

GEHZEIT: 5:30 Std. [gut 7:00 Std.]
ANFORDERUNGEN: Mittel [Ausdauer und Trittfestigkeit]

KARTE: Tabacco-Wanderkarte 041, Valli del Natisone – Cividale del Friuli, 1:25.000
EINKEHRMÖGLICHKEITEN: Tribil di sopra, Castelmonte
ÜBERNACHTUNG: Castelmonte
ANREISE: SAF-Bus von Cividale nach Tribil di sopra
RÜCKFAHRT: SAF-Bus von Castelmonte nach Cividale (nur mittags). Auskünfte: www.saf.ud.it
ANMERKUNGEN: Obwohl man bei dieser Etappe weitgehend dem Höhenweg Nr. 747 folgt, ist die Orientierung nicht immer einfach. Aufgrund unvollständiger Markierungen sowie des Umstandes, dass die Route nicht immer mit dem in der Tabacco-Karte eingezeichneten Wanderweg übereinstimmt, sollte die Wegbeschreibung genau befolgt werden.

WEGBESCHREIBUNG

Man steigt von der Bar alla Rosa dei venti in **Tribil di sopra** auf einem Sträßchen zum oberen Ortsrand an, überschreitet eine Kuppe und wendet sich nach wenigen Schritten nach rechts in den markierten **Weg Nr. 747**. Nach gut 5 Min. folgt man der Markierung, den Hauptweg verlassend, nach rechts. Man trifft auf einen breiten Schotterweg, geht rechts und erreicht **Gnidovizza** (0:15 Std.), wo man sich auf einem Sträßchen nach rechts wendet. Kurzer Anstieg bis zu einer Häusergruppe. Beim Haus Nr. 4 links bergab. Man folgt einem undeutlich markierten, schmalen Hangweg, der alsbald in den Wald führt. Nach 15 Min. eine Lichtung. Man geht geradeaus und wendet sich am oberen Rand der Wiese halbrechts in einen Hohlweg, der kurz darauf auf ein Sträßchen am Ortsbeginn von **Klinac** trifft (0:45 Std.).

Man wendet sich nach rechts (zuvor empfiehlt sich eine Besichtigung des Weilers) und erreicht bald die **Hauptstraße**. Hier nimmt man eine markierte Abzweigung nach links. Man passiert kurz darauf eine **Jagdhütte**. Nach 100 m eine Gabelung; man hält sich rechts (keine Markierung zu sehen). Kurz darauf wird eine Abzweigung nach rechts ignoriert. Schöner Kammweg mit weiten Blicken. Nach 15 Min., in Sichtweite einer an der Straße gelegenen Häusergruppe, eine Kreuzung. Man geht geradeaus (obwohl die Markierung nach rechts zur Straße zu weisen scheint) und trifft nach weiteren 5 Min. auf die **Hauptstraße** (Ortstafel »Varh«, 1:30 Std.). Man biegt noch *vor* der Straße nach links (!), um sich aber bereits nach wenigen Metern nach rechts zu wenden und dem markierten Weg erneut in den Wald zu folgen (Achtung: nicht den abwärts führenden Schotterweg nehmen!). 20minütiges Auf und Ab bis zu einer kleinen Erhebung, dann auf schönem Panoramaweg stets in Kammnähe bis zum **Kirchlein San Giovanni** (2:30 Std.).

Von der Kirche 200 m auf demselben Weg zurück. Der markierte Weg biegt nach rechts; man geht, die Markierung verlassend, geradeaus. Kurz danach öffnet sich der Wald. Abstieg auf schönem Wiesenweg mit weiten Blicken bis zu einer Quellfassung. Von dort weglos bergab bis zur **Straße**; auf dieser wenige Schritte nach rechts, dann scharf nach links in eine abwärts führende Straße (Wegweiser »Stregna«).

Man passiert **Tribil di sotto** (2:50 Std.) und folgt der Straße bis zum Haus Nr. 1 am unteren Ortsende. Hier biegt man nach links in ein Gässchen, gelangt zum Haus Nr. 10 und geht rechts an diesem vorbei bis zu einer Quergasse; auf dieser nach links. Man folgt dem gepflasterten Weg bergab bis zum unteren Dorfrand. Von hier auf geschottertem Karrenweg weiter bergab bis zu einem Querweg (Pferdeweide); auf diesem nach links. Der Weg steigt bald an, führt an einer **Heuhütte** vorbei und gabelt sich; man geht links [zuvor empfiehlt es sich, dem Hauptweg 200 m geradeaus bis zu einer Hügelkuppe mit sehr schönem Panorama zu folgen].

Man passiert zwei weitere **Hütten** und folgt dem ansteigenden Weg in einen kleinen **Taleinschnitt**. Links eines Bächleins bergan bis zur nächsten Heuhütte, wo der Weg nach rechts dreht und zur **Straße** ansteigt. Auf dieser wenige Schritte nach rechts, dann links über eine Wiese weglos bergauf, bis man auf den markierten Wanderweg Nr. 747 trifft; auf diesem nach rechts. Man gelangt bald neuerlich zur **Straße** und folgt ihr bis zur **Abzweigung nach Covacevizza**, welche man ignoriert. Nach ca. 50 m wendet man sich halblinks in einen ansteigenden (markierten) Weg, der anfänglich durch den Wald, dann den unbewaldeten Kamm entlang führt. Nach gut 20 Min. fällt der Weg vertikal ab und trifft auf einen Querweg; auf diesem nach links bis zur **Kirche San Nicolò** (3:30 Std.).

Von der Kirche 20 Min. in sanftem Auf und Ab (der Markierung folgend) bis zu einem **Haus**. Kurzer Abstieg bis zu einem Sträßchen;

Orrido dello Slizza (Vorderseite)
In Rutte Piccolo (unten)
In Chiout (rechts)
In Chiout di Gus (nächste Seite)

In Chiout Zuciun (Val Dogna)

Bei Montemaggiore (links)
Bei Prato di Resia (oben)

In Moggessa di là (oben)
Stavoli (rechts)

Im Val Resia (links)
Auf dem Weg nach Montefosca (oben)

In Moggessa di qua (oben)
In Topolò (rechts)

Gepflasterter Weg am Matajur (links)
Topolò: Kirche (unten)

OLIO DI OLIVA
FORMAGGIO GRASSO
FORMAGGIO SEMIGRASSO

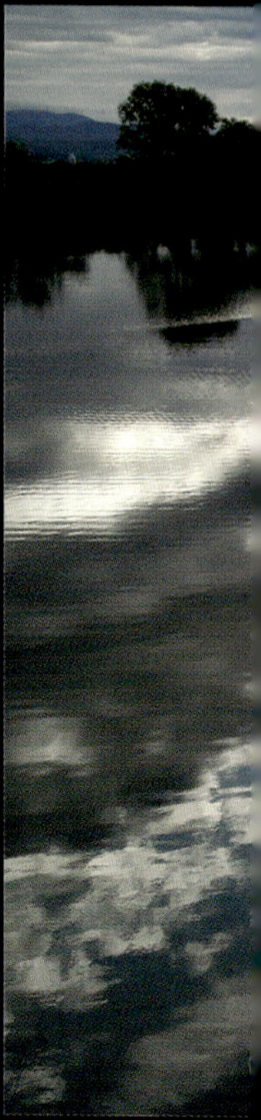

An der Isonzo-Mündung

In Monfalcone

auf diesem wenige Meter rechts bergauf, dann nach links in einen undeutlichen Pfad. Kurzer steiler Abstieg bis zu einem breiten Forstweg; auf diesem nach links. 20minütiger unerquicklicher Abstieg im Wald. Man trifft auf einen Querweg, wendet sich auf diesem scharf nach rechts und steigt gemächlich bis **Castelmonte** an (5:30 Std.).

AM WEGE

San Giovanni | Sveti Ivan und San Nicolò | Sveti Miklavž

Neben rund 100 Dörfern und Weilern mit unzähligen traditionellen Bauernhäusern sind es gut 30 Votivkirchen, die dem Hügelland der Valli del Natisone bauliche Akzente verleihen. Darunter befinden sich zwar kaum Kulturdenkmäler von Rang, doch sind sie zumindest in ihrer Artenvielfalt interessant. Viele Kirchen stammen aus dem 15. und 16. Jahrhundert, als man Baumeister aus Škofja Loka in die Benečija holte und mit der Planung der Sakralbauten beauftragte. Einige von ihnen wurden auf den Überresten römischer oder mittelalterlicher Wachtürme errichtet, andere Standorte wählte man nach dem Gesichtspunkt landschaftlicher Schönheit und Harmonie aus. Befanden sich viele Kirchen bis vor wenigen Jahren noch in einem jämmerlichen Zustand, sind heute die meisten von ihnen instand gesetzt. Im Zuge der Renovierungen wurden etliche gotische Fresken freigelegt, litt aber auch die Aura mancher Bergkirchen Schaden. Zwei Ausnahmen liegen mit den eigenwilligen Kirchen San Giovanni und San Nicolò am Wege dieser Etappe. Erstere ist aus unregelmäßigen, groben Steinen erbaut, die die fast fensterlosen Mauern wie den Schuppenpanzer eines urzeitlichen Tieres erscheinen lassen. Hals und Schädel sind zum gedrungenen Turm erstarrt. Zweitere empfängt zwar den Besucher mit offenem Maul, wirkt aber mit den tiefliegenden Augen nicht minder abweisend. Mediterranen Einfluss verrät der offene Giebelturm mit doppeltem Geläut.

In Gnidovizza

Tribil di sotto | Dolenji Tarbilj

Der Name wurzelt im slowenischen *trebiti*, jäten, und verweist auf die einst ausgedehnten landwirtschaftlichen Flächen im Umkreis. Das Dorf hat 39 Einwohner; rund 100 sind ihm seit den 1960er Jahren durch Abwanderung und natürlichen Abgang abhanden gekommen. Im stark verdichteten Ortskern stehen mehrere Steinhäuser von beachtlicher Größe, die mit mächtigen Stiegenaufgängen, großen Steinportalen und kunstvollen Holzbalkonen auf den relativen Wohlstand vergangener Zeiten schließen lassen. Sie stammen teilweise aus dem 17. Jahrhundert und waren lange Zeit dem Verfall preisgegeben. Erfreulich sind die jüngsten Bestrebungen, einige dieser Gebäude fachgerecht instand zu setzen, umso störender die Bausünden der vergangenen Jahrzehnte.
Zwei Kilometer südwestlich des Dorfes findet sich wohl einer der schönsten Plätze der Valli del Natisone. Es ist dies *Planino* bzw. slow. *planina*, womit gewöhnlich eine Alm bezeichnet wird, obwohl hier früher hauptsächlich Getreide angebaut wurde. Heute handelt es sich um die mit Abstand größten zu-

sammenhängenden Wiesengründe der Region. Sie werden nach wie vor regelmäßig gemäht und stellen damit eine hellgrüne Insel im dunklen Meer des überall im Vormarsch befindlichen Waldes dar. Aufgrund der erhabenen Lage und des sanft hügeligen Reliefs bescheren die *prati di planino* dem Wanderer ein wunderbares und alle paar Schritte wechselndes Panorama. Eine Augenweide sind auch die vereinzelten Gruppen knorriger Buchen, Eschen und Linden inmitten der Wiesen sowie die verstreuten Heuhütten aus Stein und Holz.

EINKEHR:
Für Wanderer fast außer Reichweite, aber dennoch zu empfehlen, ist die Trattoria *Sale e Pepe* im Nachbardorf Stregna. Wer bereit und in der Lage ist, etwas tiefer in die Tasche zu greifen, wird hier mit ebenso bodenständigen wie ausgefallenen Köstlichkeiten wie Kräutersoufflé mit Montasio oder Erdbeerrisotto verwöhnt. Hinwegsehen muss man nur über das etwas elitäre Gehabe der Bedienung. 0039/0432/724118 und www.friuliviadeisapori.it

Castelmonte | Stara Gora | Madone di Mont

Eine Panoramastraße führt in mehreren Kehren 618 m hoch zu einem der ältesten Wallfahrtsorte Oberitaliens, zum »Santuario Beata Vergine di Castelmonte«. Diese Straße nehmen am ersten Septemberwochenende mehr als 6.000 Menschen, um zur berühmten »Madonna viva« von Castelmonte zu gelangen, die diese Bezeichnung wegen ihres lebendigen Ausdrucks trägt. Doch die Anziehungskraft des Heiligtums hält auch unter dem Jahr, und oft stauen sich Reisebusse und Privatautos auf dem riesigen Parkplatz zu Füßen des Klosters. Angeblich besuchen 300.000 Pilger Castelmonte jährlich; für sie werden an Feiertagen stündlich Messen gelesen, an Wochentagen immer noch vier. Der Besucherstrom lässt das Geschäft der Devotionalienhändler blühen. Mit religiösem Kitsch, von Christusfiguren in Gummibärchengröße bis hin zu meterlangen Rosenkränzen aus Holz, lässt sich augenscheinlich guter Umsatz machen.

In Castelmonte

Castelmonte wurde als römischer Militärstützpunkt gegründet und ist als Wallfahrtsort seit 1175 belegt. Ältere Grabungsfunde weisen jedoch darauf hin, dass es eines der ersten Marienheiligtümer nach dem Konzil von Ephesos 431 war: Das »Dogma von Ephesos« erklärte Maria zur »theotokos«, zur »Gottesgebärerin«, und bewirkte damit eine lebhafte Marienverehrung. Im Mittelalter lebten hier neben wenigen Mönchen Bauern, Handwerker und Wirte, die damals schon an den Pilgern verdienten. Castelmonte war keine Abtei mit eigener Machtpolitik, sondern einem Kloster in Cividale unterstellt und daher auch kein vorrangiges Ziel zerstörerischer Angriffe.

Seit 1913 ist Castelmonte in der Obsorge der Kapuziner. Der Kirchenbau in seiner heutigen Form geht auf das 16. und 17. Jahrhundert zurück. Der älteste Teil ist die Krypta, hier wurde Maria zuerst verehrt. Der kleine Raum wurde 1962 bis zur heutigen Größe erweitert. Die Statue der Madonna, die am 8. September 1479 hier aufgestellt wurde, ist das Herz des Heiligtums: eine sitzende Maria im gotischen Stil mit dem Jesuskind auf den Knien. Während der spätere Erlöser interessiert seine Mama begutachtet, blickt sie freundlich und teilnahmsvoll auf die Pilger herab.

Zwar kann Castelmonte keine Marienerscheinung (wohl der »Ritterschlag« unter den Marienheiligtümern) aufweisen, aber anhand tausender Votivbilder lässt sich nachvollziehen, wie vielen Hilfesuchenden die Madonna von Castelmonte schon beistand. Selbst der abgeklärtesten Seele ringt solche Volksfrömmigkeit Demut ab, und Unterhaltungswert haben die gemalten, gestickten, fotografierten Bildchen allemal: Hier fährt ein Blitz auf ein Haus herab, da stürzt ein Auto von einer Brücke, hier kentert ein Boot im Sturm, da fällt ein Kind aus dem Fenster – und über allem thront die Gottesmutter und fügt gnädig die Geschicke. Wer den Unfall sonst nicht überlebt hätte, der entsteigt dem Wagen fast unversehrt, der wird wundersam aus dem Feuer gerettet, den hält im letzten Moment eine Hand zurück.

In der Krypta wurde dem Dank an die Gottesmutter ein kleiner Altar errichtet: Krücken und andere Gehhilfen haben ehemals Lahme hier abgeworfen, Brillen und Zahnersatz zurückgelassen, und sogar Motorradhelme haben von Einsicht Gestreifte hier deponiert. Einfach nur rührend sind die Dankesbezeugungen glücklicher Eltern: Taufhemdchen und Fotos von Neugeborenen zieren in langen Reihen die Wände und belegen, dass sich die Madonna auf diesem, ihrem ureigensten Terrain, besonders bewährt. Wer also auf reichen Kindersegen, spätes Familienglück oder einfach auf gesunde Nachkommen hofft, darf sich nicht scheuen, eine Kerze zu entzünden und der Madonna von Castelmonte Einblick in sein Herz und seine Träume zu gewähren – und beim nächsten Besuch einen Beleg ihrer Wundertätigkeit mitzubringen.

EINKEHR:

Albergo Casa del Pellegrino. Lieblose Küche, jedoch angenehme und preiswerte Zimmer, 0039/0432/731161 oder 0039/0432/700636, www.ristorantecastelmonte.it.

Agriturismo Planina, 1,5 km südlich von Castelmonte. Gutes Essen und schöne Aussicht. Übernachtung in einem kleinen bescheidenen Häuschen, 0039/0432/703078 oder 0039/330/240442

Ti Amo

6. Etappe

AUSLAUF
Wanderung von Castelmonte nach Cividale

Nur einen halben Tag benötigt man, um von Castelmonte zum Ausgangspunkt der Rundwanderung abzusteigen, weshalb man sich während der letzten Etappe ruhig Zeit lassen und auf eine ausgiebige Besichtigung von Cividale freuen kann. Auch was einem unterwegs geboten wird, ist sehenswert: ein einsamer Weiler, der aus seinem Dornröschenschlaf erwacht, ein schöner Kammweg mit weiten Blicken, ein uralter, gepflasterter Maultierpfad bei Purgessimo und das stimmungsvolle Finale entlang des tief eingeschnittenen Natisone. Der ideale Ausklang einer großen Wanderung.

HINWEISE ZUR WANDERUNG

LÄNGE: 12 km

ANSTIEGE: 50 m

GEHZEIT: 4:00 Std.

ANFORDERUNGEN: Gering

KARTE: Tabacco-Wanderkarte 041, Valli del Natisone – Cividale del Friuli, 1:25.000

EINKEHRMÖGLICHKEITEN: Castelmonte, Cividale

ÜBERNACHTUNG: Cividale

ANREISE: SAF-Bus von Cividale nach Castelmonte. www.saf.ud.it

WEGBESCHREIBUNG

Man verlässt Castelmonte durch das **Osttor** und steigt über den markierten Weg Nr. 747 zur **Straße** ab, welche man quert. Abstieg im Wald auf markiertem Weg Nr. 760 bis **Picon** (0:45 Std.).

Man durchschreitet den Ort, die Markierung verlassend, auf der asphaltierten Zufahrtsstraße und wendet sich nach ca. 100 m scharf

Cividale: An der Teufelsbrücke

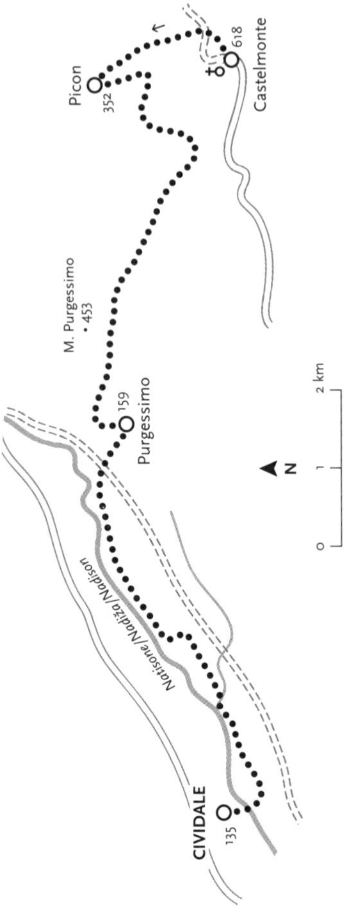

nach links in einen Schotterweg (Fahrverbot). Fast eben bzw. leicht bergab den bewaldeten Hang entlang. Blicke auf Castelmonte. Eine Einmündung von links sowie eine nach rechts werden ignoriert. Der Weg steigt leicht an. Eine Abzweigung nach rechts wird ignoriert. Weiter moderat bergauf bis zu einem **Sattel** mit einer Mehrfachkreuzung (1:30 Std.).

Man wendet sich halbrechts und folgt einem markierten, ansteigenden Weg. Sehr schöner Kammweg bis zu einem weiteren **Sattel** (1:45 Std.). Weite Blicke. Man quert ein Schottersträßchen und wendet sich halblinks, weiter der Markierung folgend. Schöner Abstieg (bei dem man eine Schotterstraße quert und eine Abzweigung Richtung »Castello« ignoriert) bis **Purgessimo** im Tal (2:15 Std.).

Bei der ersten Querstraße nach rechts. Man passiert die **Kirche** und folgt der Hauptstraße bis zu einer Querstraße am Ortsende. Man geht geradeaus in ein Schottersträßchen und passiert bald ein rotes Haus. Weiter auf bequemem **Feldweg** entlang des tief eingeschnittenen **Natisone**. [Nach 500 m (Hauszufahrt) besteht die Möglichkeit des Abstiegs zum **Flussufer**. Bademöglichkeit.] Bald wendet sich der Weg vom Fluss ab. Man passiert ein Haus und biegt sofort nach rechts. Weiter auf geschottertem Fahrweg, der sich bald senkt und über ein Brücklein führt (unmittelbar davor empfiehlt sich ein Abstecher nach rechts zu einem schönen **Rast- bzw. Badeplatz** am Fluss). Man erreicht die ersten **Häuser** von Cividale, passiert (nunmehr auf asphaltierten Straßen) kurz darauf das Krankenhaus sowie zwei Bestattungsunternehmen und hält sich bei allen weiteren Gabelungen bzw. Abzweigung rechts (also in größtmöglicher Nähe zum Fluss). Man gelangt auf diese Weise zur Via Borgo del Ponte, wendet sich nach rechts, überschreitet den Natisone und findet sich im **Zentrum von Cividale** wieder (3:45 Std.).

AM WEGE

Picon | Pikon | Picon

Der Weiler war nach dem Erdbeben 1976 bereits verlassen worden, erfreut sich aber seit einigen Jahren der schrittweisen Renovierung. Zwischen malerisch überwucherten Ruinen erstrahlen zwei sorgfältig instand gesetzte Steinhäuser mit freigelegten Fresken, erneuerten Laubengängen und gemütlichen Terrassen. Sie befinden sich auf historischem Boden, wurde Picon doch bereits 1175 erstmals urkundlich erwähnt und erlangte der Ort im Mittelalter dadurch Bedeutung, dass er an der damals einzigen maultiertauglichen Wegverbindung zwischen den Natisone-Tälern und Castelmonte lag. Heute kommen kaum noch Pilger vorbei und lassen sich also auch keine Lasttiere sehen. Dafür verweist eine Informationstafel auf zwei andere Vertreter der Tierwelt, die hier beheimatet sind. Es sind dies die kaum vier Zentimeter große Gelbbauchunke, die man an ihrem knallgelben Unterbauch und den sanften Flötentönen erkennt, sowie die hellbraune Brandmaus aus der Familie der Langschwanzmäuse, die sich durch einen modischen Aalstrich, einen schwarzen, schmalen Streifen entlang des Rückens, auszeichnet. Eine dritte Spezies wird nicht erwähnt, macht sich aber bei Regenwetter von selbst bemerkbar. Es ist dies der Feuersalamander, der hier an feuchten Tagen in solchen Massen auftreten kann, dass man als Wanderer Mühe hat, nicht auf eines dieser edlen Tiere zu treten.

Natisone | Nadiža | Nadison

Es ist ein schöner Name, und der Fluss trägt ihn zurecht. Der Klang entspricht seinem ruhigen Wesen, das ihm aufgrund des mäßigen Gefälles innewohnt, und seiner Reinheit, denn der Natisone zählt zu den saubersten Gewässern Friauls. In Regenzeiten vermag der Fluss aber auch Temperament zu zeigen und kann sich das stille Grün in ein brodelndes Braun verwandeln. Er entspringt unter dem Namen Rio Bianco nordöstlich von Montemaggiore, bildet bei Platischis für eine kurze Strecke die Staatsgrenze und verlässt, nachdem er eine unzugängliche Schlucht durchquert und sich mit der Lerada vereinigt hat, das Land. Rund zehn Kilometer fließt nun die Nadiža durch Slowenien, anfänglich Richtung Osten, scheinbar Kobarid und damit der Soča zustrebend. Dann aber besinnt sie sich eines Besseren und biegt jäh nach Süden, um durch die Enge zwischen Monte Mia und Matajur neuerlich Italien zu betreten.

Erst hier, fast 20 km nach seiner Quelle, trifft der Fluss auf Zivilisation. Stupizza, Loch und Pulfero sind die ersten Ortschaften, die an sein Ufer gebaut sind, weiter südlich sind es vor allem San Pietro/Špietar, das kulturelle Zentrum der

Der Natisone bei Cividale

Slowenen der Benečija, und dessen Nachbardörfer, die sich dem Natisone zuwenden und ihn schon früh als Nahrungsquelle und Energielieferant zu nützen wussten. Heute ist es vor allem die Sportfischerei, die den Gemeinden Einnahmen bringt. Eine größere Mühle existiert noch bei Ponte San Quirico am Zusammenfluss des Natisone mit seinen Nebenflüssen Alberone/Aboma, Cosizza/Kozca und Erbezzo/Arbeč. Hier befindet sich die »Handwurzel« der im Nordosten fächerförmig gegliederten Valli del Natisone und zugleich der Übergang zur Ebene im Südwesten.

Auf das Dreifache angeschwollen, gräbt sich der Natisone nun immer tiefer in das weiche Sedimentgestein. Fast senkrecht und manchmal sogar überhängend fällt das Ufer zum Fluss ab. Bis zu 20 Meter ist der Canyon in den Grund bei Cividale eingeschnitten; an den Engstellen und Biegungen erreicht der Fluss eine Tiefe von über vier Metern. Im Sommer bevölkert die Jugend die Ufer, um von den Felsen zu springen und in den Kolken zu tauchen. An den Abenden versammelt man sich auf den Sandbänken, entzündet Lagerfeuer

Cividale : Piazza Paolo Diacono

und wirft die Soundmaschinen an. Dass sich daraus manche Liebschaft ergibt, liegt in der Natur der Sache und hat einen netten Brauch hervorgebracht: Zum Zeichen ewiger Treue befestigen die jungen Paare Vorhängeschlösser mit ihren Initialen am Geländer einer Aussichtsplattform und werfen die Schlüssel in den Fluss. Weniger romantisch sind ihre Hinterlassenschaften in Form von Alu-Dosen und Verhütungsmitteln, die auf den Abtransport durch das nächste Hochwasser warten.

Cividale del Friuli | Čedad | Cividât | Sibidat

Cividale ist ein liebreizendes Städtchen, das mit seinen Schönheiten nicht hausieren geht, sie aber geschickt ins rechte Licht zu rücken weiß. So mancher Ort verspielt Sympathien, wenn er sich mit seiner einzigartigen Geschichte und Sehenswürdigkeiten von Weltrang dem Besucher an den Hals wirft – oder der, ist er von der nobleren Sorte, zwar von den Touristenströmen gut lebt, sie aber naserümpfend auf die billigsten Plätze verweist.

Cividale besitzt beides, eine Geschichte, die bis in die Keltenzeit zurückreicht, und bedeutende Kunstwerke, aber Dünkel kennt es nicht. Es präsentiert sich stolz, aber unaufdringlich. Um 50 v. Chr. gründete Julius Caesar das Forum Julii, von dem sich der Name »Friaul« ableitet. Später wurde es Civitas Austriae genannt, die Stadt im Osten, woraus sich der Name Cividale entwickelte.

Dass Cividale jedoch viel älter ist, lässt sich etwa am Keltischen Hypogäum ablesen: Der Zugang zu diesem roh in einen Felsen am Ufer des Natisone gehauenen Gewölbe befindet sich in der Via Monastero Maggiore 4; der Schlüssel kann in der Bar Ipogeo gleich um die Ecke entliehen werden. Über eine Steintreppe steigt man bis auf Höhe des Natisone ab. Drei Räume mit Zellen und Nischen wurden in den Fels getrieben, ständig rinnt Wasser über das Gestein. Sicher ist man sich nicht, doch vor allem drei grobe Steinmasken mit weit aufgerissenen Mäulern lassen Experten vermuten, dass es sich hierbei um eine keltische Totenkultstätte handelt.

Der Natisone, der die Stadt mit seiner tiefen Schlucht in zwei Hälften teilt, protegiert Cividales Originalität. Schon im 13. Jahrhundert hatte ein hölzerner Steg die beiden Seiten verbunden. Mit dem Bau einer steinernen Brücke begann man 1442, doch die Arbeiten kamen nur langsam und unter erheblichen Schwierigkeiten voran. Dies und die Position der Brücke, deren mittlerer Pfeiler auf einem natürlichen Felsen genau in der Mitte des Flusses ruht, haben volkstümliche Fantasien befördert, denen die Brücke ihren Namen verdankt: Ponte del Diavolo, Teufelsbrücke, heißt sie. So habe der Teufel selbst mit Unterstützung seiner Mutter, die den Mittelpfeiler in ihrer Schürze heranschaffte, die Brücke in nur einer Nacht errichtet. Als er seinen Lohn, die Seele der ersten Kreatur nämlich, die die Brücke betrat, einforderte, schickten die findigen Cividaler eine Katze voran, womit sich der Höllenfürst zähneknirschend begnügen musste.

Blickt man von der Teufelsbrücke flussaufwärts ans linke Ufer und reist man in der Fantasie gut 1.400 Jahre zurück,

In Cividale

entsteht vor dem inneren Auge jene Zone, die die Langobarden »valle« (»Tal«) nannten, wo der Palast des Gastalden, des königlichen Stellvertreters, stand, die Kirche San Giovanni in Valle und ein Kloster, zu dem wahrscheinlich der einzigartige Tempietto Longobardo gehörte, mit dem Cividale ein Kunstwerk besitzt, das seinesgleichen sucht. Unklar ist, von wem, für wen und zu welchem Zweck der Gebetsraum errichtet wurde, auch an der Datierung (Beginn oder Mitte des 8. Jahrhunderts) kniffelt die Wissenschaft. Von außen ist das Oratorium kaum zu erkennen; ein Steg führt, mit atemberaubenden Blicken auf den Fluss, von der Piazzetta S. Biagio die Felswand entlang bis zum Eingang. Die Ausstattung im Inneren jedoch, so sind sich zahlreiche Kunstführer einig, »findet in der gesamten westlichen Kunst keinen Vergleich« und meinen vornehmlich die Stuckarbeiten, die sich ursprünglich über alle drei Seitenwände der Aula zogen und heute an der westlichen Wand immer noch fast vollständig erhalten sind. Der Blick bleibt an den sechs überlängten weiblichen Figuren neben einer Fensternische hängen. In kunstvoll gefältelte

Gewänder gehüllt, blicken vier von ihnen, wahrscheinlich Frauen fürstlichen Standes, ins Leere; die beiden direkt neben der Fensternische tragen ein schlichtes Kleid, die Palla, die geistlichen Frauen vorbehalten war. Sie haben die Hände in Anbetung erhoben und weisen zur Nische hin. Unterhalb der Frauenfiguren rahmt ein reich ornamentierter Bogen ein bemaltes Lünettenfeld, beides über der ursprünglichen Eingangstür. Der Rankenfries mit seinen naturnahen Trauben und Blättern liegt nicht auf der Wand auf, sondern ist unterhöhlt, was die eindrucksvoll plastische Wirkung erzeugt. Das umgebende Flechtwerk ist weniger »typisch langobardisch« als zeittypisch.

Überhaupt »typisch langobardisch«: Der oftmals verwendete Begriff der »langobardischen Kunst«, mit dem etwa auch das *Museo Archeologico Nazionale* in seine Ausstellung lädt, ist irreführend. Die Langobarden hatten, wie viele skandinavische Völker, Geschick in der Metallverarbeitung entwickelt, wie sich durch Grabfunde in Form von Schwertern, Fibeln, Gürtelschnallen und Goldkreuzen belegen lässt. Fließende Ornamente und die Angst vor der Leere, der Horror Vacui, zeichnen diese bereits vor dem Einzug im Friaul gefertigten Kunstwerke aus. Hier stießen die neuen Herrscher auf Kunst und Architektur der mediterranen Welt. Die Machtausübung und die Bekehrung der Oberschicht zum Katholizismus brachte eine neue Aufgabe mit sich: die Errichtung und Ausstattung von Kirchen, wofür sie auf ortsansässige Künstler, Steinmetze und Baumeister zurückgriffen. Zu den spätantiken und frühchristlichen Einflüssen mit naturalistischen Motiven stießen oft byzantinische und arabische Elemente: Viele östliche Künstler waren vor dem Ikonoklasmus, den bilderfeindlichen Strömungen im byzantinischen Reich, nach Westen geflohen und wurden nun für die Langobarden tätig. Ihre Werke zeigen reiches Linienspiel, florale und zoomorphe Motive. Mit »langobardischer Kunst« meint man heute also verschiedene stilistische Ausrichtungen, vor allem aber ein multikulturelles Klima, in dem westliche und östliche Künstler für langobardische Herren ihre Kunstwerke schufen. Sehr schöne Zeugnisse finden sich im Archäologischen Museum im *Palazzo dei Provveditori* neben dem Dom, dessen Pläne übrigens auf den »Staatsarchitekten« Andrea Palladio zurückgehen. Die Gebrauchsgegenstände, Waffen und Schmuckstücke aus langobardischen Gräbern werden nicht ungeschickt in zeitgemäßes Ausstellungsdesign gepackt, das die schwungvolle Formensprache der Exponate unterstreicht.

Cividale war 568 unter König Alboin zur Hauptstadt des ersten langobardischen Herzogtums auf italienischem Boden geworden. Dieser Alboin hatte eigenhändig seinen Schwiegervater Kunimund ermordert und seine Frau Rosamunda bei einem Gelage gezwungen, aus dem Schädel ihres Vaters zu trinken. Dieser Stoff für ein großes Epos ist leider keinem begabten Dichter der Zeit in die Hände gefallen, obwohl auch sein Ende dem Nibelungenlied an Dramatik und Brutalität nicht nachsteht: Rosamunda schwor Blutrache, ließ Alboin töten und heiratete, aus Dankbarkeit, den Mörder ihres Ehemannes.

Im Gefolge Alboins war auch die Familie von Paulus Diaconus nach Cividale gekommen, er selbst wurde in einem Haus an der nach ihm benannten Piazza Paolo Diacono (siehe Tafel am Haus Nr. 26) geboren. Ihm ist es zu verdanken, dass das Wissen über die Langobarden bis heute so präsent geblieben ist, denn in der »Historia Langobardum« zeichnete er, der auch am Hof Kaiser Karls des Großen lebte, detailreich die Geschichte seines Volkes auf. Platzhirsch auf der Piazza ist das Caffé Longobardo, von wo aus betrachtet das rege Treiben vor allem am frühen Abend – verstärkt durch den wohltuenden Einfluss von Aperol und Campari – unnachahmlich italienisches Flair und genießerische Gelassenheit entfaltet.

Im *Museo Cristiano*, in das man durch das rechte Seitenschiff des Doms gelangt – der für sich eine Besichtigung übrigens nicht wert ist, was durch ungeschickte Lichtführung und Behübschung mit durstigen Topfpflanzen geradezu frevle-

In der Altstadt von Cividale

risch betont wird –, finden sich Hauptwerke aus der Langobardenzeit, auch Fresken aus dem Tempietto Longobardo wurden hierher gebracht. Berühmt ist das achteckige Taufbecken des Callixtus, reich dekoriert mit Flechtwerk, Palmblättern, Pfauen, Löwen, Hirschen und Seeungeheuern, sehr flach gearbeitet, dennoch naturalistisch, hochberühmt der Ratchis-Altar, der Inschrift gemäß vom Langobardenherzog Ratchis im Andenken an seinen Vater Pemmo gestiftet und zwischen 737 und 744 entstanden. Hier ist der Horror Vacui greifbar: Jede Fläche wird mit Sternen, Blüten, Bögen, Blättern gefüllt, auch der Einfluss des Byzantinischen ist deutlich, auch wenn, wie Klaus Zimmermanns und Andrea C. Theil in »Friaul und Triest« befinden, »(...) sich ein solches Werk zur byzantinischen Hofkunst verhält wie das volgare zum klassischen Latein.«

In Cividale

Schreibt man den Langobarden, zumindest in der Überlieferung, eher feinsinniges Gebaren zu, haben die Awaren ein überaus blutiges Kapitel der Stadtgeschichte geschrieben. Das asiatische Reitervolk überfiel Cividale 610. Die Tatsache, dass die langobardischen Könige einvernehmliche Beziehungen mit den Awaren pflegten und 601 sogar einen »ewigen Frieden« geschlossen hatten, lässt Historiker jedoch vermuten, dass Cividale einer innerlangobardischen Fehde zum Opfer fiel, ersonnen, um den in Ungnade gefallenen Herzog Gisulf II. auszuschalten. Die Langobarden verschanzten sich in der Stadt und in den umliegenden Kastellen von Cormons, Nimis und Osoppo. Nachdem Gisulf im Kampf gefallen war, leitete seine Witwe Romilda die Verteidigung Cividales. In aussichtsloser Lage entschloss sie sich zur Übergabe der Stadt und bot sich dem Awarenfürsten als Gattin an. Sie wurde aber von den Awaren als Verräterin geschändet und durch Pfählung zu Tode gemartert. Die Stadt wurde geplündert und zerstört, Frauen und Kinder versklavt, die Männer wurden ermordet oder nach Pannonien verschleppt. Doch mit dem fehlgeschlagenen Versuch, Konstantinopel zu erobern, ging das »goldene Zeitalter« der Awaren bald zu Ende, und sie mussten sich aus Friaul zurückziehen.

Cividale erholte sich von dieser Schreckensherrschaft zwar langsam, aber stetig. Der Aufstieg wurde gekrönt vom Einzug der Patriarchen 737, die ihren Sitz von Cormons hierher verlegten, wo sie sich besser schützen konnten. Sie blieben fünf Jahrhunderte lang und machten Cividale per Landherrenrecht zur Hauptstadt Friauls. Ihre Präsenz sicherte Cividale während des ganzen Mittelalters eine kulturelle und ökonomische Vorrangstellung in der Region. Mit der »Messe des Schwertes« gedenkt man heute noch zu Epifania, dem Fest der Heiligen Drei Könige, des Einzugs der Patriarchen. Der Diakon begrüßt das Volk mit dem Schwert in der Hand und eröffnet damit den Karneval; nach der Messe ziehen mehr als 200 Figuranten im mittelalterlichen Kostüm durch die Straßen Cividales.

Mit dem Mittelalter hat das »Mittelfest«, Cividales weit über die regionalen Grenzen hinaus bekanntes Festival der Literatur, Musik, Tanz, darstellenden und Marionetten-Kunst, nichts zu tun, sondern mit den teilnehmenden Ländern Mitteleuropas. Das Festival, unterstützt von der Region Friaul, der Provinz Udine und der Stadt Cividale, nimmt sich jedes Jahr viel vor: 2008 heißt das Thema etwa unbescheiden »costruire il tempo« und will eine Reflexion der Zeit in ihren drei Erscheinungsformen Vergangenheit, Gegenwart und Zukunft in allen Kunstgattungen auf die Bühne bringen und die Frage nach der Konstruktion von Zeit und ihrer Verfügbarkeit stellen.

Die Frage nach der Zeit vergeht dem Besucher schnell, wenn alle Sehenswürdigkeiten besichtigt sind und er sich etwa im Caffé San Marco gegenüber dem Dom im Anblick des kleinstädtischen Treibens verliert. Wem nicht danach ist, der bestellt noch etwas, wer gerne bummeln geht, sollte Cividales »Shoppingmeile«, dem Corso Giuseppe Mazzini, seine Aufmerksamkeit widmen, denn einkaufen kann man im kleinen

Stazione di Cividale

Cividale erstaunlich gut. Regionale Spezialitäten und *dolci*, vor allem die berühmte *gubbana*, gibt's in »La Bottega del Gusto« knapp vor der Teufelsbrücke. Corso Giuseppe Mazzini 13 beherbergt »ernestamode«, eine kleine Boutique, die mit Namen wie Max Mara und Missoni lockt. Gegenüber, auf Nummer 20, wohnt die große Schwester: das schicke, ein wenig schrille »Forvm« mit hochpreisigen Markenartikeln von Prada, Dolce & Gabbana oder Cavalli. Auch wer in Kaufrausch gerät, sollte sich einen Moment Zeit nehmen für die prächtige alte Apotheke an der Kreuzung mit der Via Cavour, situiert im freskengeschmückten Palazzo Levrini-Stringher aus dem frühen 16. Jahrhundert. Auf Nummer 14 hat sich mit dem »ubik« eine gut sortierte Buchhandlung niedergelassen, und auf Nummer 33 kann man sich zum Abschluss mit höchst appetitlichen Spezialitäten wie bestem Olivenöl, köstlichen Schokoladen, Konfitüren und anregenden geistigen Getränken eindecken. Inzwischen ist man an der Piazza Paolo Diacono angelangt und hat sich eine Stärkung verdient, etwa in der Enoteca L'Elefante, die eine beeindruckende Auswahl regionaler Weine bereithält. Zu den Getränken werden allerorts reichlich kleine Köstlichkeiten serviert. Hier ist jedoch ein wenig Zurückhaltung angebracht, denn Cividale hat auch auf lukullischem Gebiet einiges zu bieten, womit man einem perfekten Tag in einer perfekten norditalienischen Kleinstadt den letzten Schliff verleihen kann.

EINKEHR:

Locanda Al Pomo D'Oro: Angenehmer Familienbetrieb mit wenigen, liebevoll restaurierten Zimmern zu moderaten Preisen. Dass das Haus recht hellhörig ist, erfährt man, wenn man es mit einer Schulklasse teilen muss. Piazzetta San Giovanni, 0039/0432/731489, www.alpomodoro.com.

Hotel Roma: Ein wenig gesichtslos, aber freundlich und adrett. Piazza Alberto Picco, 0039/0432/731871, www.hotelroma-cividale.it.

Trattoria Alla Speranza: Das Fleisch ist zart, die Saucen haben Stil, besonders empfehlenswert alles, was »al forno« zubereitet wurde. Die Fresken geben einige Rätsel auf, ein unglücklicher Bacchus schielt nach dem Weinglas. Foro Giulio Cesare, 0039/0432/731131.

Ristorante Al Monastero: Köstliche Wildspezialitäten, kreative einheimische Variationen, sehr freundliche Bedienung. Schöner Innenhof. Via Ristori, 0039/0432/700808.

Locanda Al Castello: Oberhalb Cividales auf einem Weinhügel gelegen, bietet dieses nicht gerade billige Wellnessresort einen schönen Blick auf die Stadt. Die Küche ist leider nur mittelmäßig, sehr schwer und nicht immer taufrisch. Via del Castello, 0039/0432/733242, www.alcastello.net.

Im Museo della Civiltà Contadina *in Clodig*

ITALIENS SLOWENEN (II)

Am längsten unter dem Dach des italienischen Staates leben die Slowenen der Slavia veneta, des Hügellandes an den Oberläufen der Flüsse Torre und Natisone.

Sowohl unter den Patriarchen von Aquileia als auch unter den Dogen der Republik Venedig war das slowenische Gebiet mit Autonomie ausgestattet. In einem Teil, der an der Grenze zum habsburgischen Machtbereich der Grafschaft Görz lag, umfasste sie auch die Gerichtsbarkeit bis hin zum Blutgericht. Gegen Ende des Mittelalters wurde diese Region »Schiavonia« oder »in Sclavonis« genannt, später, als diese Gegend der Republik Venedig angehörte, »Schiavonia Veneta«. In dieser Zeit entwickelte sich eine besondere Art von geradezu demokratisch anmutender Selbstverwaltung, als Gegenleistung für den Schutz vor »wilden Stämmen« (»gentium barbarorum«) in der Nachbarschaft, wie es in einer Urkunde aus dem Jahr 1492 heißt. Für ihre Dienste waren sie seit Mitte des 17. Jahrhunderts aller Abgaben an den Staat befreit und stellten innerhalb der Republik eine eigenständige Region dar. Die Bewohner der Hügel- und Gebirgslandschaft waren also Grenzwächter, hielten Straßen intakt und überwachten die Passübergänge. Angesichts der kargen Böden dieser Gegend hätte man nicht viele Abgaben, weder in Geld noch in Naturalien, aus der Bevölkerung pressen können. Für die Republik Venedig war es von Vorteil, hier eine zufriedene Bevölkerung zu haben. In den Kriegen zwischen der Republik Venedig und den Habsburgern kämpften diese Slowenen auf venezianischer Seite. Die unterste Verwaltungseinheit bildete das Dorf (it. vicinia, slow. sosednja, eigentlich Nachbarschaft). An dessen Spitze stand der jährlich gewählte Bürgermeister, Dekan genannt, dem die Ortsräte beigestellt waren. Insgesamt gab es 36 solcher Nachbarschaften.

Spärliche Reste der Rechtsdenkmäler bekommt man zu Gesicht, wenn man die Dörfer Merso di Sopra (Gorenja Mersa) in der Gemeinde San Leonardo (Svet Lenart) oder Biacis (Bijač) besucht. Dort standen bei den Kirchen steinerne Zeugen dieser Selbstverwaltung, jeweils ein steinerner Tisch, slow. mundartlich »laštra« genannt, nach denen dann die größeren Gebietseinheiten benannt wurden. Vor der Kirche von Merso di Sopra versammelten sich die Ortsvorstände der laštra von Mersin; die laštra von Antro (Landar) hielt ihre Versammlung zuerst in Biacis (Bijača), dann in Tarcetta (Tarčeta) ab. Im Rahmen dieser Zusammenkünfte der gewählten Vertreter, slowenisch mundartlich »banka«, wurde beraten und Recht gesprochen. Über wichtige Angelegenheiten beider Gebietseinheiten wurde einmal oder mehrmals im Jahr vor der Kirche des hl. Quirinus südlich von San Pietro beraten.

Napoleon Bonaparte bereitete 1797 der Republik Venedig ein Ende. Im Frieden von Campo Formio fiel dann der Großteil des Gebietes der Republik Venedig an die Habsburgermonarchie, wo es mit einer kurzen Unterbrechung bis 1866 verblieb. Letztmalig berieten die Vertreter der slowenischen Nachbarschaften am 2. Mai 1804, denn in diesem Jahr lösten die französischen Machtträger die regionale Selbstverwaltung auf; Österreich zerschlug dann diese alte Verwaltungsstruktur endgültig.

Im 19. Jahrhundert brach die Zeit der nationalen Bewegungen an und es entstanden vielfältige Konfrontationen, die so gut wie alle Lebensbereiche betrafen. Für die extremen Künder des italienischen Nationalismus im 19. und lange ins 20. Jahrhundert hinein waren die Slowenen Barbaren ohne Zivilisation. Mit größter Verachtung sprachen sie über deren Sprache und Kultur und trachteten danach, die slowenische Bevölkerung zu assimilieren. Diese Strategie wandten sie nach 1866 gegenüber den Bewohnern der Slavia Veneta an, ähnlich war ihre Einstellung im österreichischen Küstenland, wenngleich zunächst sowohl die österreichische Verfassung als auch die ethnischen und nationalpolitischen Stärkeverhältnisse in Görz-Gradiska und Triest eine Emanzipation der Slowenen ermöglichten. In der zweiten Hälfte des 19. Jahrhunderts entstand ein dichtes Netz von slowenischen Vereinen, Organisationen und Institutionen und es gelang, die Masse der slowenischen Bevölkerung für die slowenische Nationalbewegung zu mobilisieren. Auch bei Wahlen erreichten die slowenischen Kandidaten, verschiedenen weltanschaulichen Lagern angehörend, schöne Erfolge. Triest stieg sogar zur Stadt auf, in der mehr Slowenen lebten als in Ljubljana, ihrem kulturellen Zentrum. In Triest und Görz entwickelte sich ein slowenisches Bürgertum, besonders in Triest, bedingt durch den Hafen, auch eine verhältnismäßig starke Arbeiterbewegung. Wenn an der Wende vom 19. zum 20. Jahrhundert in pathetischen Reden Ljubljana als Herz Sloweniens bezeichnet wurde, wurde Triest als dessen Lunge gerühmt. In der Stadt wirkten zahlreiche slowenische Organisationen, die auf die geistige und politische Entwicklung der Slowenen modernisierend Einfluss nahmen. Als repräsentativstes Kulturzentrum wurde der »Narodni dom« 1904 eröffnet. Unter einem Dach fanden eine Bank, ein Kaffeehaus, ein Hotel, ein Theater und mehrere slowenische Organisationen Platz.

Mit Ende des Ersten Weltkriegs kam auch das Ende dieser Periode. Die Weltpolitik, genauer die Bündnispolitik im Kontext des Ersten Weltkrieges, ermöglichte dem italienischen Staat das Ausgreifen über seine alten Grenzen hinaus. Um auf Seiten der Entente in den Krieg einzutreten, verlangte Italien aus strategischen Gründen Gebiete im Norden und Osten für sich und bekam sie im Londoner Abkommen (1915) auch zugesichert. Die Slowenen können als Paradebeispiel dafür dienen, wie wenig nach dem Ersten Weltkrieg die Parole vom Recht auf nationale Selbstbestimmung in die Praxis umgesetzt wurde. Sie gehören in Relation zu ihrer Größe zu den Hauptverlierern, denn ohne Rücksicht auf die ethnische Situation wurde ein großer Teil des slowenischen Siedlungsgebietes Italien zugesprochen. Bezogen auf die Vorkriegszeiten kamen 350.000 Slowenen zu Italien, ein Drittel des slowenischen Siedlungsgebiets. Im November 1920 wurde der Vertrag von Rapallo unterzeichnet, in denen die Grenzen zwischen Jugoslawien und Italien bestätigt wurden.

Nach Kriegsende setzte den Slowenen gegenüber eine systematische, ja gewaltsame Entnationalisierungspolitik ein, an deren Spitze die faschistische Bewegung stand. Die Slowenen wurden zu einer schutzlosen Minderheit. Die weltliche slowenische Intelligenz wurde in die Emigration genötigt, die slowenische Geistlichkeit versuchte man einzuschüchtern. Am 13. Juli 1920 setzten faschistische Extremisten das slowenische Kulturzentrum »Narodni dom« in Triest in Brand. Als Symbol der slowenischen Präsenz war es ein Dorn in den Augen italienischer Nationalisten und Faschisten (nebenbei bemerkt ist das Gebäude bis heute nicht zur Gänze an die slowenischen Organisationen restituiert worden).

1922 kamen in Italien die Faschisten an die Macht, als König Vittorio Emmanuele III. Benito Mussolini zum Ministerpräsidenten bestellte. Besonders ab 1925 errichteten sie eine totalitäre Diktatur. Der Duce proklamierte eine konsequente Entnationalisierungspolitik. Im Alto Adige (Südtirol) waren die Deutschen deren Opfer, in Julisch Venetien Slowenen und Kroaten. Hier entwickelte sich eine besondere Variante des

Grenzlandfaschismus. Nach Giovanni Gentile (1875–1944), einem durchaus anerkannten Philosophen, der 1922 unter Mussolini Unterrichtsminister wurde und es bis 1924 blieb, wurde die 1923 dekretierte Schulreform benannt (Riforma Gentile). Mit ihr wurden die nichtitalienischen Unterrichtssprachen schrittweise aus der Schule verdrängt. Ab 1923/24 wurde in den ersten Klassen aller von Italien annektierten Gebiete die italienische Unterrichtssprache eingeführt. Bereits 1927/28 war die slowenische Sprache aus den Schulen eliminiert. Die kulturellen, politischen und wirtschaftlichen Vereine und Organisationen wurden aufgelöst beziehungsweise verboten, selbst in den Kirchen wollte man das Slowenische zum Verstummen bringen. Die Namen wurden durchwegs italianisiert. Als sich antifaschistischer Widerstand regte und einige Slowenen sich terroristischer Mittel bedienten, sprach Mussolini davon, dass man die Slowenen wie Wanzen ausrotten müsse. Ein Sondertribunal verurteilte am 5. September 1930 vier Slowenen zum Tod durch Erschießen, mehrere zu langjährigen Kerkerstrafen. Die zum Tod Verurteilten wurden am nächsten Tag in Basovica hingerichtet. 1941 bekamen fünf Slowenen die Höchststrafe. Beide Gruppen gehörten zum Kreis der antifaschistischen Organisation TIGR (die Abkürzung steht für die Anfangsbuchstaben von Trst, Istra, Gorica, Reka, das sind Triest, Istrien, Görz und Rijeka). TIGR war eine der ersten antifaschistischen Widerstandsgruppen in Europa, die nicht unter Leitung von Kommunisten stand.

Zu einer kurzen Atempause kamen die Slowenen 1937, nach der Annäherung zwischen Jugoslawien und Italien. Diese Zeitspanne dauerte bis zum 5. April 1941, bis zum Überfall auf Jugoslawien, an dem Italien teilnahm. Bereits am 3. Mai 1941 annektierte Italien die gesamte Provinz Laibach, weitere 4.550 km^2 slowenischen Territoriums, in dem 340.000 Menschen lebten. Diesem Gebiet gewährte das faschistische Italien zunächst so etwas wie kulturelle Autonomie, im Unterschied zu Hitlerdeutschlands Terrorregime im übrigen besetzten Slowenien. Als sich jedoch im von Italien annektierten slowenischen Gebiet eine organisierte und bewaffnete Widerstandsbewegung formierte, ging auch Italien zum offenen Terror über und deportierte tausende Slowenen und Kroaten in Internierungs- und Konzentrationslager. Am 25. Juli 1943 wurde das italienische faschistische Regime gestürzt, Italien kapitulierte am 8. September 1943. Das Großdeutsche Reich trat nun als Okkupationsmacht auf. Unter dem Kommando des Kärntner Gauleiters Friedrich Rainer wurde ein großes Gebiet vereinigt, denn die sogenannte Operationszone Adriatisches Küstenland umfasste die Provinzen Ljubljana und ganz Julisch Venetien.

Die slowenische bewaffnete Widerstandsbewegung griff auf das Küstenland über und wurde auch in die Slavia Veneta getragen. Am 16. September 1943, also nur eine Woche nach der Kapitulation Italiens, proklamierte das Oberste Plenum der Befreiungsfront des slowenischen Volkes (Osvobodilna fronta slovenskega naroda – OF) den Anschluss des slowenischen Küstenlandes. Nun tat sich ein nationales Spannungsfeld zwischen den slowenischen und italienischen Antifaschisten auf, denn es wurde die konkrete Frage nach der kommenden staatlichen Zugehörigkeit des slowenischen Siedlungsgebietes einschließlich der Städte Triest und Görz aufgeworfen. Den militärischen Wettlauf um Triest entschieden Tito und die Jugoslawische Armee für sich und befreiten Triest, Görz, Cividale und Tarvis von der deutschen Besatzungsmacht. Doch dieser Zustand währte nur kurz, denn am 11. Juni 1945 mussten sie den Briten und Amerikanern weichen, die eine Militärverwaltung einrichteten. In diesen Ereignissen und Spannungen kündigte sich bereits der Kalte Krieg an.

Ein Großteil des 1918 Italien zugeschlagenen slowenischen und kroatischen Siedlungsgebietes kam nach dem Zweiten Weltkrieg zu Jugoslawien. Doch die Lage blieb spannungsgeladen, zum einen wegen der nach wie vor offenen Grenzfrage, zum anderen wegen der im Widerstandskampf gesetzten Vergeltungsmaßnahmen, denen mehr oder weniger mit Schuld beladene Anhänger des faschistischen Regimes, hauptsächlich Italiener, zum Opfer fielen. Die meisten wurden in die Karsthöhlen, Fojbe genannt, geworfen. Diese außergerichtlichen Tötungen belasten bis zum heutigen Tag das Verhältnis zwischen Mehrheit und Minderheit. Der zweite Grund für anhaltende Spannungen war der nach 1945 erfolgte Exodus von Italienern aus dem jugoslawischen Machtbereich. Aus den Küstenstädten Istriens und Dalmatiens zogen Italiener nach Italien, viele ließen sich in Triest nieder oder wurden dort, absichtlich in Sichtweite Istriens und Jugoslawiens, angesiedelt.

Am 10. Februar 1947 unterzeichneten Jugoslawien und Italien das Pariser Friedensabkommen. Tarvis, Cividale, Görz und Monfalcone fielen endgültig an Italien, in Triest und Umgebung wurde das Freie Territorium Triest (Territorio Libero di Trieste – Svobodno tržaško ozemlje) geschaffen, ein aus zwei Zonen bestehender neutraler Quasistaat unter Oberhoheit der Vereinten Nationen. Im 1954 abgeschlossenen Londoner Abkommen einigten sich Italien und Jugoslawien darauf, diesen Zustand zu beenden. Die Zone A, bestehend aus Triest und Umgebung, kam nun unter italienische, die Zone B unter jugoslawische Verwaltung. Ein umfassendes Minderheitenstatut wurde ebenfalls unterzeichnet, das in der Provinz Triest die Slowenen schützen sollte, auf jugoslawischer Seite aber die dort verbliebenen Italiener. Endgültig besiegelt wurde die Staatsgrenze zwischen Italien und Jugoslawien erst 1975 im Vertrag von Osimo (er trat 1977 in Kraft).

Gegenwärtige Grundlage des Minderheitenschutzes für die Slowenen in Italien bildet das Gesetz Nr. 38/2001 (Norme per la tutela della minoranza linguistica slovena della regione Friuli-Venezia Giulia). Es anerkennt und schützt die Rechte der italienischen Staatsbürger, welche der slowenischen sprachlichen Minderheit in den Provinzen Triest, Görz und Udine angehören. Es regelt die Schreibung der Vornamen, Familiennamen und Namen von Institutionen und Betrieben, den Gebrauch der slowenischen Sprache in der öffentlichen Verwaltung, sieht die Ausgabe von zweisprachigen Ausweisen vor, regelt den Gebrauch der slowenischen Sprache in Vertretungskörperschaften, von öffentlichen Aufschriften und Ortstafeln und nicht zuletzt sieht es finanzielle Mittel für slowenische Institutionen vor. Ein paritätischer Ausschuss für Probleme der slowenischen Minderheit wurde eingesetzt. Dieses Gesetz, das primär die Slowenen schützt, erwähnt in einem seiner Artikel jedoch auch die deutschsprachige Bevölkerung des Kanaltals (Tutela delle popolazioni germanofone della Val Canale). Darin wird die Viersprachigkeit dieses Gebietes hervorgehoben und ein besonderer Schutz der deutschsprachigen Bevölkerung des Kanaltals in Aussicht gestellt. Im Regionalparlament von Friaul-Julisch Venetien wurde am 23. Oktober 2007 ebenfalls ein Minderheitenschutzgesetz beschlossen, das Ausführungsgesetz zum Staatsgesetz. Mit ihm wurden die beiden slowenischen Dachverbände ausdrücklich als Vertretungsorganisationen der slowenischen Minderheit anerkannt.

Ein entscheidender Schritt in der Umsetzung dieses Gesetzes erfolgte 2007, als der italienische Staatspräsident Giorgio Napolitano eine Verordnung unterzeichnete, die eine genaue Auflistung der Gemeinden beziehungsweise ihrer Teile umfasst, in denen die slowenische Minderheit beheimatet ist. Der Einigung ging ein sehr mühsamer Diskussionsprozess voran, denn Vertreter von minderheitenfeindlichen Parteien blockierten lange, letztlich aber ohne Erfolg das Zustandekommen dieses Verzeichnisses. Das Minderheitenschutzgesetz Nr. 38/2001 für Slowenen in Italien gilt für 32 Gemeinden der Region Friaul-Julisch Venetien. In der Provinz Udine liegen: Tarvisio/Trbiž (Tarvis), Malborghetto/Naborjet (Malborghet), Resia/Rezija, Lusevera/Brdo, Taipana/Tipana, Nimis, frazione Cergneu/Neme črneja, Attimis/Ahten, Faedis/Fojda, Torreano/Tavorjana, Pulfero/Podbonesec, Sovogna/Sovodnje, Grimacco/Grmek, Drènchia/Dreka, Stregna/Srednje, San Leonardo/Svet Lenart, San Pietro al Natisone/Špeter Slovenov, Cividale/Čedad und Prepotto/Praprotno.

Zur Provinz Görz zählen Cormons/Krmin, San Floriano del Collio/Števerjan, Gorizia/Gorica, Savogna d'Isonzo/Sovodnje ob Soči, Sagrado/Zagraj ob Soči, Doberdo/Doberdob, Ronci dei Legionari/Ronke und Monfalcone/Tržič.

Die dritte Gruppe der Gemeinden liegt in der Provinz Triest: Duino Aurisina/Devin Nabrežina, Sgonicco/Zgonik, Monrupino/Repentabor, Trieste/Trst, San Dorligo della Valle/Dolina und Muggia/Milje.

Ein dichtes Netz von Organisationen, Vereinen und Institutionen überspannt den größten Teil des Siedlungsgebietes, am dichtesten ist es aber in den Provinzen Triest und Görz. Zahlreich sind Kulturvereine mit Chören und Theatergruppen. Bei genauerem Hinsehen auf die slowenischen Vereine und Organisationen wird der Einfluss der politischen und gesellschaftlichen Gegebenheiten Sloweniens und Jugoslawiens spürbar, die sich entweder in der Loyalität zum dortigen System oder in dessen strikter Ablehnung äußern. Seit Beginn des Parlamentarismus im 19. Jahrhundert war die slowenische Minderheit auf mehrere politische Lager aufgeteilt, was auch bei Wahlen zum Ausdruck kam. In den zwei Jahrzehnten des Faschismus blieb unter den Slowenen ein gewisses ideologisches Spektrum erhalten, wobei der Antifaschismus alle Lager einte. Nach dem Krieg, als sich in Triest und Görz Flüchtlinge aus Slowenien niederließen und sich am Aufbau der slowenischen katholischen Organisationen beteiligten, kam es unter den Slowenen zu einer Differenzierung nach weltanschaulichen Lagern.

Einen zweiten Einschnitt stellte die Kominformkrise nach 1948 dar. Als sich die Wege der Kommunistischen Partei Jugoslawiens und der Kommunisten unter sowjetischer Führung trennten, hatte dies beträchtliche Auswirkungen auf die Slowenen in Italien. Der größere Teil blieb mit Slowenien und Jugoslawien verbunden, ein Teil aber ging im Gleichschritt mit der starken Kommunistischen Partei Italiens, die sich im Konflikt mit Tito auf die Seite Stalins und Moskaus stellte. Heutzutage ist die slowenische Volksgruppe in Italien auf viele politische Parteien aufgesplittert. Die repräsentativen Dachorganisationen sind Slovenska kulturno-gospodarska zveza (Unione Culturale Economica Slovena – Slowenischer kultureller und wirtschaftlicher Verband) und Svet slovenskih organizacij (Confederazione Organizzazioni Sloveni – Rat slowenischer Organisationen). Ersterer stützt sich auf liberale, sozialistische und kommunistische Mitglieder, letzterer beruft sich auf eine katholisch-konservative Basis. Beide haben ihre Sitze in Triest, Görz und Cividale.

Im Medienbereich sind ein ganztägiges slowenischsprachiges Radioprogramm (Trst A) und tägliche Fernsehsendungen zu nennen. Darüber hinaus verfügt die slowenische Minderheit über eine Tageszeitung (»Primorski dnevnik«), zwei Wochenblätter (»Novi glas«, »Novi Matajur«) sowie mehrere vierzehntägig, monatlich oder vierteljährlich erscheinende Periodika. Das in Cividale erscheinende Wochenblatt der Slowenen der Provinz Udine »Novi Matajur« und das vierzehntägig erscheinende Kultur- und Kirchenblatt »Dom« drucken ihre Beiträge in mehreren Sprachen. Die Besonderheit ist, dass sie auch Artikel in einer regionalen Variante der slowenischen Sprache erscheinen lassen, um auch jene zu erreichen, die keine Gelegenheit hatten, die slowenische Standardsprache zu erlernen.

In Triest gibt es ein professionelles slowenisches Theater (gegründet 1945, der Vorläufer war bereits von 1902 bis zum Brand des »Narodni dom« 1920 sehr aktiv), ein Slowenisches Forschungsinstitut, eine Slowenische Studienbibliothek, eine Musikschule, eine ganze Reihe von Kulturvereinen, mehrere Verlage und an die sechzig Sportvereine mit einem Dachverband.

Interessant ist die Entwicklung in der Slavia veneta. Dort kam der entscheidende Impuls, die hauptsächlich in den Familien und Dorfgemeinschaften überlieferte Heimatsprache zu pflegen, aus den Kreisen der Emigranten. In der Fremde, vor allem in der Schweiz, in Belgien, aber auch in Argentinien und Australien, fanden sich diese Slowenen in Kreisen der italienischen Emigranten und gründeten ihre eigenen Organisationen. Der Funke sprang dann auf die Herkunftsregion über. Auf diese Art kam es zur Rückbesinnung auf die eigene Herkunft und das schon stark verschüttete kulturelle Erbe.

Theodor Domej

XXI. PARALLELWELTEN
Vom Collio in die Goriška Brda und zurück

Zwei Hügelketten, eine dies-, die andere jenseits der italienisch-slowenischen Grenze, bestimmen den Verlauf dieses zu jeder Jahreszeit wunderschönen Rundgangs. Beide sind vom Weinbau geprägt und gehören zur selben Kulturlandschaft, haben sich aber aufgrund der langen politischen Trennung ganz unterschiedlich entwickelt. Während im italienischen Collio seit Jahrzehnten der Wohlstand herrscht, kommt die slowenische Goriška Brda erst allmählich in Schwung. Fast spurlos ist der Fortschritt an deren nördlichem Teil vorübergegangen, weshalb dort die Wanderung zur Zeitreise wird.

Von Vencò, einem Straßendorf am Grenzübergang zu Slowenien, führt ein bequemer Kammweg von einem hübschen Kirchlein zum nächsten und zwischen Weingärten nach Scriò, das über die Ebene im Westen blickt. Man widersteht der Versuchung einer frühen Weinverkostung und folgt einem alten Schleichweg nach Slowenien, wo in einer aufgelassenen Kaserne das Gespenst des Kommunismus umgeht. Nur kurz ist der Aufstieg nach Vrhovlje, dem malerischsten Ort und höchsten Punkt des Tages. Als stünde man auf einem Berg, überblickt man das Land von den Alpen bis zur Adria. Wie in der Toscana hocken die Dörfer auf den Kuppen der südlichen Brda. Über Kožbana, wo die Hunde nur die Armut bewachen, führt der Weg ins Tal und von dort im Laubwald zum nächsten Gupf. Und abermals bietet sich ein herrliches Panorama. Verstreute Gehöfte und die dazugehörigen Weinterrassen gliedern die Landschaft im letzten Abschnitt der Wanderung. Ihren würdigen Abschluss findet sie im behaglichen Agriturismo am Ausgangspunkt.

In der Goriška Brda

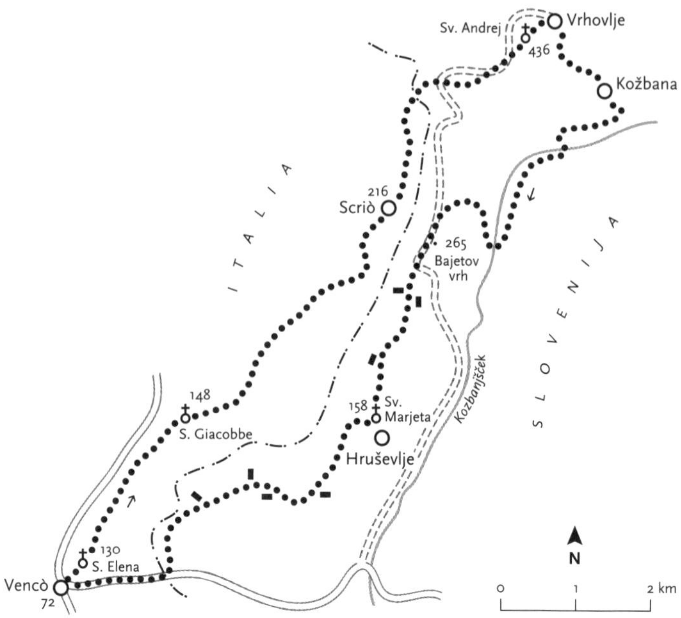

HINWEISE ZUR WANDERUNG

LÄNGE: 20 km

ANSTIEGE: 500 m

GEHZEIT: 6:00 Std.

ANFORDERUNGEN: Mittel

KARTE: Tabacco-Wanderkarte 041, Valli del Natisone – Cividale del Friuli, 1:25.000

EINKEHRMÖGLICHKEITEN: Scrio, Vencò

ANREISE: A 23, Ausfahrt Udine Sud; weiter auf der SS 56 bis Cormons. Von dort auf der SS 356 Richtung Cividale bis Brazzano, wo man dem Wegweiser »Prepotto« bis Vencò folgt.

WEGBESCHREIBUNG

Ausgangspunkt ist der Parkplatz vor dem **Agriturismo** La Meridiana in **Vencò** 2 km südlich von Dolegna di Collio. Man überquert die

Straße, wendet sich nach rechts und biegt nach 30 m scharf links in einen ansteigenden Karrenweg. Kurzer Anstieg zum **Kirchlein Santa Elena** auf der Hügelkuppe. Weiter in nördlicher Richtung auf geschottertem Fahrweg, der zwischen Weinkulturen den Hügelkamm entlangführt. Nach 20 Min. ein Quersträßchen. Man geht rechts und biegt nach 50 m nach links, um zum **Kirchlein San Giacobbe** anzusteigen (0:30 Std.).

Weiter auf geschottertem Fahrweg bis zum **Haus Nr. 1** von Lonzano, das man, die Richtung beibehaltend, passiert. Nach 100 m verlässt man den Hauptweg und wendet sich nach links in einen ansteigenden Karrenweg (Hinweistafel Waldbrandgefahr). Man steigt neben einem Weingarten zu einer Dreifachgabelung an und nimmt den mittleren Weg. Rund 15minütiger Anstieg im Wald bis zu einer Gabelung; man hält sich rechts und gelangt nach weiteren 10 Min. zu einer Wegkreuzung am Waldesrand. Nun geht man links und erreicht bald ein **Haus**. Weiter auf einem Asphaltsträßchen bis zu einer Querstraße; man geht rechts und betritt **Scriò** (1:30 Std.). Schönes Panorama.

Im Ort eine Gabelung; man hält sich rechts und passiert den **Agriturismo** Al Granatiere. Gleich darauf eine weitere Gabelung; man geht rechts, der Asphalt endet. Weiter auf breitem Karrenweg, der bald in den Wald führt und sich gabelt. Man hält sich links und gelangt gleich darauf zu einer Mehrfachkreuzung; hier geht man rechts. Bei einer weiteren Gabelung hält man sich ebenfalls rechts, um zwischen Weinterrassen zu einer **Hausruine** anzusteigen. Schöner Aussichtsplatz.

Weiter bergauf auf einem Karrenweg, der sich oberhalb der Weinkultur gabelt. Man hält sich rechts und gelangt, durch ein lichtes Wäldchen ansteigend, zum oberen Rand eines weiteren Weingartens, den man rechts umgeht. Man trifft auf einen schmalen Pfad und folgt diesem, die **Staatsgrenze** überschreitend, bis zu einem breiten Querweg; auf diesem nach rechts. Kurz darauf eine **Asphaltstraße**; man geht links und wendet sich nach 20 m nach rechts in einen Fahrweg. Man erreicht eine aufgelassene **Kaserne** mit Ballspielplatz. Rastplatz (2:15 Std.).

Weiter auf dem Fahrweg bis zu einer **Asphaltstraße**. Man geht rechts, biegt aber schon nach wenigen Metern scharf nach links in einen ansteigenden Weg. Auf dem Hauptweg 10 Min. bergauf bis zu einer **Häusergruppe**. Hier geht man auf einem Sträßlein nach rechts, wendet sich gleich darauf nach links und steigt zum **Kirchlein Sv. Andrej** an der Hügelkuppe an (2:45 Std.). Prächtiger Rundblick.

Von der Kirche steigt man 200 m in nördlicher Richtung ab, wo man bei einem **Bildstock** (kurz vor den ersten Häusern des Weilers **Vrhovlje**) scharf nach rechts in einen breiten, abwärts führenden Hohlweg biegt. Bald wendet sich der Weg nach rechts, um kurz anzusteigen und dann im lichten Wald bergab zu einem kleinen **Kastanienhain** zu führen. Der Weg verliert sich, und man steigt ca. 100 m weglos in der Falllinie ab. Man trifft auf einen stark verwachsenen Querweg, wendet sich auf diesem nach links und kämpft sich 5 Min. bis zur **Straße** oberhalb von **Kožbana** durch. Ortsbesichtigung und Abstieg zwischen den Häusern bis zur **Kirche** (3:15 Std.).

Weiter bergab auf dem Sträßchen. Nach gut 10 Min. eine Querstraße; man geht rechts (Wegweiser »Dobrovo«). Auf kaum befahrenem Sträßchen, begleitet vom Kožbanjšček-Fluss, talauswärts. Nach 20 Min., unmittelbar nach einer Brücke, biegt man nach rechts in einen ansteigenden Karrenweg, der oberhalb einer Wiese in den Wald führt. Kurz darauf eine Gabelung; man geht links und ignoriert gleich danach eine Abzweigung scharf nach links. 20minütiger Anstieg in etlichen Kehren bis zu einem Querweg; man geht links und steigt bis zu einem weiteren Querweg am **Hügelkamm** an. Man geht links und gelangt zu einer unbewaldeten **Hügelkuppe** (4:00 Std.). Schöne Blicke.

Abstieg zwischen Weinstöcken bis zu einem **Haus**; auf dessen asphaltiertem Zufahrtsweg nach rechts. Man gelangt zu einer **Häusergruppe** und steigt unmittelbar davor über einen Wiesenweg zu einem rosaroten Haus ab, geht links an diesem vorbei und steigt auf einem Fahrweg weiter zu einer Querstraße ab (Verkehrsspiegel). Man geht links, wendet sich aber sofort nach rechts in ein Sträßlein. 10 Min. Asphalt bis zu einem **umzäunten Anwesen**, das man auf einem Karrenweg links umgeht. Bald darauf eine Gabelung; man hält sich rechts und tritt oberhalb eines Weingartens aus dem Wald. Blick auf das Kirchlein Sveta Marjeta. Auf breitem Weg bergab bis zu einem **Friedhof** und weiter auf schmalem Sträßchen bis zur **Kirche** (4:30 Std.).

Gleich danach ein Quersträßchen; auf diesem nach rechts. Der Asphalt endet bei einem Haus; man wendet sich nach links in einen geschotterten Fahrweg. Nach 5 Min. eine Gabelung; man geht rechts. Kurz darauf wird eine Abzweigung nach rechts ignoriert. Man erreicht bei der Häusergruppe **Vrh** (Bildstock) ein Quersträßchen, geht rechts und ignoriert gleich darauf die Abzweigung nach links. Man folgt dem Asphaltsträßchen bis kurz vor dessen Ende, wo man eine **Häusergruppe** auf einem Karrenweg links umgeht. Weiter auf schönem Kammweg bis zu einem **verfallenen Gehöft** (5:15 Std.)

Unmittelbar danach wendet man sich nach rechts in einen abwärts führenden Weg, welchem man, eine Abzweigung nach rechts ignorierend, bis zu einer großen Weinkultur folgt. An deren linken Rand weiter bergab bis zur **Hauptstraße**; auf dieser nach rechts. Man passiert die ehemalige **Grenzstation** und wandert 10 Min. bis einer Querstraße; auf dieser nach rechts bis zum Ausgangspunkt (5:45 Std.)

AM WEGE

Collio | Goriška Brda | Cuei | Görzer Hügelland

»Für den Spaziergänger«, schrieb der Schriftsteller Heinrich Noé (1835–1896), »ist der Collio von Bedeutung durch die heimlichen Thäler, durch das malerische Mauerwerk, welches die eine oder andere Höhe krönt und die abwechselnden Fernblicke auf Gebirg und Ebene, aus welch letzterer die Enge der Hohlwege oder die Umrahmung durch Baumzweige manch reizendes Bild ausschneiden.« Im italienischen Collio hält diese Beschreibung aber nur teilweise der heutigen Wirklichkeit stand, stören doch allzu viele Bausünden und das dichte Straßennetz die Idylle. Auch in der slowenischen Goriška Brda grassiert mittlerweile die Bauwut und fransen die Siedlungen in beängstigendem Tempo aus. Hässliche Protzbauten, die oft von brutalen Stützmauern aus Beton umgeben sind, beleidigen hüben und drüben das Auge. So eignet sich das Gebiet im Umkreis der bekanntesten Orte wie Cormons in Italien oder Dobrovo in Slowenien nur mäßig zum Wandern; viel schöner sind die Wege östlich von Dolegna del

Ein Hauch von Jugoslawien bei Vrholje

Collio und im Nordwesten der Goriška Brda. Hier trifft noch immer zu, was Karl Freiherr von Czoernig 1891 schrieb: »Eine reine und milde Luft erfrischt diese die herrlichste Fernsicht gewährenden Ortschaften, deren südwärts geneigte Hänge mit Obst- und Rebenpflanzungen bedeckt sind.«

Ist der Collio in Einzelgemeinden zersplittert (so hat etwa die Gemeinde Dolegna nicht mehr als 430 Einwohner), verwaltet die *občina Brda* fast 50 Dörfer mit über 5.500 Einwohnern. Es sind dies die sogenannten *Brici* und *Brike,* die bis 1961 noch zu 75 Prozent Bauern waren und heute mit dem Anteil der in der Landwirtschaft Tätigen noch immer weit über dem Landesdurchschnitt liegen. Dementsprechend ist die demografische Entwicklung von Abwanderung und Überalterung gekennzeichnet, vor allem in den nördlichen, unter der Korada gelegenen Dörfern und Weilern. Während sich aber die Weinbauern um Medana und Šmartno immer besser zu vermarkten wissen und allenthalben neue Weinterrassen aus den Hängen fräsen, liegen Dörfer wie Kožbana oder Slapnik in Agonie. So macht sich hier, ähnlich wie in den Valli del Natisone, der Wald breit und verlieren sich die Weideflächen und Obstkulturen im Gestrüpp. Und weht in der südlichen Brda – mit entsprechenden neokapitalistischen Auswüchsen – ein forscher unternehmerischer Wind, vermeint man in ihrem Hinterland Resignation und Missgunst als Grundstimmung zu spüren. Vielleicht sind den Menschen aber auch nur die Entbehrungen und Enttäuschungen der Jahrhunderte ins Gesicht geschrieben, denn leicht hatten sie es hier nie.

Die ältesten Bewohner der Brda erlebten die Herrschaft von nicht weniger als sieben verschiedenen Obrigkeiten*. Seit 1500 im Besitz der Habsburger und somit vor dem Ersten Weltkrieg Teil der österreichisch-ungarischen Monarchie, wurde das Gebiet 1918 Italien zugesprochen, um im Zweiten Weltkrieg, nach der Kapitulation der Italiener im Jahr 1943, von den Deutschen okkupiert zu werden. Nach Kriegsende übernahmen anglo-amerikanische Truppen die Verwaltung, ehe 1947 die politische Teilung der Brda erfolgte. Ein Drittel fiel an Italien, der größere Teil an das sozialistische Jugoslawien. Seit dessen Zerfall im Jahr 1991 sind die *Brici* Bürger Sloweniens, die schließlich – mit dem Beitritt ihrer Republik zur EU im Jahr 2004 sowie dem Fall der Schengen-Grenze im Jahr 2007 – die »Wiedervereinigung« der Goriška Brda mit dem italienischen Collio feiern konnten.

Besichtigt man heute die elenden Dörfer der »hinteren« Brda, gewinnt man den Eindruck, dass sich an den Lebensbedingungen kaum Wesentliches geändert hat. Noch immer leben die Bewohner in bescheidensten Verhältnissen, und nach wie vor scheinen die Früchte des Landes vor allem an-

* Vgl. »Im Land der Brici« von Emil Krištof in: DAS WEITE SUCHEN von Gerhard Pilgram, Wilhelm Berger und Gerhard Maurer, Klagenfurt 2006

In der Goriška Brda

dere zu ernten. Ist es heute der angeblich freie Markt, der die Chancen ungleich verteilt, war es früher der Feudalismus, der die Armut hervorbrachte. So verdingten sich die Vorfahren der *Brici* als Pächter fremden Grund und Bodens, die den Lehensherren – weltlichen Adeligen oder der Kirche – mit Haut und Haaren ausgeliefert waren. Ihre »Rechte« waren vertraglich geregelt und bestanden im Wesentlichen darin, den Grundherren die Hälfte des Ertrages ihrer Arbeit als Pachtzins abzuliefern. Außerdem waren sie verpflichtet, monatlich zehn Tage unentgeltlichen Frondienst und bei Bedarf Militärdienst zu leisten. Während man sich am Wiener Hof an den Trauben und Kirschen der Brda gütlich tat, blieben den Bauern nur Hunger und Not. So kam es im 17. und 18. Jahrhundert immer wieder zu heftigen Unruhen. Auch der blutige Bauernaufstand von Tolmin im Jahr 1713, der die gesamte Region erfasste, wurde von den *Brici* mit dem Mut der Verzweiflung mitgetragen.

Der Geist der Rebellion kehrte erst wieder mit dem »nationalen Erwachen« der Slowenen in der zweiten Hälfte des

19. Jahrhunderts zurück. Slowenische Bildungs- und Lesevereine wurden ins Leben gerufen und förderten, von der Obrigkeit misstrauisch beobachtet, das ethische Bewusstsein. Sogenannte *tabori*, große Volksversammlungen, die unter freiem Himmel abgehalten wurden, propagierten die slowenische Nation. Dass dieser Traum im Blutbad des Ersten Weltkriegs versank, ist bekannt. Die Brda geriet zwischen die Fronten des österreichisch-ungarischen Heeres und der italienischen Armee; hunderte männliche *Brici* ließen für den Kaiser ihr Leben. Nach dem Krieg – die italienisch-jugoslawische Grenze verlief nun östlich des Soča-Tales – sahen sich die Bewohner der Brda einer immer brutaleren Italianisierung ausgesetzt. Die Faschisten stellten den öffentlichen Gebrauch der slowenischen Sprache unter Strafe; slowenische Kultureinrichtungen und Bibliotheken gingen in Flammen auf. Damit nicht genug, wurden die meisten Burschen in die Armee eingezogen und in alle Winde verstreut. Viele Slowenen flohen ins Ausland, einige gingen in den Untergrund. Sie schlossen sich nach dem Einmarsch der Nazis der Befreiungsfront OF (Osvobodilna Fronta) Titos an, an deren Kampf zahlreiche Denkmäler in der Brda erinnern. Der bewaffnete Widerstand forderte vor allem unter der Zivilbevölkerung große Opfer, rächten sich doch die Nazis mit Massenverhaftungen, Deportationen und Geiselerschießungen.

Nach der Befreiung vom Faschismus wurde die Grenze zwischen Sozialismus und Kapitalismus quer durch die Brda gezogen. Gorizia, bis dahin der wichtigste wirtschaftliche und kulturelle Bezugspunkt, wurde zur Grenzstadt, von der ein Großteil der *Brici* abgeschnitten war. Nova Gorica, das neue, in einem wahren Gewaltakt aus dem Boden gestampfte Verwaltungszentrum, konnte nur auf weitem Umweg über Plave im Soča-Tal erreicht werden, womit die Brda gänzlich ins Abseits geriet. Nur an wenigen Stellen, dort, wo die Grenze bäuerlichen Grundbesitz zerschnitt, fand auch während des Kalten Krieges kleiner Grenzverkehr statt. Zwar durften die Bauern im Sozialismus auch eigenen Wein produzieren, doch waren die meisten mangels Vermarktungsmöglichkeit

In Kožbana

gezwungen, an die zentrale Genossenschaft in Dobrovo zu liefern. Erst 1985 einigten sich Italien und Jugoslawien auf den genauen Grenzverlauf und wurde ein Korridor in Form eines 1,6 km langen, beidseitig eingezäunten Straßenstücks, das von Nova Gorica über italienisches Territorium in die Goriška Brda führte, geschaffen. Noch bis Ende 2007 war der Grenzübertritt für Nicht-Anrainer nur in Gorizia sowie bei Neblo und Vipolže erlaubt.

Heute gibt es keinerlei Beschränkungen mehr, weshalb auch der Wanderer überall unbekümmert von einem Staatsgebiet auf das andere wechseln kann. Der Thrill des illegalen Grenzübertritts lässt sich am ehesten noch in Vrholje im Nordwesten der Brda nachvollziehen. Wer sich vom italienischen Weinberg durch das Unterholz nach Slowenien durchgeschlagen hat, trifft unvermutet auf eine jugoslawische Kaserne, auf die man offenbar »vergessen« hat. Das Gebäude ziert ein martialisches Wandgemälde mit Schwert und Ährenkranz, der von der Flagge der Sozialistischen Föderativen Republik Jugoslawien sowie der Fahne der Kommunistischen Partei umweht wird. Darauf steht, auf Serbokroatisch, der fromme Wunsch zu lesen: »Proletarier aller Länder vereinigt euch!« Das hat, bei aller unfreiwilligen Ironie, auch etwas Berührendes, hält man sich vor Augen, dass sich selbst in dieser entlegenen Ecke der Welt Menschen für die Idee einer klassenlosen Gesellschaft begeistern konnten. Die Malerei ist allerdings so hässlich, dass sich der Verdacht erhärtet, dass der Sozialismus nicht zuletzt aus ästhetischen Gründen gescheitert ist.

Sciò | Skrljevo | Sciò

Der kleine Weinort sitzt auf einem Hügel hart an der Grenze zu Slowenien und bietet neben der schönen Aussicht auf die friulanische Ebene mehrere gute Gelegenheiten sich zu betrinken.

EINKEHR:

Agriturismo Al Granatiere, 0039/0481/629009.
Agriturismo Rino Snidarcig, 0039/0481/639900.
Ristorante Sgubin, Azienda Vitivinicola Biologica, www.sgubin.it, 0039/0481/60371.
Agriturismo La Meridiana in Vencò. Schönes Gehöft mit stimmungsvollem Innenhof, einfachem Wein und gutem Essen. Der ideale Ort, eine Wanderung im Collio zu beschließen, 0039/0481/639767.
Eine angenehme Übernachtungsmöglichkeit bietet das benachbarte *B & B Il Girasole*, Sabrina Stafuzza, 0039/0481/61692 oder 0039/338/8997339.

XXII. AM SCHLACHTFELD
Wanderung am Monte San Michele

Gradisca, ein ebenso venezianisch wie altösterreichisch geprägtes Städtchen am Isonzo, ist Ausgangspunkt dieses kurzen Ausflugs zur höchsten Erhebung des Carso Isontino. Man erlebt dabei den italienischen Karst als einstigen Schauplatz unvorstellbarer Kriegsgräuel ebenso wie als stark geliedertes Hochplateau von großem landschaftlichem Reiz.

Nach dem gemächlichen Aufstieg zum Monte San Michele, der neben einem kleinen Kriegsmuseum und zahlreichen Bunkeranlagen eine wunderbare Aussicht bietet, steigt man nach San Martino del Carso ab, das eines von vielen kriegsversehrten Dörfern der Umgebung ist. Über altes Weideland und durch den lichten Kiefernwald führt der Weg zurück ins Tal, wo sich ein Abstecher zum Ufer des Isonzo lohnt. Eine Stadtbesichtigung samt Galeriebesuch runden die aufschlussreiche Wanderung ab. Einziger Wermutstropfen: die zeitweilige Beschallung durch den nahen Durchzugsverkehr.

HINWEISE ZUR WANDERUNG
LÄNGE: 12 km
ANSTIEGE: 250 m
GEHZEIT: 3:30 Std.
ANFORDERUNGEN: Gering
KARTE: Tabacco-Wanderkarte 047, Carso Triestino e Isontino, 1:25.000
EINKEHRMÖGLICHKEITEN: Gradisca
ANREISE: A 4, Ausfahrt Villesse-Gorizia; Schnellstraße Richtung Gorizia, Ausfahrt Gradisca.

Schützengraben am Monte San Michele

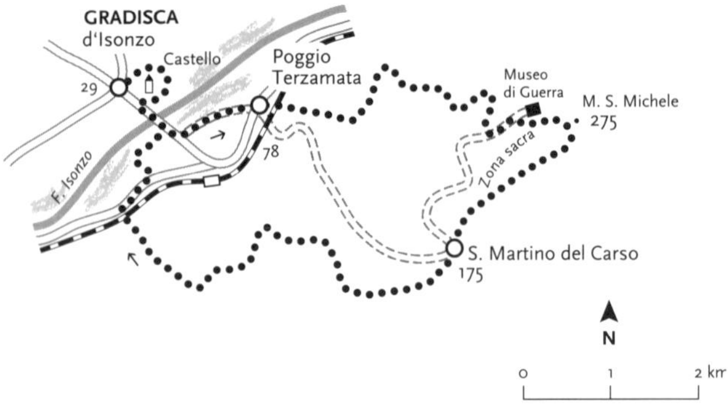

WEGBESCHREIBUNG

Man überquert den **Hauptplatz** von **Gradisca** in nordöstlicher Richtung, biegt an dessen Ende nach rechts, gelangt zur alten **Burg**, umrundet diese im Uhrzeigersinn und geht am rechten Ufer des Isonzo bis zur **Straßenbrücke**, auf der man den Fluss überquert. Man gelangt zu einer Straßenkreuzung, geht links und folgt einem Sträßchen bis zu einer Gabelung; man geht rechts, quert einen **Kanal** und trifft in **Poggio Terzamata** ein (0:30 Std.). Man wendet sich auf der **Hauptstraße** nach links, biegt aber nach 20 m nach rechts in ein ansteigendes Sträßchen. Man überschreitet die **Eisenbahnlinie**, geht links, quert gleich darauf ein Sträßchen und steigt auf der **Via della Valle** weiter an. Der Asphalt endet am oberen Ortsrand, und man folgt einem breiten, markierten Weg in den Wald. Nach gut 5 Min. trifft man auf den Weg Nr. 76 und geht auf diesem nach links. Man folgt der Markierung und erreicht nach rund 45 Min. eine Querstraße; auf dieser nach links bis zum **Museo di Guerra** am **Monte San Michele** (1:30 Std.). Weite Blicke. Besichtigung.

Rechts am Museum vorbei, dann, einen **Sendemast** passierend, weiter bergauf bis zur höchsten Erhebung (»Cima 3«). Von dort dem Wegweiser »Alle Cime 1, 2 , 4« folgend bergab bis zu einem Querweg; auf diesem nach rechts. Schöne Blicke. Der Weg senkt sich und führt zu einer **Kreuzung**, man geht links (Weg Nr. 73). Auf breitem, geschottertem Weg bergab Richtung **San Martino del Carso**.

Noch vor der Ortschaft ein Quersträßchen; man geht rechts und hält sich bei einer Gabelung am oberen Ortsrand links. Man folgt der Markierung bis zur **Kirche** (2:00 Std.), geht links an dieser vorbei und wendet sich sofort nach rechts. Man folgt der **Via Vicenza**, die Richtung beibehaltend und der Markierung Nr. 72 folgend, bis zur Via Zona Sacra, welche man überquert. Geradeaus weiter, die Markierung verlassend. Man passiert eine Reihe hässlicher Neubauten. Der Asphalt endet; weiter auf breitem Karrenweg (Fahrverbot). Nach 15 Min. eine Gabelung, man geht rechts. Der Weg steigt leicht an und trifft am flachen Hügelkamm auf einen Querweg; auf diesem nach links. Weite Blicke. Man folgt dem Hauptweg bis zu einem Querweg und geht links (Markierung Nr. 76). Nach 15 Min. – man hat zuvor zwei deutliche Abzweigungen nach rechts ignoriert – eine **Wegkreuzung**. Man wendet sich, die Markierung verlassend, nach rechts in einen breiten, abwärts führenden Weg (wer diese Abzweigung verpasst, trifft bald darauf auf eine Asphaltstraße). 20 Min., die Richtung beibehaltend und stets bergab, bis zu einem Weingarten. Man geht rechts, unterquert den **Bahndamm** und wendet sich auf der Hauptstraße nach rechts. Nach 200 m biegt man nach links in die Via 11. Giugno. Man quert einen Kanal und geht, die Straße verlassend, geradeaus. Man überschreitet einen **Damm** und wendet sich nach rechts. [Zuvor empfiehlt sich aber ein Abstecher in den Auwald und weiter zum **Ufer** des Isonzo.] Nach 100 m nimmt man eine Abzweigung nach links, wendet sich bei der darauffolgenden Gabelung nach rechts und gelangt zur **Straßenbrücke**. Man überquert den Fluss und kehrt zum Ausgangspunkt zurück (3:30 Std.).

AM WEGE

Gradisca d'Isonzo | Gradišče | Gradiscje | Gradis an der Sontig

Für Militärhistoriker ist die überraschend hübsche Stadt wegen ihrer Zitadelle interessant, die eine der ältesten »modernen« Festungsanlagen Europas darstellt. Sie wurde 1472 von den Venezianern zur Abwehr der Türken errichtet, die in dieser Zeit das Tal der Vipava, die bei Gradisca in den Isonzo mündet, als Einfallstor nützten. Verschanzten sich der Statthalter und die Truppenkommandanten in der massiven Burg, waren die Fußtruppen und deren Familien nur durch Stadtmauern geschützt, die den türkischen Kanonen kaum standhielten. Sie mussten schon bald verstärkt werden, wofür niemand geringerer als Leonardo da Vinci engagiert wurde, und überdauerten in der Folge die Jahrhunderte. Erst im 19. Jahrhundert wurden die westlichen Mauern geschleift, um eine Erweiterung der Stadt zu ermöglichen.

1508 verlor Venedig Gradisca an die Habsburger, die den Ort 1647 an die Adelsfamilie Eggenberg verkauften, womit seine eigentliche Blütezeit begann. Die Stadt und ihr Umland wurden zum selbstständigen Fürstentum, das sich bald zum Wirtschaftszentrum entwickelte und sogar eigene Münzen prägte. Wichtigster Produktionszweig war die Seidenraupenzucht sowie eine Teppichmanufaktur. Die in der Folge errichteten repräsentativen Barockbauten wie die Loggia dei Mercanti, das Leihhaus Monte di Pietá oder der Palazzo Torriani prägen noch heute das Zentrum. Letzterer diente später Napoleons Schwiegersohn Eugène de Beauharnaise, dem einstigen Vizekönig Italiens, als Wohnsitz; heute beherbergt er das Rathaus sowie die sehenswerte Galeria Regionale d'Arte Contemporanea Spazzapan. Weitere Kulturdenkmäler sind der Palazzo De Fin-Patuna und der Palazzo Strassoldo, beide in der Via Ciotti, die der schönste Straßenzug ist und zugleich den »Hauptplatz« darstellt. 1717 fiel Gradisca wieder an das Haus Habsburg, auf dessen Spuren man noch heute allenthalben trifft. So ziert etwa die Porta Nuova ein Doppeladler und blickt der alte Kaiser aus so manchem Schaufenster. Wie in Gorizia scheint auch hier der Geist der Monarchie noch ziemlich lebendig zu sein. Das ist umso erstaunlicher, als die Gegend ganz besonders unter dem Ersten Weltkrieg zu leiden hatte, wovon man sich im Museo di Guerra am Monte San Michele, aber auch im kleinen Stadtmuseum überzeugen kann.

EINKEHR:

Hotel Ristorante Al Ponte. Gut geführtes Hotel mit hervorragender Küche. Als bequeme Alternative zu den Wanderungen in den Karst werden Hubschrauberrundflüge angeboten, 0039/0481/961116, www.albergoalponte.it.

San Martino del Carso | Martinščina | San Martin dal Cjars

Im Ersten Weltkrieg vollkommen zerstört, setzte der Schriftsteller Giuseppe Ungaretti dem Dorf 1916 folgendes literarisches Denkmal: »Di queste case / non è rimasto / che qualche / brandello di muro // Di tanti / che mi corrispondevano / non è rimasto / neppure tanto // Ma nel mio cuore / nessuna croce manca // È il mio cuore / il paese più straziato«. Das liest sich in der deutschen Version von Johannes Beilharz so: »Von diesen Häusern / ist nichts geblieben / als ein paar / Mauerreste // Von so vielen / die mir nahe standen / ist nicht einmal / das geblieben // Aber in meinem Herzen / fehlt kein einziges Kreuz // Mein Herz ist das Dorf / das am meisten schmerzt«. Ungaretti (1888–1970) war vom Futurismus beinflusst, sympathisierte mit den italienischen Faschisten, die ihn als Pressesprecher des Außenministeriums engagierten. Später wurde er u. a. von Ingeborg Bachmann und Paul Celan ins Deutsche übersetzt.

Kriegerdenkmal San Volfango (Valli del Natisone)

DER KONSERVIERTE KRIEG

Bei vielen der Wanderungen, die in diesem Buch beschrieben sind, trifft man unversehens auf ebenso unscheinbare wie gespenstische Spuren: gewundene Laufgräben im Wald des Monte San Michele, Reste von Militärstraßen am Matajur, in den Berg gegrabene Kavernen vor Monfalcone.

Die Spuren erinnern an die Kämpfe des Ersten Weltkriegs. Und diese Kämpfe waren keine Scharmützel, sondern ein ungeheures Schlachten. Was sich hier ereignet hat, kann in seinen Dimensionen durchaus mit dem verglichen werden, was in Sedan oder Verdun geschah. Von 1915 bis Ende 1917 verkrallten sich die italienische und die österreichisch-ungarische

Armee ineinander. Das Hauptkampffeld lag südlich von Gorizia, im Karst zwischen Doberdò und Konstanjevica. Aber es wurde auch an vielen anderen Stellen angegriffen. Zwölfmal, in den sogenannten Isonzoschlachten, versuchten die Armeen einen Durchbruch. Beide Seiten konnten aber jeweils nur geringe Geländegewinne verbuchen. Einmal ging es vorwärts, dann wieder zurück. Am Ende hatte mehr als eine Million Soldaten ihr Leben verloren.

Dass die Denkmäler, die das Gedächtnis aufrecht erhalten sollen, nahezu allesamt den Krieg verherrlichen, hat seine Gründe: Der Friedhof in Redipuglia, das Museum am Monte San Michele und andere Gedenkstätten, wie zum Beispiel das *Ossario* in Gorizia, wurden zur Zeit des italienischen Faschismus erbaut. In ihnen verwirklicht sich ein ästhetisches Programm, das schon bei der Ausstellung *Mostra della rivoluzione fascista* 1932 präsentiert worden war. Unmengen von Knochen und Körpern wechselten ihre Gräber, um die lange nach dem Krieg erbauten Gedenkstätten mit einem makabren Sinn zu füllen.

Diese symbolische Vereinnahmung des Ersten Weltkriegs, des *grande guerra*, durch den Faschismus, hat für sich sogar ein gewisses historisches Recht. Während Hitler noch als kleiner Gefreiter sein Kriegserlebnis in den Schützengräben absolvierte, hatte Mussolini bereits 1914 die *fasci d'azione rivoluzionaria*, die Bünde der revolutionären Aktion, gegründet und war deshalb aus der PSI, der sozialistischen Partei, ausgeschlossen worden. Als Zusammenschluss verschiedener rechter Gruppen kämpften die *fasci* für den Kriegseintritt Italiens, um die *terre irredente,* die »unerlösten Gebiete« Triest und Trentino, aber auch das dalmatinische Küstenland, für das italienische Territorium zu gewinnen. Während der deutsche Nationalsozialismus teilweise auch als Reaktion auf einen verlorenen Krieg interpretiert werden kann, war der italienische Faschismus also eine Bewegung, die sich mitten in einem schließlich »siegreichen« Krieg formierte. Gleichwohl nahm der Faschismus den Friedensvertrag von Versailles zum Anlass, Italien um die Früchte des Sieges betrogen zu sehen. 1919 gingen, auch getragen von dem Motiv der *vittoria mutilata*, des verstümmelten Sieges, aus den *fasci d'azione rivoluzionaria* die *fasci di combattimenti* hervor, Kern einer Massenbewegung, deren *Duce* 1922 von König Viktor Emanuel III. zum Ministerpräsidenten ernannt wurde.

Aber auch der heutige Zustand der Gedenkstätten konfrontiert mit einer erschreckenden Distanzlosigkeit: Das Museum am Fuß der Totenparade von Redipuglia wie das Museum am Monte San Michele sind kommentarlose Ansammlungen von Militaria, bewacht von Museumswärtern, die schon seit Jahrzehnten zum staubigen Inventar zu gehören scheinen. Dahinter steht etwas, das fast als allgemeineres Prinzip bezeichnet werden kann: Das offizielle Entwicklungskonzept von Gorizia, der *Piano Strategico Gorizia 2010*, betrachtet die Kriegsmonumente nur unter touristischen Gesichtspunkten. Und noch ein 2004 von der Universität Udine herausgegebener Führer zu den Kriegerfriedhöfen in Friaul trägt den ganz unironisch gemeinten Titel »Das Vaterland seinen Helden«. Darin äußern sich nicht die Haltungen verkappter Rechtsextremer, sondern tief verwurzelte Muster der politischen Kultur Italiens.

Der sprichwörtliche *campanilismo* in Italien ist ein später Ausdruck der Kräfte, die der Nationenbildung in Italien von Anbeginn an entgegenwirkten. Man muss bedenken, dass noch im Jahre 1950 gerade 18 Prozent der Einwohner Italiens fähig waren, die Hochsprache zu benutzen. Aufgewachsen in regionalen Dialekten, lernen auch heute viele Kinder das korrekte Hochitalienisch erst in der Schule. Die historische Zersplitterung in Stadtstaaten, das ökonomische Ungleichgewicht zwischen den Regionen, extreme Klassenunterschiede, politisch aber auch die Opposition der Liberalen zur Monarchie und zum Klerus, informelle Strukturen wie die Mafia behinderten die Nationenbildung. Erstmals gelungen ist »das Projekt, ›die Italiener zu machen‹, erst im Faschismus. Durch seine Politik, die kulturellen, sozialen und politischen Unterschiede in Italien zu nivellieren, erreicht der Faschismus schließlich die ›Nationalisierung‹ der Nation«, heißt es in einer Studie von Kathrin Mayer. Ideologisch bezogen sich die Faschisten dabei weniger auf den *risorgimento*, die Epoche der territorialen Einigung Italiens ab 1815, die schließlich 1861 in die Ausrufung der Monarchie unter Viktor Emanuel II. mündete und 1870 mit der Einverleibung des Kirchenstaates vollendet wurde. Zu sehr war diese, vor allem durch den populären Haudegen Giuseppe Garibaldi vorangetriebene, Bewegung ein Gründungsmythos der Linken, in dessen Kern vor allem das Motiv der Vereinigung liegt. Die Faschisten griffen dagegen lieber auf das klassische Rom und sein aggressives Expansionsmodell zurück.

Während also in Deutschland, gerade in der Debatte um das Ende der Weimarer Republik, der Nationalsozialismus durchaus auch als eine historisch vermeidbare Möglichkeit diskutiert werden kann, muss der italienische Faschismus, ohne damit seine Verbrechen zu rechtfertigen, als historisch konstitutiv für Italien interpretiert werden. Die Distanzlosigkeit zum *grande guerra* und die Distanzlosigkeit zum Faschismus stehen in dieser Kontinuität. Wie die großen Bauten aus faschistischer Zeit, etwa die *Stazione Termini* oder die Gebäude der *Esposizione Universale di Roma*, einer Weltausstellung, deren Durchführung Mussolini für 1942 geplant hatte, oder sogar eine Säule mit der Aufschrift *DUCE* in der Nähe des Olympiastadiums von Rom in die heutige Stadtlandschaft integriert sind, so zwanglos scheint der *grande guerra* und die durch faschistische Gedächtnisinszenierungen aufrecht erhaltene Erinnerung das italienische Geschichtsbewusstsein zu möblieren.

Noch ein anderes Muster scheint den distanzlosen Umgang mit der Vergangenheit zu erleichtern. Es ist bekannt, wie sehr die gesellschaftliche Realität des gegenwärtigen Italien von familiären Strukturen geprägt ist. Das betrifft sowohl die Bedeutung der konkreten Familie selber, in deren Gehäusen oft noch über dreißigjährige Kinder, meist aus ökonomischen Gründen, ausharren, als auch die Macht informeller Netzwerke: Wer etwas werden will, wer etwas haben will, muss jemanden kennen, der jemanden kennt, der die Richtigen kennt. Der gesellschaftlichen Realität entspricht ein ebenso diffuses wie tiefes kulturelles Muster, das gesellschaftliche Vorgänge unter familiären Perspektiven wahrnimmt und interpretiert.

Die Politik bedient sich dieses Musters genauso, wie sie es reproduziert. Schon Viktor Emanuel II. arbeitete, so wieder Kathrin Mayer, am »Mythos des gütigen Königs als Vater der nationalen Familie«, und bei der Gründung Italiens drehte sich die klassische Legitimationsfigur um: Der König ist nicht von Gottes Gnaden, sondern erst der König (er-)zeugt im Akt der Vereinigung das Staatsvolk. Ähnliches nahm Mussolini für sich in Anspruch, als er daran ging, die Italiener zu machen. Während der Faschismus die konkreten Strukturen des *familiarismo* und *paternalismo*, die etwa Edward Banfield in seiner Studie über Süditalien und die Mafia als Moral des »amoralischen Familiarismus« analysiert hat, von seinem totalitären Anspruch her bekämpfen musste, bediente er sich auf symbolischer Ebene des familiären Musters, indem er es verallgemeinerte. Der Kriegerfriedhof von Redipuglia, diese Totenparade vor dem Familiengrab des Armeekommandanten mit einem kleinen Museum im Rücken, das unter anderem die Briefe der Soldaten an ihre Mütter ausstellt, kann auch als ein Symbol in diesem Sinne gelesen werden. Der »Volkskörper« formiert sich als die große Familie, für die man das Opfer des Todes gebracht hat. Noch die Verharmlosung der Faschisten als gewalttätige Tollpatsche, die aber doch irgendwie dazugehören, wie sie zum Beispiel im Film *La vita è bella* von Roberto Benigni zu sehen ist, reproduziert diese familiäre Symbolik.

Ein Symbol in diesem Sinne ist aber immer zugleich ein gestohlenes Zeichen, ein Zeichen, das aus einem wirklichen Zusammenhang entfernt und in einen künstlichen eingepflanzt wurde. Die Wirklichkeit des *grande guerra* können Wanderer nachvollziehen, die seine Reste passieren. Ausgedehnte, in den Stein gehauene Kavernen öffnen sich ins Nirgendwo, zum Beispiel auf den Hügeln hinter Monfalcone. Wer an Laufgräben vorbeiwandert, kann noch die Mühe nachvollziehen, mit denen sie in das karstige Gestein gegraben wurden.

In Friaul entsprach der Krieg gerade nicht jenem Idealbild, das sich die Strategen machen: Von Alexander dem Großen bis zum Deutschen »Blitzkrieg« war Krieg immer als gigantische Maschinerie in Bewegung konzipiert. »Wir marschieren«, sangen die Soldaten. Der vorherrschende Zustand in Friaul war demgegenüber die Erstarrung. In ihren künstlichen Höhlen und mühsam ausgehobenen Gräben lagen sich die Soldaten gegenüber. Das felsige Gelände bot keine natürliche Deckung gegen Artilleriebeschuss. Wasserknappheit herrschte. Wer, wie der Soldat und Kammersänger Julius Pölzer, in einen Granattrichter blickte, sah das Grauen: »Obgleich der Boden felsig war, lag drinnen eine äußerst zähe und schmierige, braunrote Lehmschicht, welche der fortwährende Gußregen aus den Gesteinfalten zusammengeschwemmt hatte. In dem Granattrichter stand dieser scheußliche, mit Leichenteilen wie Handfleischfetzen, Därmen, Schädeln, Rippen und halbverwesten Menschenfleischstücken untermischte Morast oft mannstief.«

In den nördlichen Teilen war der Krieg überhaupt ein Gebirgskrieg. Das Leben in den Gräben und Kavernen war von einer schaurigen Enge. Dort hausten abgerissene Gestalten in Wickelgamaschen. Zu Weihnachten aß man Kekse. Tunnel wurden unter die Höhlen der anderen gebohrt, um diese zu sprengen. Oft lagen die Soldaten so nahe beieinander, dass sie jedes Wort der Gegner hören konnten. »Nicht selten geschah es, dass einer von uns, auch ich, von ›drüben‹ plötzlich beim Namen gerufen wurde«, berichtet ein italienischer Kriegsteilnehmer. Mit behelfsmäßigen Seilbahnen und über steile, gewundene Wege wurden Munition und Nachschub herangebracht. Vor allem im Winter 1915–1916 rissen Lawinen viele in die Tiefe.

Die Enge führte nachgerade zu einem Mentalitätskonflikt der Soldaten. Nicht mehr vorwärtsstürmender, begeisterter Mut, sondern Emotionslosigkeit war in den Löchern gefragt. Oft scheint sich der Konflikt zur Klaustrophobie verdichtet zu haben. Es ist, als ob sich die Enge ein Ventil verschaffen wollte. Angetrieben von Offizieren, denen ihre Untergebenen gleichgültig geworden waren, stürmte man hinaus. Vasja Klavora zitiert in seinem Buch »Schritte im Nebel« einen unbekannten Berichterstatter: »Die vorderen Reihen wurden von den Maschinengewehren niedergemäht, rissen die nachfolgenden mit, die sich in den engen Heuwiesen kaum auf allen vieren halten konnten, so dass diese ganze Menschenmasse ... in das Tal rollte.« Auf diese Weise wurden zum Beispiel auf der Alm Pretovc drei italienische Regimenter, die immer wieder gegen eine kleine österreichische Stellung anstürmten, fast vollständig vernichtet.

Natürlich machten sich viele Soldaten davon. Es wird erzählt, dass einzelne Verwundete von großen Gruppen von der Front getragen wurden. Ernest Hemingway, der sich 1918 mit einer Rot-Kreuz-Kolonne auf der italienischen Seite der Front befand, schildert in seinem Roman *A Farewell to Arms*, wie die Carbinieri hinter der Front mit fliehenden Soldaten kurzen Prozess machten: »Einer schreib etwas auf einen Notizblock. ›Seine Truppe im Stich gelassen, Befehl ihn zu erschießen‹, sagte er.« Manchmal feuerten auch Deserteure auf die Carabinieri und schoben die Schuld hinterher den Einheimischen zu. Letzteres war durchaus im Sinne ihrer Vorgesetzten. »Die vermeintliche Schande, die die von der Front flüchtenden Soldaten verursachten, sollte vertuscht werden«, heißt es bei Klavora. »Wegen der Mißerfolge und Niederlagen im Gebirge rächten sich die italienischen Offiziere an den friedlichen Zivilisten im Tal«, berichtet eine Zeitzeugin. So wurden auch viele Zivilisten erschossen. Die Hinrichtung von sechs Bauern aus den Dörfern Ladra, Smast und Kamno nördlich von Tolmin war auf Zündholzschachteln dargestellt, die man in ganz Italien kaufen konnte.

Die Kriegsverbrechen der österreichischen Seite im Ersten Weltkrieg sind vor allem durch die späteren nationalsozialistischen Völkermorde in den Hintergrund der historischen Erinnerung gedrängt worden. Die berüchtigten Galgenbilder, auf denen österreichische Soldaten lächelnd neben gehenkten Zivilisten stehen, stammen hauptsächlich aus Serbien, wo 30.000 Zivilisten der sogenannten Kriegsnotwehr zum Opfer fielen. Die auf der österreichischen Seite der Isonzofront durchgeführten Requirierungen, Zwangsrekrutierungen und Übergriffe trugen jedenfalls zum Abflauen der anfänglichen Kriegsbegeisterung in Slowenien bei, die sich vor allem aus den italienischen Gebietsansprüchen motiviert hatte.

Die Front erstarrte bereits zu Kriegsbeginn. Am 23. Mai 1915 erklärte Italien Österreich-Ungarn den Krieg. Die österreichische Regierung wurde überrascht. Zu lange hatte sie auf eine Verhandlungslösung gesetzt und war sogar bereit gewesen, den Trentino abzutreten. Italien wollte rasch Richtung Ljubljana vorstoßen. Sogar der österreichische Feldmarschall Conrad war überzeugt, dass die Italiener binnen fünf Wochen Wien erreichen würden. Aber der italienische Nachrichtendienst wusste kaum etwas über die Schwäche der Österreicher. Fritz Weber erzählt in seinem Buch »Isonzo 1915« von einem Landsturmbataillon, das im Mai in Hermagor in Kärnten ankam, tagsüber talaufwärts marschierte und nachts mit dem Zug wieder zurückgebracht wurde, um dann abermals talaufwärts zu marschieren. Bald wusste die Bevölkerung: Es sind immer die gleichen. »Die Bärte wachsen, das Bataillon verlottert immer mehr.« In Italien glaubte man tatsächlich an Truppenmassierungen von großem Ausmaß. Das verschaffte den Österreichern eine Atempause von 30 Tagen zwischen der Kriegserklärung und den ersten Kämpfen.

Trotzdem verfügte der italienische General Cadora über eine fast vierfache Überlegenheit an Soldaten, als am 23. Juni 1915 der erste große Kampf begann. Der Ansturm scheiterte am felsigen Gelände, in das sich die österreichisch-ungarischen Soldaten bereits eingegraben hatten. Während der Umgruppierung auf italienischer Seite schaffte die österreichische Armeeführung insgesamt 224.000 Mann an die Südwestgrenze, und zwar hauptsächlich von der russischen Front, was dort vermutlich den Zusammenbruch der Armee des Zaren verhinderte.

Im Mai 1916, nach einem Jahr des Grabenkriegs, als Erzherzog Karl, der damalige Thronfolger und spätere letzte österreichische Kaiser, die 11. Armee kommandierte, wurde von österreichischer Seite unter Bruch des Völkerrechts erstmals Giftgas eingesetzt. Auf der Hochebene von Doberdò bliesen neuartige Apparate ein Gemisch aus Chlor und Phosgen in die Stellungen der Italiener. Zwischen 6.000 und 10.000 Soldaten erstickten jämmerlich. Kaiser Karl wurde zur Freude seiner seltsamen Verehrer unter Karol Woytila selig gesprochen. Vielleicht hat die Heilung einer Nonne von ihren Krampfadern, die dabei als Argument ins Treffen geführt wurde, sein himmlisches Konto wieder ausgeglichen. Den eingegrabenen österreichischen Soldaten aber versprach der Gaseinsatz die Erlösung aus ihrer Erstarrung: »Da geht neues Hoffen durch die Tausenden, die hier auf den Tod warten: Gas, Giftgas ... Der Satan selbst soll losgelassen werden, um den Höllenbrand auszutreten«, heißt es bei Fritz Weber.

Die 12. und letzte Isonzoschlacht ab Oktober 1917 schien die Hoffnung einzulösen. Mit Hilfe deutscher Gaswerfer brachen die Angreifer im Raum Tolmin nach Friaul durch und fanden Abertausende Erstickte in ihren Gräben. Auch unter der psychologischen Wirkung dieses Angriffs löste sich die italienische Front auf. Die Zivilverwaltung in Friaul ließ die Bevölkerung im Unklaren. Honoratioren, Beamte und Gutsbesitzer flüchteten bei Nacht und Nebel. Tatsächlich verübte die österreichisch-ungarische Armee zahlreiche Gräueltaten an Zivilisten. Sie stieß schließlich bis an den Fluss Piave vor, wo ihr Angriff von den italienischen Truppen mit der Hilfe französischer, britischer und amerikanischer Verbände zum Stehen gebracht wurde. Die Soldaten saßen wieder in ihren Gräben. Ein letzter Versuch, sich im Juni 1918 aufzuraffen, scheiterte. Die Kräfte waren restlos erschöpft. Am 3. November 1918 wurde der Waffenstillstand geschlossen. Vergeltungsakte an flüchtenden österreichischen Soldaten zeigen die Verbitterung der Zivilbevölkerung. Im österreichischen Hinterland hatte der ungeheure Aufwand für diese Schlacht vor allem Transportkapazitäten blockiert und damit zu einer Hungersnot beigetragen.

An der Außenmauer des Museums am Monte San Michele ist das italienische *Bolletino della vittoria* vom 4. November

1918 in eine Marmortafel gemeißelt. Der Berg ist ein Minimundus des Todes, mit Schrottkanonen in der Landschaft und kleinen, verstreuten Denkmälern. Hier scheint die Banalität des Heldentums durch die tragische Erinnerung. Die 3. italienische Armee, deren taktisches Kommando sich zeitweise hier befand, hat ihre Hügel nummeriert. Auf Hügel 3 findet sich eine Tafel mit der Aufschrift: »Su queste cime italiani e ungharesi combattendo da prodi si affretallarano nella morte«, das heißt: Auf diesen Hügeln verbrüdern sich tapfer kämpfende Italiener und Ungarn im Tode.

Darin steckt Wahrheit. Im österreichisch-ungarischen Heer sprachen von 1.000 Soldaten 248 Deutsch, 233 Ungarisch, 126 Tschechisch, 92 Kroatisch oder Serbisch, 79 Polnisch, 78 Ukrainisch, 70 Rumänisch, 36 Slowakisch, 25 Slowenisch und 13 Italienisch. Die italienischen Soldaten wiederum, viele aus den Dörfern des Südens, verstanden sich untereinander schwer. Man kann sich leicht vorstellen, welche Gewalt notwendig war, dieses »wahre Babylon an Nationalitäten«, wie es in einem Aufsatz von Lucio Fabi über die österreichisch-ungarische Armee heißt, am Auseinanderlaufen zu hindern und immer wieder neu aus den Gräben heraus in sinnlose Angriffe zu treiben. In den Beinhäusern und Massengräbern haben sich die Knochen ununterscheidbar vermischt. Diese Vielheit gilt es hinter der Fassade des Heldentums zu sehen, die der Nationalismus und der Faschismus errichtet haben. Die Tatsache, dass letztlich jeder der Soldaten eines jener abgegriffenen Fotos in seinen Taschen trug, die in dem kleinen Museum hinter der Totenparade von Redipuglia ausgestellt sind, also die Erinnerung an sein eigenes, zugleich einzigartiges und banales Leben, verbrüdert die Soldaten tatsächlich im Tode. Es ist diese Erinnerung, die ihnen die Monumente gestohlen haben. Wer hinter ihre Fassaden blickt, wird die Nacktheit und Einsamkeit der grausam Bestohlenen sehen.

Wilhelm Berger

XXIII. ÜBER DEN KARST
Wanderung von Redipuglia nach Monfalcone

Bereits im Dunstkreis von Monfalcone liegt die *Riserva naturale regionale dei Laghi di Doberdò e Pietrarossa,* eines der interessantesten Gebiete des Carso Isontino. Sein Besuch lässt sich mit der Besichtigung einer Reihe bedeutender Kriegsschauplätze verbinden, woraus sich für den Wanderer ein ungewöhnliches Kontrastprogramm ergibt.

Ausgangspunkt ist der monumentale Soldatenfriedhof von Redipuglia, an dessen Gipfel man fast unvermittelt den Karst betritt. Freundliche Esel und friedliche Kühe bevölkern das einstige Schlachtfeld. Ein einsamer Karrenweg führt zwischen Dolinen und Trockenmauern nach Doberdò, einer Hochburg der Slowenen am Eingang zum Naturschutzgebiet. Von hier folgt man einem schönen Panoramaweg zur *Casa Cardorna,* einem in den Fels gehauenen militärischen Horst. Tief unten liegt der Karstsee; bis zur Küste reicht der Blick. Man steigt zu Tal und taucht in die urwüchsige Aulandschaft am Seeufer ein. Vorbei am Lago di Pietrarossa wechselt man auf die andere Seite der Autobahn, um zu den ehemaligen Verteidigungsanlagen von Monfalcone anzusteigen. Ein Labyrinth von Schützengräben durchzieht die Hügelkette. *La Rocca,* eine venezianische Festung, ist die letzte Erhebung vor der Ankunft in der Stadt. Dort wartet neben dem historischen Zentrum eine weitere Sehenswürdigkeit: die Werft von Monfalcone, deren Kräne majestätisch winken. Quer durch die Vorstadt geht es zum Bahnhof, wo man reich an Eindrücken den Pendlerzug nach Redipuglia nimmt.

HINWEISE ZUR WANDERUNG
LÄNGE: 20 km [18 km]
ANSTIEGE: 230 m

Am Lago di Doberdò

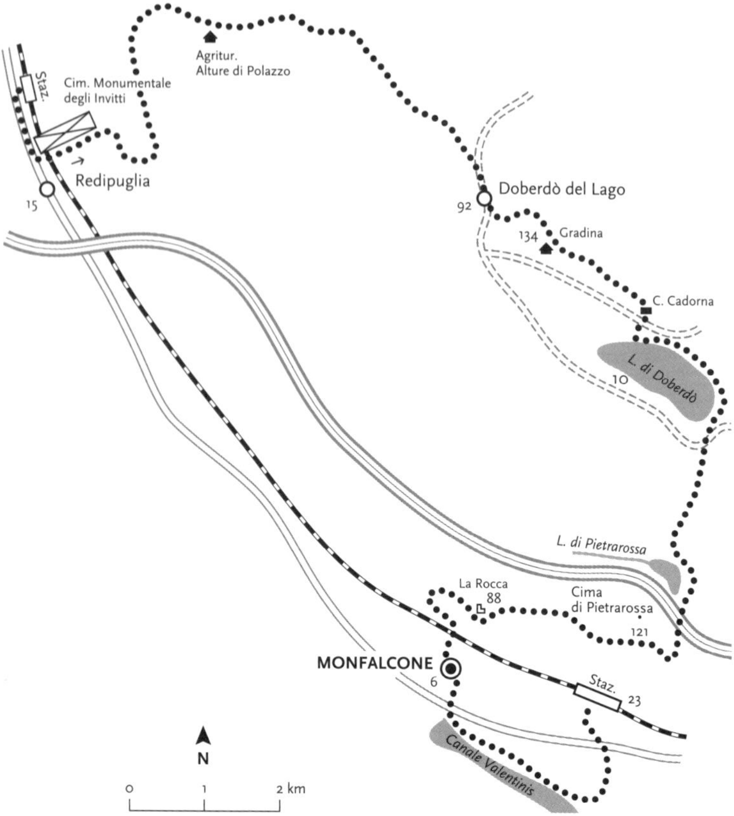

GEHZEIT: 6:00 Std. [5:30 Std.]
ANFORDERUNGEN: Gering
KARTE: Tabacco-Wanderkarte 047, Carso Triestino e Isontino, 1:25.000
EINKEHRMÖGLICHKEITEN: Redipuglia, Doberdò, Monfalcone
ANFAHRT: A 4, Ausfahrt Redipuglia-Monfalcone Ovest, Wegweiser bis Redipuglia. Bahnhof an der SS 305.
RÜCKFAHRT: Mit dem Regionalzug von Monfalcone nach Redipuglia. Auskünfte: www.oebb.at oder www.ferroviedellostato.it

WEGBESCHREIBUNG

Man verlässt den **Bahnhof Redipuglia** und geht auf der SS 305 nach links. Nach 300 m wendet man sich nach links und betritt das **Kriegermonument**. Aufstieg über die »Heldentreppe« zur Kapelle an der **Hügelkuppe**. Besichtigung des angeschlossenen kleinen Museums. Vom **Parkplatz** an der Rückseite folgt man einer Straße nach rechts. Nach 5 Min. nimmt man eine Abzweigung nach links (**Markierung Nr. 77**). Kurzer Anstieg. Man verlässt die Straße nach links und folgt einem markierten Karrenweg in den Karst. Nach 10 Min. trifft man auf eine breite Schotterstraße und geht auf dieser nach rechts. Man erreicht nach 5 Min. den **Parco Alture di Polazzo**, den man, die Markierung verlassend, durchschreitet. Weiter auf der Straße bis zu einer großen **Kreuzung** (Ortstafel Sagrado). Am Asphalt geradeaus weiter. Kurz darauf trifft man neuerlich auf die Markierung Nr. 77. Man bleibt auf der Straße und verlässt diese erst nach gut 5 Min., indem man sich nach rechts in einen markierten Karrenweg wendet; auf diesem bis **Doberdò** (1:45 Std.).

An der Hauptstraße am Ortsrand nach rechts. Kurz darauf weist die Markierung nach links; man bleibt jedoch auf der Hauptstraße, passiert bald die **Kirche** und gelangt zur **Bar** Peric. Einkehr.

Von der Bar folgt man der **Via Vallone** (Wegweiser »Gradina«) bis zu einer Querstraße am Ortsrand; auf dieser nach links bis zum **Informationszentrum** des Naturschutzgebietes der Laghi di Doberdò e Pietrarossa (2:00 Std.). Besichtigung.

Weiter die Richtung beibehaltend auf breitem Weg am oberen Rand einer großen Senke. Der Weg verjüngt sich und führt bald in felsigem Gelände bis zu einem **Haus** mit schöner Aussicht (2:30 Std.). Guter Rastplatz.

Steiler Abstieg auf markiertem Weg Nr. 72 (eine etwaige Sicherheitsabsperrung wird ignoriert) bis zu einer Asphaltstraße, welche man kreuzt. Weiter bergab bis zu einem befestigten Querweg; auf diesem nach links. Man passiert kurz darauf die »Panoramabrücke« am **Lago di Doberdò** (2:45 Std.). Weiter den See entlang Richtung Osten, stets in Ufernähe und Abzweigungen nach links ignorierend. Man gelangt zu einer **Asphaltstraße** und geht auf dieser nach rechts. Nach knapp 100 m wendet man sich nach links in einen breiten Weg (Fahrverbotstafel). Bald kreuzt man den markierten Weg Nr. 72, welchen man ignoriert. Nach geraumer Zeit vereinigt sich der Weg mit einem von links kommenden und quert gleich darauf eine Pipeline. Man gelangt zu einem breiten Querweg und wendet sich auf diesem scharf nach links (Markierung Nr. 81). Vom Verkehrslärm begleitet bis zur **Autobahn**, welche man unterquert (3:30 Std.).

Nach der Unterführung nach rechts; der Weg steigt an und wendet sich sofort nach links (der geradeaus führende, untergeordnete Weg wird ignoriert). Gleich darauf eine Gabelung; man geht rechts. Anstieg in südlicher Richtung. Eine erste Abzweigung scharf nach rechts wird ignoriert. Kurz darauf ein Querweg; man geht rechts, weiter bergauf. Man gelangt zur einer Fünffachkreuzung und geht geradeaus (**Infotafel** des *Parco tematico della Grande Guerra*). 5 Min. bergauf bis zu einem Querweg; auf diesem nach links [zuvor empfiehlt sich aber ein Abstecher nach rechts zu einem Labyrinth von Schützengräben aus dem Ersten Weltkrieg.]. Bei der darauffolgenden Wegkreuzung geradeaus. Der Weg steigt erneut an, führt über eine bewaldete Kuppe, senkt sich und vereinigt sich mit einem von rechts kommenden. Kurz darauf wird eine Abzweigung nach links (Wegweiser »*Parco tematico* ...«) ignoriert. Nach 50 m eine Gabelung; man geht links und trifft bei einer Kreuzung auf den Weg Nr. 82. Man geht jedoch links (Weg Nr. 84), wendet sich nach 50 m nach rechts und folgt der Markierung bis zur **Festung La Rocca** (4:45 Std.). Blick auf Monfalcone.

Von der Festung auf einem Sträßchen bergab. Kurz darauf nimmt man die (markierte) Abzweigung nach rechts und wandert in weitem Linksbogen bis zu einem **Parkplatz** am Stadtrand von Monfalcone. Man wendet sich nach rechts und unterquert die Eisenbahn. Nach der Unterführung in die Via Coleoni nach links. Man gelangt zu **Piazza della Repubblica** und wendet sich auf dieser nach rechts, um nach 50 m in die Via Sant'Ambrogio zu biegen. Man passiert den Dom und gelangt zur **Viale San Marco**; auf dieser nach links. Bei der darauffolgenden Kreuzung biegt man nach rechts in die Via Toti, die kurz darauf in die Via Randsaccio mündet, welcher man bis zum **Bahnhof** folgt (5:30 Std.).

[**VARIANTE** Werftbesichtigung: Man wendet sich auf der **Viale San Marco** nach rechts und folgt dieser bis zu einer großen Kreuzung vor dem **Canale Valentinis**. Man wendet sich nach links und wandert, stets dem Kanal entlang und vis-à-vis der **Werft**, bis zum Ende der Uferpromenade. Nun biegt man nach links in eine von Betonmauern gesäumte Gasse, durchschreitet kurz darauf eine Häusergruppe und wendet sich wieder nach links. Man gelangt zur SS 14 (geregelte Kreuzung), geht geradeaus und bei der darauffolgenden Querstraße, der Via Valentinis, nach links. Kurz darauf biegt man nach rechts, um eine Wohnsiedlung mit zwei markanten Schornsteinen zu durchschreiten und an deren Rückseite zur Via Romana anzusteigen. Von dort über die Via Sorgente bis zum **Bahnhof Monfalcone** (6:00 Std.).]

AM WEGE

Redipuglia | Redipulja | Foiàn Redipuie | Volian

Die Gedenkstätte Redipuglia ist das größte Kriegerdenkmal Italiens. Wer sich vom Bahnhof her nähert, sieht rechts ein Museumsgebäude und links eine enorme Treppenanlage.

Das Museumsgebäude steht im Areal des ersten Kriegsfriedhofs der 3. Armee, das nach der Umbettung der Toten in die Treppenanlage eingeebnet wurde. Anders als zum Beispiel das *Museo della grande guerra* in Gorizia, das die Brutalität des Krieges anschaulich macht, konfrontiert das Museum in Redipuglia mit der Banalität des Mordens. Ohne Konzept sind verrostete Waffen, alte Fotos und Uniformen aneinandergereiht. Das umgebende Gelände ist ein makabrer Erinnerungspark mit Resten alter Grabsteine und einer römischen Säule auf dem Gipfel eines Hügels, die aus Aquileia stammt.

Die Treppenanlage links ist als gigantische Parade von Toten gestaltet. Der Eingang wird von einer Ankerkette abgegrenzt, die vom Torpedoboot »Grado« übrig geblieben ist. Wer sie überstiegen oder umgangen hat, betritt die sogenannte »Via Eroica« (Heldenstraße) mit zwei Reihen von Bronzetafeln an den Seiten, auf denen die wichtigsten Kampforte eingetragen sind. Dahinter führen 22 übergroße

Redipuglia: Faschistisches Kriegerdenkmal

Stufen nach oben. Hier liegen die Reste von 100.000 Soldaten, 39.857 davon alphabetisch geordnet von A... Carlo, 115. Fanteria, von dem man nur mehr den Vornamen rekonstruieren konnte, bis ZEPPI Giuseppe, 156. Fanteria. Über den Namenstafeln ist hundertfach das Wort PRESENTE (Hier!) ausgemeißelt. Die angetretenen Toten machen dem Kommandanten Meldung, Filiberto di Savoia, Duca d'Aosta, der vor der Parade und vor den Sarkophagen von fünf anderen Generälen unter einem 75 Tonnen schweren Porphyr-Monolithen liegt. Geboren 1868, Kommandierender seit 1915, Sympathisant der Faschisten, 1931 friedlich gestorben in seinem Bett, wollte er »in mezzo agli eroi della terza armata«, inmitten der Helden der 3. Armee, begraben werden. Seine engsten Verwandten, Ehefrau Helene, seine Söhne Amedeo und Aimone, seine Brüder Vittorio und Luigi liegen an seiner Seite. »O morti gloriosi d'Italia«, so beginnt sein ebendort in Stein gehauenes Testament.

Am Ende der Treppenanlage, hinter den Behältern von noch einmal 60.000 unbekannten Soldaten, also im Rücken der Totenparade, findet sich ein kleines Museum. Im Saal A Bilder der Helden mit Goldmedaillen, der Spazierstock des Generals Giuseppe Paolini, das Foto des Bersagliere Ciclista Ulderico Pifori, der beinamputiert zu Fahrrad weiterkämpfte. Mutige Beinamputierte scheinen überhaupt ein Bestandteil italienischer Kriegslegenden zu sein. Auf der Piazza Cesare Battista in Gorizia sieht man etwa das Denkmal eines beinamputierten Soldaten, der im Augenblick des Todes seine Krücke nach den Feinden wirft. Es handelt sich um den Bersagliere Enrico Toti, gefallen 1916 im Battaglia di Gorizia. Im Saal B die kleinen Dinge, die all die Toten zurückgelassen haben: Messerchen, Feuerzeuge, Tabakdosen, Bilder aus dem Privatleben, Essgeschirr, Knöpfe, Münzen, Taschenuhren, kleine, selbst gebastelte Kunstwerke, Briefe an die Mutter.

Die Gefallenen sind also von der *famiglia* des Duca und dem eigenen Familiären eingefasst. So kann die ganze Anlage als Symbol gelesen werden. Für den Soziologen Niklas Luhmann ist ein Symbol kein Zeichen für etwas anderes, sondern: »Symbole sind Sinnformen, die die Einheit des Verschiedenen ermöglichen; sie sind diese Einheit, ihre äußere Form ist Darstellung dieser Einheit ...« Genau in dieser Bedeutung ist Redipuglia die Darstellung einer Einheit des Verschiedenen, der Einheit der Nation und der Familie, eine Sinnform, die sich gerade der italienische Faschismus zu Nutze machte.

Die Gedenkstätte wurde nach den Plänen des Architekten Giovanni Greppi und des Bildhauers Giannino Castiglioni erbaut und 1938 von Vittorio Emanuele III. und Benito Mussolini eröffnet. Der Baustil von Redipuglia, aber auch Stilelemente anderer Monumente, etwa des *Ossario* in Gorizia, wurden direkt von einem Modell übernommen, dem *Sacrario dei martiri fascisti*, das die Architekten Alberto Libera und Antonio Valente in der Ausstellung *Mostra della rivoluzione fascista* 1932 präsentiert hatten. So waren die Toten des *grande guerra*, wie der Erste Weltkrieg in Italien in aller Doppeldeutigkeit heißt, als Märtyrer des Volkes vom Faschismus vereinnahmt. Das Gewicht der Architektur erdrückt noch heute jede distanzierte

Im Karst bei Doberdò del Lago

Haltung. Noch immer heißen die Gedenkstätten *zona sacra*, heilige Zone, und noch immer stoßen über ihnen Staffeln der italienischen Luftwaffe im Tiefflug die Farben der italienischen Flagge aus, wenn es einen Jahrestag zu begehen gilt.

Doberdò del Lago | Doberdob | Doberdò

Von der »typischen Karstarchitektur«, die ein Kunstführer verheißt, ist wenig zu sehen, und dennoch lohnt Doberdò die Besichtigung. Auffällig ist die Dichte an zweisprachigen Aufschriften, die den Ort als Hort der slowenischen Kultur ausweisen. Zweisprachig sind hier nicht nur die Ortstafeln, sondern auch die Straßennamen sowie die Beschilderungen aller öffentlichen Einrichtungen. Auch das Partisanendenkmal und die Gedenktafeln für die Opfer des Faschismus sind in beiden Sprachen gehalten, wobei jeweils das Slowenische an erster Stelle steht. Das trifft auch auf die *Osnovna šola/Scuola elementare* zu, die nach Prežihov Voranc benannt ist, der den »Kriegsroman des slowenischen Volkes« *Doberdob* verfasst hat. Die grimmige Büste des bekannten kommunistischen

Autors ziert den Park vor der Schule. Die Unterrichtssprache ist ausschließlich Slowenisch. Ivan Cankar, dem großen slowenischen Nationaldichter, wurde mit einer nach ihm benannten Straße ein Denkmal gesetzt.

EINKEHR:

Agriturismo Kovač. Sympathischer Bauer, der sich der traditionellen und dennoch gesunden Küche verschrieben hat. Bed & Breakfast, 0039/0481/78125, www.kovac.it.

Caffè Beric. Angenehme Dorfbar und beste Adresse für den Vormittagskaffee.

Agriturismo Parco Rurale Alture di Polazzo. 2 km nordwestlich der Ortschaft unterhält ein Biobauer einen kleinen Tierpark nebst Campingplatz und Fremdenzimmern. Kein schlechter Stützpunkt für einen Kurzurlaub im Karst. 0039/330/936836 oder 0039/330/240132, www.parcorurale.com.

Lago di Doberdò | Doberdobsko jezero | il Palût di Dobardò

Er ist der einzige Karstsee Italiens, der diesen Namen auch verdient, denn sein Nachbar, der Lago di Pietrarossa, fällt wohl eher unter die Kategorie der Tümpel. Der Lago di Doberdò liegt kaum fünf Meter über dem Meeresspiegel, wobei der Wasserstand, je nach Niederschlagsmenge, zwischen zwei und sechs Metern schwankt. Gespeist wird der See aus einem unterirdischen Zufluss am nordwestlichen Ufer; das Wasser stammt, wie Färbetests ergaben, hauptsächlich aus dem Isonzo und dem Fiume Vipacco. Nach längeren Regenphasen erreicht der 1,3 km lange See eine Breite von 400 m, bei Trockenheit »magert« er zum schmalen, träg mäandernden Flüsschen ab. Auch der Abfluss des Sees ist unterirdisch. Das Wasser unterquert den Monte Debeli, um an dessen Südseite wieder auszutreten und den Lago di Pietrarossa zu bilden. Dieser wird durch einen Kanal entwässert.

Der dynamische Wasserhaushalt hat im *polje*, wie die Senke von Doberdò genannt wird, eine bemerkenswerte Flora hervorgebracht, die sich von der übrigen Karstvegetation deutlich unterscheidet. Das Feuchtgebiet ist von Schilfflä-

Am Lago di Doberdò

chen und Sümpfen geprägt, die von Bruchwäldern gesäumt werden, in denen verschiedene Weidenarten mit Schwarzpappeln, Ulmen und Eschen ein chaotisches Familienleben führen. Im und am Wasser siedeln Pflanzen, die auf so schöne Namen wie Blutweiderich, Steife Segge, Tannenwedel und Wasserschlauch hören. An Wassertieren sind unter vielen der Kaul- oder Rotzkopf, der Bitterfisch, die Pfrille und der Döbel zu nennen, welcher auch Eitel oder Dickkopf heißt. Sie bilden mit den Amphibien und Insekten die wichtigste Nahrungsgrundlage für allerlei Reiher, Enten und gefiederte Taucher. 190 verschiedene Vogelarten wollen Ornithologen hier beobachtet haben.

Bis 1948 ernährte der See auch eine Familie. Ein konzessionierter Fischer aus Doberdò lebte ganzjährig vom Aal- und Karpfenfang, wobei er erstere mit Reusen aus geflochtenen Weiden und zweitere mit selbstgeknüpften Netzen fing. Die bescheidene Beute, durchschnittlich 10 kg pro Netz, wurde im Dorf verkauft oder auf dem Fischmarkt in Monfalcone feilgeboten. Der fette Aal fand in Gorizia Abnehmer. Wie der durchschnittliche Wasserstand, waren auch die Erträge aus der Fischerei bis zum Ersten Weltkrieg erheblich höher. Durch Sprengungen und Artilleriebeschuss dürften sich am felsigen Grund des Sees Risse gebildet haben, durch die das Wasser schneller als ursprünglich versickert. Auch die Fliegerbomben der Alliierten im Zweiten Weltkrieg sollen ähnliche Auswirkungen gehabt haben. Mögliche Zeitzeugen – Karpfen, die bis zu 50 Jahre alt werden – können nicht mehr befragt werden.

Monfalcone | Tržič | Monfalcon | Falkenberg

Als bedeutendster Industrieort der Provinz Gorizia bezieht Monfalcone sein Flair weniger aus dem Stadtbild als aus der Geschäftigkeit seiner Bewohner. Die »Altstadt« – ein Großteil des historischen Kerns wurde in den beiden Weltkriegen zerstört – besteht im Wesentlichen aus der Via San Ambrogio und deren Nebengassen, wo einige alte Häuser mit schönen Arkadengängen (und weniger schöner Färbelung) erhalten geblieben sind. Beherrscht wird das Viertel vom mächtigen Dom, der 1929 im neoromanischen Stil errichtet wurde und eine zweifelhafte Rekonstruktion der ursprünglichen Basilika darstellt. Unbedingt sehenswert sind aber die ständig dröhnenden Werftanlagen im Südosten der Stadt, denen man sich auf der Promenade entlang des Canale Valentinis zumindest steinwurfweit nähern kann. Schifffahrtslinien aus aller Welt geben hier ihre riesigen Luxusliner in Auftrag. Imposant ist auch das kalorische Kraftwerk vis-à-vis, das täglich 3.000 Tonnen Kohle und ebensoviel Öl in elektrische Energie verwandelt. Entsprechend hoch sind die CO^2-Emissionen. Ungeachtet dessen haben sich die Arbeiter im Schatten des riesigen Schlots ihren Traum vom Eigenheim erfüllt.

EINKEHR:

Hotel Ristorante Al Gelso. Angenehme Unterkunft im Stadtzentrum. Passable Küche. Via S. Ambrogio 22, 0039/0481/411292, www.hotelalgelso.it.

Sandstrand bei Monfalcone

ADRIATISCHE NACHBARSCHAFT

Anders als das viel besuchte Grado wird Monfalcone von Touristen höchstens wegen der himmelhohen Industrieschlote und der riesigen Werftanlagen wahrgenommen. Seine Entwicklung zur typischen Industriestadt und die Grados zum weithin bekannten Badeort begannen Anfang des 20. Jahrhunderts. Bis dahin war auch Monfalcone ein reizvolles Ausflugsziel für Adriareisende gewesen. Enthusiastisch empfahl der Schweizer Journalist Jacob Heer 1888 seinen Lesern den Besuch des Fischerstädtchens: »Du kleine Stadt Monfalcone, du weites Land, du blinkendes Meer, grüß euch Gott. Hier ist gute Wanderrast!« Neugierig musterte er auf seinen Spaziergängen die ärmlichen Fischerhütten, die Frauen und Kinder, die auf den Sandbänken ihre »frutti di mare« einsammelten und die vom Sumpffieber gezeichneten Bauern.

Die Einwohner des 1797 der österreichischen Monarchie einverleibten Monfalcone lebten hauptsächlich vom Fischfang. Als Unselbstständige arbeiteten die Fischer meist für Zwischenhändler, in deren Besitz sich auch die Boote befanden. Ein schmaler, nur für kleinere Küstendampfer schiffbarer Kanal verband das Meer mit dem Porto Rosega, dem Hafen der Stadt.

Reges Treiben herrschte im Thermalbad, dessen heiße Schwefelquellen schon Plinius bekannt waren. Inmitten der Sümpfe befand sich das »allen Anforderungen moderner Hygiene entsprechende Etablissement«, das vorwiegend wegen seiner Bade- und Fangokuren aufgesucht wurde. »Im Norden Karst, im Süden Sumpf«, notierte ein deutscher Besucher angesichts der Heilquellen lakonisch.

Ein Ausflug zum See von Doberdò konfrontierte Jacob Heer mit der Armut slowenischer Karstbauern: »Wenn ein Fremder in ein Karstdörfchen kommt, springen aus allen Häusern die Kinder daher. Die halbzerlumpten, bleichen Gestalten werfen sich knielings in den Straßenstaub und bitten mit den kläglichsten Gebärden um eine Gabe. Wirft man ihnen einige Kreuzerstücke zu, dann purzeln alle im Staub und lüften ihre Mützen.« Westlich von Monfalcone verödeten ganze Landstriche, da aufgrund des Elends viele Pächter nach Amerika ausgewandert waren.

Im Gegensatz zu anderen Touristen konnte der Schweizer Berichterstatter von der Kutsche aus den Weiten der Ebene durchaus etwas abgewinnen: »Fast tödlich langweilig mögen die Campagnen für den Fußwanderer sein, der ihre schnurgeraden, endlosen, staubigen Straßen geht. Eine Spazierfahrt in offener Kalesche und am kühlen Abend hinaus in diese unabsehbare, leuchtende Pflanzenüppigkeit, die Wald und Feld und Garten zugleich ist, in der man die Himmelsrichtung wie auf dem offenen Meer verliert, habe ich immer angenehm empfunden.«

1893 wanderte der Wiener Lehrer Viktor Pimmer unter »surrenden Telegraphendrähten« und brütender Hitze von Monfalcone nach Grado. Er fand großen Gefallen daran, »in der schwermütigen, an Afrika gemahnenden Landschaft im bleibenden Staub dahinzutraben«. In Aquileia nahm er ein Dampfboot, das ihn innerhalb einer Stunde nach Grado brachte, »einem weltverlorenen, schmutzigen Fischerstädtchen, das bescheidene Anfänge machte, seinen göttlichen Badestrand auszunützen«. Im Jahr davor hatte Kaiser Franz Joseph einen Antrag auf Ausbau Grados zum Kurort der Grafschaft von Görz und Gradisca befürwortet. Bevor sich der Fremdenverkehr in Grado entwickeln konnte, musste die Versorgung des Ortes mit Trinkwasser sichergestellt werden. Das Erscheinungsbild Grados war bis dahin von einem Dachrinnennetz geprägt, mit dem das Regenwasser in Zisternen gesammelt wurde. Wenn im Hochsommer die Zisternen versiegten, musste das kostbare Gut aus Aquileia herangeschafft werden. Mitunter entnahmen die Menschen das Wasser schmutzigen Regentonnen oder kleinen Tümpeln. Neben den Moskitoschwärmen führte vor allem der Genuss unreinen Wassers zu häufigen Fieberepidemien. Deshalb entschloss sich die Stadtverwaltung 1899 zur Bohrung eines Brunnens. Beim dritten Versuch stießen die Arbeiter auf Trinkwasser, das aus einer Tiefe von über 200 Metern mit »Brausen und Gepolter, Schlamm und Sand schleudernd« hervorbrach. Nun konnten sämtliche Häuser der Stadt inklusive Bade- und Waschanstalten täglich mit 30.000 Litern Wasser versorgt werden. Dem Aufstieg Grados zu einem der beliebtesten Adriakurorte der Monarchie stand nichts mehr im Wege. Zählte Grado um 1900 noch 2.000 Besucher, so standen den 4.000 Einwohnern sechs Jahre später bereits 6.600 Kurgäste gegenüber.

Die Ärzte empfahlen ihren Patienten Kuraufenthalte in Grado, wo Luft-, Sonnen-, Meeres- und Sandbäder ein Heer von Krankheiten bekämpfen bzw. lindern sollten: Bleichsucht, Blutarmut, Rheuma, Erkrankungen des Nervensystems und der Atemwege, Neurasthenie, Haut- und Frauenkrankheiten und vieles mehr. Seit 1873 existierte ein österreichisches Seehospiz, wo mittellose Großstadtkinder gegen

Skrofulose und Rachitis behandelt wurden. Die Reiseführer versicherten den Kurgästen, dass sie vom Anblick dieser bedauernswerten Kinder verschont bleiben würden, da das Hospiz über eine eigene, abseits gelegene Badeanstalt verfüge.

Binnen weniger Jahre entwickelte sich Grado zu einem modernen Badeort mit breiten, baumgesäumten Straßen und Parkanlagen. Entlang der Uferpromenade reihten sich Orchesterbühnen, Kinderspielplätze, Souvenirgeschäfte und die Kioske der Fotografen. Einer von ihnen, Beniamino Zuliani, lernte sein Handwerk im Wiener Fotostudio »Wessely«, wo er sich 1906 auch seinen ersten Fotoapparat kaufte. Sein Sohn Fiorenzo Zuliani erlernte denselben Beruf und arbeitete in den 1950er und 1960er Jahren als Strandfotograf. Bis Ende der 1990er Jahre betrieben Herr und Frau Zuliani ein Fotogeschäft in Grado.

Unter den Urlaubsgästen der Jahrhundertwende waren österreichische Aristokraten, ungarische Bankiers, slowakische Geschäftsleute und böhmische Fabrikanten. Otto Wagner verbrachte seine Ferien in Grado, wo er auch den Entwurf für den Friedenspalast von Den Haag fertigstellte. Sigmund Freud sammelte am Strand von Grado Muscheln und Seeigel. Mehr als der Adriaort beeindruckten ihn die antiken Skulpturen von Aquileia, die ihn an Phallussymbole erinnerten. Aquileia selbst bezeichnete er als »kleinen Misthaufen«.

Um den Touristenandrang bewältigen zu können, wurde 1911 die Bahnlinie von Aquileia nach Grado/Belvedere, eine Abzweigung der Eisenbahnstrecke Cervignano–Monfalcone, eröffnet. 1912 war die Besucherzahl in Grado auf knapp 13.000 angestiegen (selbst aus den Vereinigten Staaten waren rund 2.000 Gäste angereist). Adel und Bürgertum stiegen in den gepflegten Hotels der Stadt ab, die mit Wiener Küche, Pilsner Bier, italienischem Wein, moskitonetzbewehrten Fenstern, elektrischer Beleuchtung und Fitnessstudios um die vornehmen Urlaubsgäste warben. Küsten- und Lagunenfischer brachten täglich frische Äschen, Aale, Muscheln, Krabben, Sardinen und Seezungen auf die Teller der Fremden. Mit über tausend

Berufsfischern und 400 Booten war der Fischfang nach wie vor die Haupteinnahmequelle der Gradeser Bevölkerung. Während der Badesaison verdienten sich die Fischer als Bootsführer und Lastenträger ein bescheidenes Zubrot.

Ein Grado-Reiseführer sah in den Lagunenfischern das »denkbar ärmste in Österreich-Ungarn existierende Völkchen«. Zusätzliche Verdienstmöglichkeiten boten drei Konservenfabriken. Die Besichtigung der Fabriken gehörte zum Standardrepertoire des urlaubenden Bildungsbürgers: »Die einen reinigen die Sardellen, weiden sie aus und schneiden ihnen den Kopf ab, die anderen stellen sie in großen Körben in die Sonne zum Trocknen; noch andere legen sie mit Salzlacke oder mit Öl in Büchsen ein, die gleich hier gemacht werden.« Die erste Fischfabrik Grados war 1871 vom Wiener Industriellen Karl Warhanek gegründet worden, der mehrere Niederlassungen in der österreichisch-ungarischen Monarchie unterhielt. Nach 1945 reduzierten seine Nachfolger die Produktion auf die Standorte Wien, Villach und Linz, wo hauptsächlich Frauen aus Ex-Jugoslawien, sogenannte »Fischweiber«, beschäftigt waren. Anfang der 1990er Jahre verlagerte die Firma die Produktion in ost- und südosteuropäische Länder. Ab den 1950er Jahren stellten die kleinen Betriebe die Fischfabrikation in Grado nach und nach ein. Die Arbeitnehmer pendelten nach Monfalcone aus, um u. a. in den dortigen Sardinenfabriken Anstellung zu finden.

Der Anschluss an das internationale Eisenbahnnetz begünstigte in Monfalcone gegen Ende des 19. Jahrhunderts die Herausbildung kleinerer Industriebetriebe. Neben einigen Färbereien, Leder- und Chemiefabriken beschäftigte allein die Baumwoll- und Seidenspinnerei über 500 Arbeiter. Mit der Fertigstellung eines für Hochseedampfer schiffbaren Kanals war der Startschuss für die Ansiedlung großer Industrieanlagen gegeben. 1907 eröffneten die Brüder Cosulich in Monfalcone eine bedeutende Schiffswerft. Die Reederei Cosulich war auch Teilhaberin des österreichischen Austro-Americana Schifffahrtsunternehmens, dessen Hauptgeschäft der Frachtverkehr nach Nordamerika mit Heimathafen Triest war. 1904 war die Gesellschaft in das Geschäft mit den Auswanderern eingestiegen, das bis dahin hauptsächlich in den Händen deutscher Großreedereien gelegen war. Der Transport der Auswanderer entwickelte sich für die Schifffahrtslinien zu einem lukrativen Unternehmen. Die großen Reedereien diktierten den Preis und den kleineren Linien, darunter die Austro-Americana, blieb nur ein geringer Prozentsatz der gesamten Passagierschifffahrt. Trotz der Monopolstellung nordeuropäischer Schifffahrtslinien stieg das Auswanderergeschäft für die Austro-Americana von 4.000 Personen im Jahr 1904 auf über 100.000 Passagiere im Jahr 1912. Im September 1911 lief in Monfalcone der Luxusdampfer »Kaiser Franz Joseph I.« vom Stapel. Im Mai des darauffolgenden Jahres begab sich das Flaggschiff der österreichischen Handelsmarine auf seine Jungfernfahrt nach New York. Während die Passagiere 1. und 2. Klasse sämtliche Annehmlichkeiten eines Luxusschiffes genossen, verbrachte die Mehrheit der Auswanderer die Überfahrt dicht zusammengedrängt im stickigen Zwischendeck.

1914 trat der 15jährige Ignaz Gugg aus Kärnten die Überfahrt von Triest nach New York an. Jahre später schrieb er seine Reiseeindrücke nieder, darunter auch seine Unterbringung in den Schlafsälen dritter Klasse: »Ein Schauder durchlief meinen ganzen Körper, es waren da Betten, eines nach dem anderen und gar zweistöckig eingerichtet. Die obere Reihe schien schon besetzt zu sein, noch hie und da kletterte einer hinauf, um die letzten Lücken zu füllen. Ich sah, wie sich alles beeilte, zuerst ein Lager aufsuchend, dann drin liegend. Dabei wurden einige Kerle grob, einer den anderen stoßend, wollte jeder den besseren Platz haben.«

Innerhalb weniger Jahre hatte sich die Einwohnerzahl Monfalcones mehr als verdoppelt. 1913 zählte Monfalcone 11.000 Einwohner, davon lebten im neu entstandenen Arbeiterviertel Panzano über 5.000 Menschen. Der Ausbruch des Ersten Weltkrieges bereitete dem wirtschaftlichen Aufschwung Monfalcones ein jähes Ende. In den Tagen um den

In Grado

28. Juli 1914 drängten die Urlauber nach Hause und es wurden Sonderfahrten von den Adria-Badeorten eingerichtet. Die Schiffe der österreichischen Handelsflotte erhielten einen Tarnanstrich und fuhren im Dienst der Kriegsmarine. Am 9. Juni 1915 besetzten italienische Truppen Monfalcone samt den Schiffswerften. Wegen andauernder Bombardements durch österreichische Artillerie und dem Ausbruch einer Choleraepidemie musste ein Großteil der Bevölkerung evakuiert werden. Österreichische Kriegsflieger zerstörten die Werft- und Hafenanlagen (im ebenfalls von Italienern besetzten Grado war ein kleiner Flugzeughangar häufiges Ziel österreichischer Luftangriffe). Die Wiener Kriegsberichterstatterin und Fotografin Alice Schalek schilderte die Zerstörungen der Werftanlagen durch österreichische Mörser, wobei sich »der Rauch der brennenden Schiffe mit jenem

der Granaten vermischte.« In der Werft lag noch der Rumpf des nie fertiggestellten Luxus-Passagierdampfers »Kaiserin Elisabeth«, der durch zahlreiche Treffer schwer in Mitleidenschaft gezogen wurde.

Unmittelbar nach dem Krieg waren die Arbeiter hauptsächlich mit der Instandsetzung beschädigter Werftanlagen beschäftigt. Die Zahl der Werftarbeiter stieg innerhalb weniger Monate kräftig an. Ausschlaggebend für die Wiederaufnahme der Arbeit in den Werften war die Familie Cosulich, die als »Cosulich Societa Triestina di Navigazione« die Austro-Americana übernommen hatte.

Die Cosulichs finanzierten auch die Mussolini-Faschisten, die, wie im übrigen Italien auch, im Herbst 1922 in Monfalcone die Macht an sich rissen. Gleich darauf erließen die Faschisten ein Gesetz, das die Unternehmer von der Steuerpflicht auf Bank- und Vermögenswerte befreite. In den Werften bildeten sich kleine antifaschistische Widerstandszellen, die den Repressalien und der Propaganda des Regimes aber kaum Nennenswertes entgegenzusetzen hatten. Mit Ausbruch des Zweiten Weltkrieges verstärkte sich der antifaschistische Widerstand, im Hinterland agierten vereinzelte Partisanengruppen. Nach der Kapitulation Italiens im September 1943 wurde das Gebiet der oberen Adria als »Operationszone Adriatisches Küstenland« von den Nationalsozialisten besetzt. Zu einer wichtigen Kraft der Widerstandsbewegung gegen die deutschen Besatzer entwickelten sich die Werftarbeiter Monfalcones. Die deutsche Militärverwaltung hatte unmittelbar nach ihrer Machtübernahme eine generelle Unruhe unter den Beschäftigten der Schiffswerften und des Flugzeugwerkes in Monfalcone registriert. Darüber hinaus waren zahlreiche Arbeiter zu den Partisanen übergelaufen. Die Kommunistische Partei Italiens zählte unter den Werftarbeitern Monfalcones 300 eingeschriebene Mitglieder und doppelt so viele Sympathisanten. Am 6. Dezember 1943 drohten 9.000 von Monfalcones Fabrikarbeitern mit Streik, sollte die geforderte Lohnerhöhung von 80 Prozent nicht erfüllt werden. Als Oberster Kommissar des Gebietes meldete

Kärntens Gauleiter Friedrich Rainer aus Klagenfurt, dass er »den Streikdrohungen mit schärfsten Mitteln entgegentreten« werde. Nach dem Krieg wanderten etwa 2.000 italienische Arbeiter aus Monfalcone und anderen Orten des unteren Friauls samt ihren Familien nach Jugoslawien aus, um dort beim Aufbau des Sozialismus mitzuhelfen. Viele von ihnen arbeiteten auf den Werften von Rijeka, bis es 1948 zum Zerwürfnis Titos mit Stalin kam. Die weiterhin der Sowjetunion und Stalin die Treue haltenden Monfalconer landeten daraufhin in jugoslawischen Straflagern, wo sie gemeinsam mit Ustascha-Leuten, Kriegsverbrechern und gewöhnlichen Kriminellen Zwangsarbeiten verrichten mussten. Diejenigen, die einige Jahre später nach Monfalcone zurückkehrten, sahen sich dort dem Misstrauen der Behörden, aber auch italienischer Kommunisten ausgesetzt. Treffend beschrieb Claudio Magris deren Schicksal: »So fanden sich diese Menschen immer auf der falschen Seite, fehl am Platz in der Geschichte wie in der Politik, damit beschäftigt, mit unzerstörbarer Würde und Tapferkeit für eine Sache zu kämpfen, die, im Falle ihres Sieges, noch viel mehr Gulags in der Welt hätte entstehen lassen, dazu geschaffen, freie Menschen wie sie zu zermalmen.«

Währenddessen ermöglichten Marshallplan und Wirtschaftswunder den Österreichern und Deutschen vermehrt, den Verlockungen des »dolce vita« zu erliegen. Sonnenhungrige Arbeiter und Angestellte stürmten in den 1950er Jahren die italienischen Badestrände. In Grado wurden auf dem Fabriksgelände der stillgelegten Sardinenfabrik »Arrigoni« in den 1960er Jahren Wohnungen errichtet. Eine davon erwarb die Fischerfamilie Marini. Während der Sommermonate vermieteten die Marinis ihre Zweizimmerwohnung in Vollpension an Urlaubsgäste. Frau Marini und ihr Sohn schliefen in der Küche, ihr Mann übernachtete auf dem Fischerboot, in den beiden Zimmern waren bis zu acht Urlaubsgäste untergebracht. Frau Marini erinnert sich an die Zeiten touristischer Hochkonjunktur: »Die Urlauber haben einen auf der Straße angesprochen, ob man ein Zimmer zu vermieten hat. Heute ginge das nicht mehr, allein der Komfort würde nicht mehr entsprechen. Ich habe für alle gekocht, oft für neun Leute. Fisch, Fisch, immer nur Fisch, das wollten die Gäste am liebsten.« In den vergangenen Jahrzehnten ist die Fischerei in Grado drastisch zurückgegangen, die Anzahl der Fischerboote reduzierte sich auf ein Zehntel. Frau Marinis Sohn, ebenfalls Fischer, ist seitdem arbeitslos. Er hofft, einen Job im benachbarten Monfalcone zu finden, wo heute in der Fincantieri-Werft die größten Luxusliner der Welt gebaut werden.

Werner Koroschitz

XXIV. EPILOG
Wanderung zur Isonzo-Mündung

Die letzte Wanderung führt ins Mündungsdelta des Isonzo, wo sich trotz der Nähe zu Grado eine einsame und fast unberührte Naturlandschaft dies- und jenseits des Flusses erhalten hat. Am Weg dorthin liegen Badestrände mit Blick auf die Werft von Monfalcone sowie zwei Ansiedlungen aus malerischen Bootshütten, die mit ihren windschiefen Dächern und wackeligen Stegen an exotische Vorbilder denken lassen. Der Rückweg führt durch landwirtschaftliches Gebiet, das von einem dichten Netz aus Kanälen durchzogen und trotz der monotonen Vegetation von hohem ästhetischem Reiz ist.

HINWEISE ZUR WANDERUNG
LÄNGE: 18 km [24 km]
ANSTIEGE: 5 m
GEHZEIT: 5:00 Std. [6:30 Std.]
ANFORDERUNGEN: Mittel
KARTE: Navigabene Carta nauticha Nr. 2 – Laguna di Grado, 1:50.000 (nur zur Groborientierung)
EINKEHRMÖGLICHKEIT: Marina Julia, Besucherzentrum Isola della Cona
ANFAHRT: Wegweiser »Marina Julia« an der SP 19 von Monfalcone Richtung Grado.
STÄDTISCHER BUS: Linie 11, von der Piazza Unità im Zentrum von Monfalcone bis zur Endstation.
TAXI: 0039/0481/410440 (Zentrum); 0039/0481/412020 (Bahnhof)
ANMERKUNGEN: Besonders schön ist die Wanderung in den Wintermonaten sowie im Frühling. Nicht zu empfehlen ist sie an heißen Tagen. Im Sommer jedenfalls Sonnen- und Gelsenschutz mitnehmen!

Bootssteg an der Punta Barene

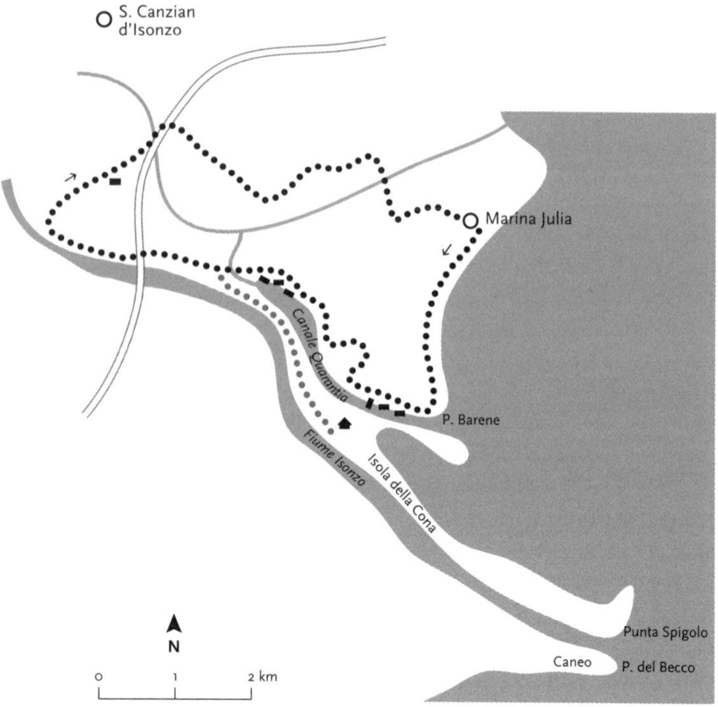

WEGBESCHREIBUNG

Ausgangspunkt ist die **Marina Julia** am Strand 3 km südlich von Monfalcone. Man wandert auf dem teilweise stark verwachsenen **Dammweg** in südwestlicher Richtung den Strand entlang und weicht abschnittsweise auf den parallel verlaufenden geschotterten Fahrweg aus. Man passiert dabei mehrere Badeplätze sowie Aussichtspunkte und gelangt schließlich zur **Punta Barene** an der Einmündung des **Canale Quarantia** ins Meer (0:35 Std.). Etliche malerische Fischerhütten und windschiefe Bootsstege. Besichtigung.

Weiter auf dem Dammweg landeinwärts. Nach ca. 500 m passiert man ein weißes Haus auf Stelzen und steigt nach rechts in einen Schotterweg ab, der sich vom Wasser abwendet und bald darauf auf eine asphaltierte Querstraße trifft; auf dieser nach rechts (Wegweiser »Bosco Alberone«).

Nach rund 15 Min. (kurz vor einem **Bildstock**) wendet man sich nach links in einen geschotterten **Fahrweg** (»Strada privata«). Nach 100 m, unmittelbar vor einem kleinen Wassergraben, biegt man nach links in einen **Feldweg**.

Man unterschreitet kurz darauf eine **Stromleitung** und geht geradeaus weiter. Nach 50 m wendet man sich, einem Wassergraben folgend, nach rechts, um kurz darauf nach links zu biegen. Gleich darauf eine Gabelung; man hält sich links und erreicht erneut den **Dammweg** des **Canale Quarantia**; auf diesem nach rechts (1:45 Std.).

Vorbei an einer weiteren Ansammlung von **Bootshütten** und Wochenendbaracken. Man wandert dabei stets auf dem Dammweg, der sich nach etwa 20 Min. mit einer Schotterstraße vereinigt und nach weiteren 10 Min. in **Asphalt** übergeht. Kurz darauf biegt die Straße nach links (Wegweiser »Isola della Cona«); hier geht man rechts ...

[**VARIANTE:** Man steigt an der Straßenbiegung nach links zu einem geschotterten Fahrweg ab und folgt diesem links eines Dammes Richtung Osten. Bei einem **verfallenen Haus** verlässt man den Hauptweg und wendet sich nach rechts in einen verwachsenen Feldweg, der nach 200 m zu einem alten **Schleusenwärterhaus** führt, wo man zum Wasser absteigt. Man geht am Fuß der Schleuse bis zu einem Betonsteg, über den man bis zur Dammkrone aufsteigt. Weiter auf dem schmalem **Dammweg**, der bald über eine Holztreppe zum Ufer und von dort zum **Besucherzentrum** Isonzomündung führt (2:45 Std.). Einkehrmöglichkeit. Museum; 30minütiger Rundgang im Gelände.

Vom Besucherzentrum auf der asphaltierten **Zufahrtsstraße** landeinwärts. Nach 30 Min. biegt die Straße scharf nach rechts. Man geht geradeaus und folgt einer Schotterstraße bis zur SP 19 an der **Brücke über den Isonzo** (Zusätzlicher Zeitaufwand ca. 1:30 Std.)].

Im Hinterland von Monfalcone

… und folgt einer schnurgeraden Schotterstraße bis zur SP 19 an der **Brücke über den Isonzo** (2:45 Std.).

Man überquert die Straße und geht, einen Schranken durchschreitend, geradeaus in einen Feldweg, der sofort nach links biegt und neben der Straßenbrücke auf das **Flussufer** zuführt. Am Rande der Ufervegetation auf undeutlichem Karrenweg nach rechts. (Nach etwa 50 m empfiehlt sich ein erster Abstecher nach links zum Flussufer.) 10 Min. entlang einer Pappelplantage, dann auf immer deutlicherem Feldweg geradeaus weiter (zwei weitere kurze Stichwege zum Ufer). Nach weiteren 10 Min. nimmt man eine Abzweigung nach rechts. Man erreicht und überschreitet den **Damm**. Weiter auf nun geteertem Wirtschaftsweg, der auf eine große **Landwirtschaft** (Villa Luisa) zuführt, welche man passiert (3:30 Std.).

Geradeaus weiter bis zu einer **Straßenkreuzung** an der SP 19. Man geht halb links (Wegweiser »Monfalcone«), überquert einen Kanal und wendet sich halb links in eine Allee (Fahrverbot). Nach 150 m biegt man nach rechts und erreicht neuerlich die SP 19, welche man überquert, um einem Asphaltsträßchen bis zu einem **roten Haus** zu folgen.

Der Asphalt endet, man wendet sich nach links und überschreitet einen Kanal. 20 Min. geradeaus (wobei man eine Pappelplantage durchschreitet und später einen weiteren Wassergraben überquert), bis sich der Hauptweg, nachdem er einen dritten **Kanal** überquert hat, nach links wendet. Man folgt diesem und wandert rechts bis zu einer geschotterten **Querstraße**; auf dieser nach rechts bis zu einem **Haus**. Man geht, dem Fahrweg folgend, nach links über eine Brücke, biegt sofort nach rechts und umgeht auf einem Feldweg ein eingezäuntes Grundstück. Nach 50 m biegt man nach links und geht entlang eines schmalen Wassergrabens in östlicher Richtung weiter. Man erreicht bald darauf eine asphaltierte **Querstraße** und geht auf dieser nach rechts bis zu einer **Brücke**. Man überquert einen breiten Kanal, wendet sich auf der Straßenkreuzung nach links. Nach etwa 50 m biegt man rechts in einen Karrenweg, der vor einem **Pumpwerk** endet. Man umgeht das umzäunte Areal, wobei man einige Meter im Gestrüpp zurücklegt, und folgt einem undeutlichen Pfad entlang eines Kanals, der bald mittels Betonbrücklein einen weiteren Kanal überquert. Nun wendet man sich nach links in einen Feldweg. Stets dem Kanal entlang bis zu einem **Haus**. Weiter auf geschottertem Fahrweg. Gleich darauf wird eine Abzweigung nach rechts ignoriert. Weiter auf dem Hauptweg bis zu einer asphaltierten Querstraße; auf dieser nach rechts bis zum **Ausgangspunkt** der Wanderung (5:00 Std.).

AM WEGE

Punta Barene

Die Landzunge bildet den östlichsten Ausläufer eines riesigen Lagunensystems, das sich über Grado, Lignano und Venedig bis zum Po-Delta ausdehnt. Noch in Sicht- und Hörweite der Industrieanlagen von Monfalcone hat sich hier eine Gemeinde von Fischern und Sonnenanbetern von der Welt abgewendet und eine exotisch anmutende Kolonie begründet. Von der Mündung des Canale Quarantia, wie der linke Isonzoarm genannt wird, reiht sich landeinwärts ein eigentümlicher Pfahlbau an den anderen. Es sind

Fischerhütte an der Punta Barene

Fischer- und Bootshütten, die aus Brettern, Blech und Teerpappe zusammengenagelt wurden und von so primitiver Bauweise sind, dass man um die Sicherheit der Bewohner fürchten muss. Einige erinnern an die Goldgräberbehausungen des Wilden Westens, andere, bunt gestreifte, wecken Assoziationen mit den Katen des europäischen Nordens, und allen gemeinsam ist die äußerliche Verwandtschaft mit den Slums der Dritten Welt. Dies geht allerdings nicht mit der Tristesse solcher Elendsviertel einher, sondern strahlt vielmehr eine mit heiterer Melancholie gepaarte Gelassenheit aus. Denn die Verschläge dienen in erster Linie der Erholung und sind nur im Sommer über längere Zeiträume bewohnt. Dann erfüllt Punta Barene die Funktion einer Schrebergartensiedlung (die zwar keine Gemüsebeete, aber zumindest ein paar Weinstöcke und

Feigenbäume vorzuweisen hat), wobei die Anarchie der Architektur jede Spießigkeit unterläuft.

Am besten lässt sich das Areal an Wochentagen und in der kälteren Jahreszeit erkunden. Dann wird man kaum einem Anrainer begegnen, bleibt von Moskitos unbehelligt und findet allerorts gemütliche Rastplätze. Die meisten Hütten besitzen überdachte Terrassen, die mit behelfsmäßigen Möbeln bestückt sind und einen schönen Ausblick auf den Fluss bieten. Krumme Stege, die jeder Statik spotten, führen durch einen Wald aus Stangen zum Ufer. Kleine Boote, die meisten von ihnen namenlos und kaum als Prestigeobjekt geeignet, träumen vom Meer. Daneben versinken ein paar Wracks und etliche Plastikkanister im Schlick. Netze und Reusen sind zum Trocknen aufgehängt. Und gelegentlich tuckert tatsächlich ein Kahn herein und bringt ein Fischer seine Beute an Land. Dann eilt eine Schar verwilderter Katzen herbei, um sich mit den Möwen um die Abfälle zu raufen. Und bleibt dem Wanderer nichts übrig, als den Zukurzgekommenen etwas von seinem Proviant abzugeben.

Isola della Cona | Isule da la Cone

Die keilförmige Insel zwischen den beiden Mündungsarmen des Isonzo ist das Herzstück der *Riserva Naturale Regionale »Foce dell'Isonzo«,* die 15 km ins Landesinnere reicht und mit der Punta Spigolo einen weit ins Meer ragenden »Wurmfortsatz« herausgebildet hat. Das Gebiet ist von Röhrichten, Sümpfen und Feuchtwiesen geprägt und entstand im Wechselspiel von Ablagerung und Erosion durch Fluss und Meer sowie durch menschliche Eingriffe wie Kanalisation und Trockenlegung beziehungsweise durch deren partiellen Rückbau. *Il ripristino,* die Wiederherstellung des Sumpfgebietes, erfolgte in den 1990er Jahren, nachdem die ursprüngliche Naturlandschaft durch gewaltige Dammbauten schon fast zerstört worden war. Welchen Erfolg die Bemühungen der Naturschützer hatten, erfährt man im 1989 gegründeten Besucherzentrum sowie auf den beiden Lehrpfaden durch das Schutzgebiet. Führt der längere Weg fast schnurgerade zu

An der Punta Barene

seinem äußersten Rand, wofür man viel Geduld benötigt, vermittelt sich das Marschland am kurzen Rundweg wie im Zeitraffer.

Alles andere als monoton, bietet das Gebiet einer Vielzahl von Tieren ungestörten Lebensraum, allen voran den Vögeln, die mit über 300 verschiedenen Arten vertreten sind (was dreiviertel aller europäischen Arten entsprechen soll). Aussichtsplattformen mit Sehschlitzen ermöglichen die Beobachtung von Reihern, Störchen und anderen Stelzvögeln; fast omnipräsent sind die Wild- oder Stockenten, die hier im Herbst in Formationen von über 14.000 Individuen eintreffen, um zu überwintern. Auch die kluge Graugans und die dumme Schnepfe fühlen sich hier wohl. Das Nahrungsangebot erstreckt sich von den reichlich vorhandenen Fischen über allerlei Amphibien bis zu unzähligen Insekten. Wer die Augen offenhält, hat gute Chancen, den grasgrünen Laubfrosch, die dunkelbraune Sumpfschildkröte oder zumindest den schwarzgelben Osterluzeifalter zu Gesicht zu bekommen. Nicht zu übersehen sind die größten Bewohner des Naturparks. Es sind dies die zu den Wildpferden zählenden Carmargue-Pferde, die hier 1991 angesiedelt wurden. Die Tiere können sich aufgrund ihrer breiten Hufe auch im sumpfigen Boden gut bewegen und besitzen verschließbare Nüstern, die es ihnen ermöglichen, auch unter Wasser zu grasen. Ein Teil der Herde ist domestiziert und findet für Reitausflüge Verwendung, der andere Teil lebt, sich selbst überlassen, in freier Natur.

EINKEHR:

In der Bar des Besucherzentrums bleibt man von den Stechmücken verschont und hat einen schönen Ausblick auf das Feuchtgebiet. Donnerstag Ruhetag, 0039/0432/998133, www.isoladellacona.it.

Caneo | Cjanêt

Ein weiteres *Area Naturale* befindet sich auf der Halbinsel Caneo am westlichen Rand des Isonzo-Deltas. Ein Rundweg mit elegant geschwungenen Holzstegen verbindet mehrere Aussichtspunkte mit dem Villagio Punta Sobodda, einer malerischen Fischersiedlung am Flussufer, und dem benachbarten Panoramaturm. Von hier genießt man den weiten Blick über die Lagune sowie nach Triest und auf den gesamten Alpenbogen.

ORTSREGISTER

AUTORINNEN

Gerhard Pilgram, geb. 1955, Kulturmanager, Autor und bildender Künstler, Geschäftsführer des Universitätskulturzentrums UNIKUM. Publikationen u. a.: Kärnten. Unten durch, Klagenfurt 1998; Verschütt gehen, Klagenfurt 2002; Slowenien entgegen – Zu Fuß von Klagenfurt nach Ljubljana, Klagenfurt 2004; Das Weite suchen – Zu Fuß von Kärnten nach Triest, Klagenfurt 2006 (alle gemeinsam mit Wilhelm Berger und/oder Gerhard Maurer); Le ultime valli, Udine 2010.

Wilhelm Berger, geb. 1957, Sozialwissenschaftler und Philosoph, ao. Univ.-Prof. und Prodekan der Fakultät für Interdisziplinäre Forschung und Fortbildung (Klagenfurt – Graz – Wien). Forschungsaufenthalte und Lehraufträge u. a. in Paris, Berlin, Rom, Wien und Graz. Buchveröffentlichungen u. a.: Kärnten. Unten durch, Klagenfurt 1998 (gemeinsam mit Gerhard Pilgram und Gerhard Maurer); Unmögliches Werden. Denkfiguren, Portraits, Gespräche über das Fremde (gemeinsam mit Klaus Ratschiller und Esther Schmidt), Wien 2003; Slowenien entgegen – Zu Fuß von Klagenfurt nach Ljubljana, Klagenfurt 2004; Das Weite suchen – Zu Fuß von Kärnten nach Triest, Klagenfurt 2006 (gemeinsam mit Gerhard Pilgram und Gerhard Maurer); Philosophie der technologischen Zivilisation, München 2006; Macht, Wien 2010, Le ultime valli, Udine 2010.

Werner Koroschitz, geb. 1961, lebt und arbeitet als freiberuflicher Historiker in Villach. Wissenschaftliche Leitung des Vereines Industriekultur und Alltagsgeschichte. Zahlreiche Publikationen und Ausstellungen zu kultur- und zeitgeschichtlichen Themen, u. a.: Werkstatt Villach, Villach 2000; Alles Dobratsch, Villach 2002; Heiß umfehdet, wild umstritten, Villach 2005; Der Onkel aus Amerika, Villach 2006; Ein korrekter Nazi, Villach 2006; Baby an Bord, Wien 2007; Wir gehörten hierher, Bad Eisenkappel 2008, Le ultime valli, Udine 2010.

Annemarie Pilgram-Ribitsch, geb. 1973, Studium der Deutschen Philologie und Medienkommunikation, Lektorin, diverse freie Text-, Redaktions- und Pressearbeiten, Dramaturgin der Graf Filmproduktion in Klagenfurt; Publikation: Le ultime valli, Udine 2010.

KO-AUTOREN
Theodor Domej: »Italiens Slowenen«
Gerhard Fitzthum: »In der Benečija« (Auszug aus dem Reiseblatt der FAZ vom 15. 5. 2010. Der Autor bietet geführte Wanderungen in den Valli del Natisone an, siehe www.tcen.de.)
Emil Krištof: »Großes Beben«
Antonietta Spizzo: Texte über das Val Aupa, Dordolla, Virgulins und Drentus

LEKTORAT
Annemarie Pilgram-Ribitsch, Franz Marenits †

ÜBERSETZUNGEN
Elena Pezzato, Antonietta Spizzo, Marco Ziggiotti

WEGRECHERCHE UND ORTSERKUNDUNGEN
Wilhelm Berger, Werner Koroschitz, Emil Krištof, Gerhard Pilgram, Annemarie Pilgram-Ribitsch, Antonietta Spizzo

FOTOS
Gerhard Pilgram

KARTENGRAFIK
Emil Krištof

BUCHGESTALTUNG
Emil Krištof, Gerhard Pilgram

SPECIAL THANKS TO
Jens Donner, Dagmar Euen-Franz, Thomas Franz, Herfried Frey, Franco Finco, Mihajlo Grbavac, Jacob Guggenheimer, Tina Hofstätter, Georg Jussel, Annegret Kramer, Lorenz Lassnig, Hans Lauritsch, Kirstin Mertlitsch, Moreno Miorelli, Katharina Müller, Kaspar Nickles, Peter Polak, Johannes Puch, Regina und Michael Roch, Martin Schöffmann, Roland Stork, Bärbel und Walter Tietze, Sabrina Scumaci, Inge Vavra